I0282364

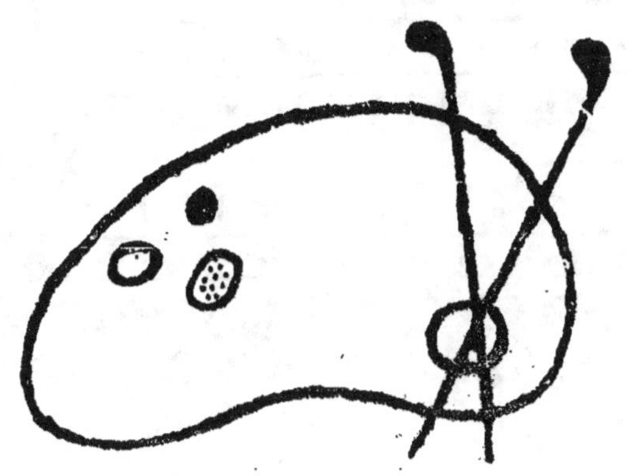

NOUVELLE COLLECTION A UN FRANC LE VOLUME

NOS GRANDS AUTEURS

PAUL FÉVAL

LE SECRET DES HABITS NOIRS

MAMAN LÉO

PUBLICATIONS DE LA LIBRAIRIE E. DENTU

GUSTAVE AIMARD

Œuvres complètes [illegible] vol., chaque vol. [illegible] séparément 3 »

[illegible] DU BOISGOBEY

La Bande Rouge. 2 vol. 7 »
La Belle Geôlière. 2 vol. 7 »
Le Cri du sang. 2 vol. [illegible]
[illegible] de la Diva. [illegible] vol. 3 50
[illegible] de Chat. 2 vol. 7 »
[illegible] Coupé en deux. [illegible] 3 50

[illegible] CHAVETTE

[illegible] de son concierge. 1 vol. 3 50
[illegible] Bricole. 2 vol. 7 »
[illegible] marions Virginie. 1 vol. 3 50
L'Oncle du Monsieur de Madame. 1 vol. 3 50

PAUL FÉVAL

Le Bossu. 2 vol. 7 »
[illegible] Capitaine Fantôme. [illegible] vol. 3 50
[illegible] Filles de Cabanil. [illegible]
[illegible] mystères de Londres. 2 vol. 7 »
Madame Gil Blas. 2 vol. [illegible]
Les Drames de la jeunesse. 1 vol. 3 50
Deux Femmes du Roi. 1 vol. 3 50
[illegible] Volontaire. 1 vol. 3 50
[illegible] 1 vol. 3 50
[illegible] Tontine infernale. 1 vol. 3 50
Les Amours de Paris. [illegible] vol. 7 »

ÉMILE GABORIAU

L'Affaire Lerouge. 1 vol. 3 50
L'Argent des Autres. 2 v. 7 »
[illegible] dorée. 1 vol. 3 50
[illegible] 1 vol. 3 50
[illegible] 1 vol. 3 50
[illegible] 2 vol. 7 »
[illegible] 1 vol. 3 50
[illegible] bureau. 1 vol. 3 50
[illegible] 1 vol. 3 50
Monsieur Lecoq. 2 vol. 7 »

[illegible] MAYTHET [illegible]

[illegible]
[illegible] 1 vol. 3 50
[illegible] Fille Mère. 1 vol. 3 50

Le Roi des Mendiants. 1 vol. 3 50
Le [illegible] d'une Femme. 1 vol. 3 50
Thérèse Buisson. 1 vol. 3 50
La Fée de Saint-Remy. 1 vol. 3 50
La Princesse Belladona. 1 vol. 3 50
Les Noces d'Odette. 1 vol. 3 50
Vengeance secrète. 1 v. 3 50
Le Corps d'Elsa. 1 vol. 3 50

CHARLES MÉROUVEL

Abandonnée. 2 vol. 7 »
Les Tremor. 2 vol. 7 »
Mme la Marquise. 1 vol. 3 50
Le Marquis Gaëtan. 1 v. 3 50
Diane de Brillies. 1 v. 3 50
Une Nuit de noces. 1 v. 3 50
Madame Peyrol. 1 vol. 3 50
[illegible] 1 vol. 3 50
Le Gué aux Biches. 1 v. 3 50
Solange Fargeas. 1 vol. 3 50
Les derniers Kérandal. 2 vol. 7 »
Le Divorce de la Comtesse. 1 vol. 3 50
[illegible] 1 vol. [illegible]
La Maîtresse du Ministre. 1 vol. [illegible]
Le Marquis Gaëtan. 1 v. [illegible]
Le Krach. 1 vol. [illegible]
Le Roi Crésus. 2 vol. [illegible]
La Veuve aux 100 millions. 2 vol. [illegible]
La Vertu de l'Abbé [illegible]. 1 vol. [illegible]

[illegible] DE MONTÉPIN

La Baladine. 2 vol. [illegible]
La Belle Angèle. 2 vol. [illegible]
La [illegible]. 2 vol. [illegible]
Le dernier duc d'Hallaly. 4 vol. [illegible]
Le Fiacre n° 13. [illegible]
La Fille de Marguerite. 3 vol. [illegible]
Les Filles de [illegible]. 3 vol. [illegible]
Les Filles de [illegible] banque. 2 vol. 6 »
Le Gros Lot. [illegible]
Une Nuit [illegible]
Les Marîs de Valentine. 2 vol. 6 »
[illegible]
[illegible]
La Fortune [illegible] 12 »

Son Altesse l'Amour. 6 vol. 18 »
Les Tragédies de Paris. 4 vol. 12 »
Le Ventriloque. 3 vol. 9 »
La Voyante. 4 vol. 12 »

PONSON DU TERRAIL

Œuvres complètes en [illegible] vol., chaque vol. 3 »

ÉMILE RICHEBOURG

Andréa la Charmeuse. 2 vol. 6 »
Un Calvaire. 1 vol. 3 »
Les deux Berceaux. 2 v. 6 »
La Dame voilée. 1 vol. 3 »
Les Deux Mères. 2 vol. 6
Les Drames de la Vie. 3 vol. 9
L'Enfant du Faubourg. [illegible] vol. 6 »
La Fille maudite. 2 vol. 6 »
Le Fils. 2 vol. 6 »
L'Idiote. 3 vol. 9 »
Jean-Loup. 3 vol. 9 »
Le Mari. 3 vol. 9
Les Millions de [illegible]. 3 vol. 9
La Nonne amoureuse. 1 vol. 3
La Grand'mère. 3 vol. 9

PAUL SAUNIÈRE

La Page [illegible]. 2 vol. 7
[illegible] 2 vol. 7
[illegible] 2 vol. 7
Le Capitaine Tempête. 1 vol. 3
Le Secret de la Roche-Noire. 1 vol. 3

[illegible]

[illegible]
[illegible] 1 vol. 3
[illegible]
La Reine de [illegible]. 1 vol. 3
Les [illegible]
[illegible]
Le Coucou. 2 vol. [illegible]
[illegible]
Le Capitaine Rouge. 1 v. [illegible]

[illegible] choisie des Chefs-d'œuvre [illegible] 34 vol. [illegible]

Paris. — [illegible]

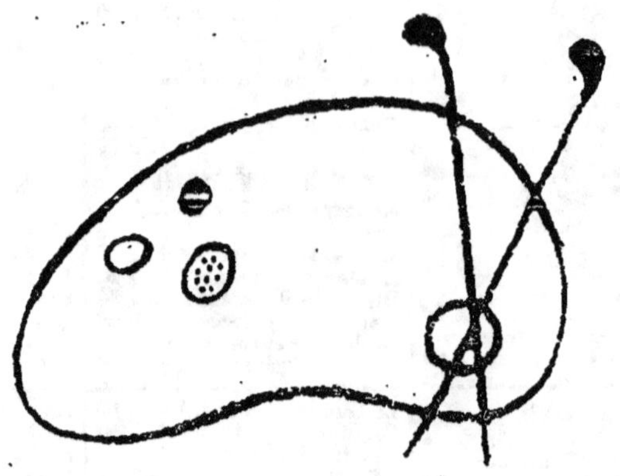

Fin d'une série de documents
en couleur

MAMAN LEO

OUVRAGES DU MÊME AUTEUR

Collection in-18, jésus, à 3 fr. le volume

Le Capitaine Fantôme, 5e édition. . . . . 1 vol.
Les Filles de Cabanil (suite du *Capitaine Fantôme*), 5e édit. 1 —
Le Drame de la jeunesse, 3e édition. . . . . 1 —
Annette Laïs, 2e édition. . . . . 1 —
Les Habits noirs, 2e édition . . . . 2 —
Jean Diable, 3e édition . . . . 2 —
Bouche de fer, 5e édition . . . . 1 —
Madame Gil Blas, 2e édition. . . . . 2 —
Aimée, 3e édition . . . . 1 —
La Fabrique de Mariages, 3e édition . . . . 1 —
La Garde noire. . . . . 1 —
Roger Bontemps. . . . . 1 —
Les Gens de la noce. . . . . 1 —
Cœur d'acier. . . . . 2 —
Les Errants de nuit. . . . . 1 —
Les deux Femmes du Roi, 2e édition . . . . 1 —
La Duchesse de Nemours, 3e édition . . . . 1 —
La Cosaque, 2e édition . . . . 1 —
L'Hôtel Carnavalet. . . . . 1 —
Les Mystères de Londres, nouvelle édition . . . . . . 2 —
Le Mari embaumé. . . . . 2 —
La Cavalière, 2e édition . . . . 2 —
L'Homme de Fer . . . . 1 —
Les Belles de nuit. . . . . 2 —
La Pécheresse. . . . . 1 —
Le Château de Velours. . . . . 1 —
Les Revenants. . . . . 1 —
L'avaleur de sabres. . . . . 1 —
Mademoiselle Saphir. . . . . 1 —
Le Volontaire. . . . . 1 —
La rue de Jérusalem, 3e édition . . . . 2 —
Le Jeu de la mort, nouvelle édition . . . . 2 —
Le Cavalier Fortune. . . . . 1 —
Les Parvenus. . . . . 1 —
La Province de Paris 2e édition . . . . 1 —
L'Arme invisible . . . . 1 —
Contes Bretons, nouvelle édition illustrée . . . . . 1 —

LA FÉE DES GRÈVES

Nouvelle édition illustrée, 1 volume in-8°, prix : 5 francs.

LE SECRET DES HABITS NOIRS

MAMAN LÉO

SUITE DE

L'ARME INVISIBLE

PAR

PAUL FÉVAL

PARIS
E. DENTU, ÉDITEUR
LIBRAIRE DE LA SOCIÉTÉ DES GENS DE LETTRES
PALAIS-ROYAL, 17 ET 19, GALERIE D'ORLÉANS
1890

MAMAN LÉO

I

THÉATRE UNIVERSEL ET NATIONAL

Paris avait son manteau d'hiver; les toits blancs éclataient sous le ciel brumeux, tandis que, dans la rue, piétons et voitures écrasaient la neige grisâtre.

C'était un des premiers jours de novembre, en 1838, un mois après la catastrophe qui termine notre récit, intitulé l'*Arme invisible*. La mort étrange du juge d'instruction Remy d'Arx, avait jeté un étonnement dans la ville, mais à Paris les étonnements durent peu, et la ville pensait déjà à autre chose.

Ce temps est si près de nous, qu'on hésite, en vérité, à dire qu'il ne ressemblait pas tout à fait au temps présent, et pourtant il est bien certain que les changements opérés dans Paris par ces trente dernières années valent pour le moins l'œuvre d'un siècle.

La publicité des journaux existait; on la trouvait même énorme, presque scandaleuse : elle n'était rien absolument auprès de ce qu'elle est aujourd'hui.

On peut affirmer, sans crainte de se tromper, que nous avons, en 1869, cent carrés de papier imprimés quotidiennement contre dix publiés en 1838.

Ainsi en est-il pour le mouvement prodigieux des démolitions et des constructions.

Sous le règne de Louis-Philippe, Paris tout entier s'irritait ou se réjouissait, selon les goûts de chacun, à la vue de cette humble percée, la rue de Rambuteau, qui passerait maintenant inaperçue.

Les uns s'extasiaient sur la hardiesse de cette œuvre municipale, les autres prophétisaient la banqueroute prochaine de la ville : c'était la grande bataille d'aujourd'hui qui commençait par une toute petite escarmouche.

Je ne sais pas au juste combien d'années on mit à parfaire cette malheureuse rue de Rambuteau, qui devait être droite et qui eut un coude, célèbre dans les annales judiciaires, mais cela dura terriblement longtemps, et pendant plusieurs hivers, l'espace compris entre l'église Saint-Eustache et le Marais fut complètement impraticable.

On n'allait pas vite alors en fait de bâtisse; ceux qui ont le tort et le chagrin d'être assez vieux pour avoir vu ces choses, peuvent se rappeler quatre ou cinq baraques de saltimbanques, établies à demeure dans un grand terrain, vers l'endroit où la rue Quincampoix coupe la rue de Rambuteau, et qui formèrent là, pendant deux ans au moins et peut-être plus, une petite foire permanente.

Le matin du 5 novembre 1838, par le temps noir et froid qu'il faisait, on achevait la construction de la plus grande de ces baraques, située en avant des autres et qui avait sa façade tournée vers le chemin boueux conduisant à la rue Saint-Denis.

Les gens du quartier qui allaient à leurs affaires ne donnaient pas beaucoup d'attention à l'érection de ce monument, mais trois ou quatre gamins, renonçant aux billes pour réchauffer leurs mains dans leurs poches, rôdaient au devant du perron en planches qui montait à la galerie, et s'entretenaient avec intérêt de l'ouverture prochaine du Grand Théâtre Universel et National, dirigé par Mme Samayoux, première dompteuse des capitales de l'Europe.

On parlait surtout de son lion, qui était arrivé, la veille, dans une caisse énorme, percée de petits trous, et qui avait rugi pendant qu'on le déballait.

La porte de la baraque était, bien entendu, fermée pour cause d'installation et d'aménagements intérieurs. Un large écriteau disait même sur la devanture : « Le public n'entre pas ici. »

Mais comme nous avons l'honneur d'être parmi les amis de la célèbre dompteuse, nous prendrons la liberté de soulever le lambeau de toile goudronnée qui servait de portière, et nous entrerons chez elle sans façon.

C'était un carré long, très-vaste, et qu'on achevait de couvrir en clouant les planches de la toiture. Il n'y avait point encore de banquettes dans la salle, mais le théâtre était déjà installé en partie, et des ouvriers, juchés tout en haut de leurs échelles, peignaient les frises et le manteau d'Arlequin.

D'autres barbouilleurs s'occupaient du rideau étendu sur le plancher même de la scène.

Au centre de la salle, un poële de fonte ronflait, chauffé au rouge; auprès du poële, une petite table supportait trois ou quatre verres, des chopes et un album de dimension assez volumineuse, dont la couverture en carton était abondamment souillée.

L'un des verres restait plein; les deux autres, à moitié bus, appartenaient à Mme veuve Samayoux, maîtresse de céans, et à un homme de haute taille, portant la moustache en brosse et la redingote boutonnée jusqu'au menton, qui se nommait M. Gondrequin.

Le troisième verre, celui qui était plein, attendait M. Baruque, collègue de M. Gondrequin, qui travaillait en ce moment au haut de l'échelle.

M. Gondrequin et M. Baruque étaient deux artistes peintres bien connus, on pourrait même dire célèbres parmi les directeurs des théâtres forains. Ils appartenaient au fameux atelier Cœur-d'Acier, d'où sont sortis presque tous les chefs-d'œuvre destinés à *tirer l'œil* au devant des baraques de la foire.

M. Baruque, petit homme de cinquante ans, maigre, sec et froid, abattait la besogne; son surnom d'atelier était Rudaupoil.

M. Gondrequin, dit Militaire, quoiqu'il n'eût jamais servi, à cause de sa tournure et de ses prédilections pour les choses martiales, donnait le coup du maître au tableau, « le fion, » et se chargeait surtout d'*embêter* la pratique.

Il mettait son foulard en coton rouge dans la poche de côté de sa redingote, et en laissait passer un petit bout à sa boutonnière, — par mégarde, — ce qui le décorait de la Légion d'honneur.

Il avait du brillant et de l'agrément dans l'esprit, malgré sa manie de jouer à l'ancien sous-officier, et se vantait volontiers d'avoir attiré bien des kilomètres de commande à l'atelier par la rondeur aimable de son caractère.

Il disait volontiers de lui-même :

— Un vrai troupier, quoi! solide, mais séduisant! Honneur et gaieté! Ra, fla, joue, feu, versez, boum!

En ce moment, il venait d'ouvrir l'album graisseux et montrait à Mme Samayoux, dont la bonne grosse figure avait une expression de mélancolie, des sujets de tableaux à choisir pour orner le devant de son théâtre.

Dans tout le reste de la baraque, c'était une activité confuse et singulièrement bruyante; on faisait tout à la fois; les principaux sujets de la troupe, transformés en tapissiers, clouaient des guenilles autour des murailles ou disposaient en faisceaux des gerbes d'étendards, non conquis sur l'étranger.

Jupiter, dit Fleur-de-Lys, jeune nègre qui avait été fils de roi dans son pays et décrotteur auprès de la Porte-Saint-Martin, exerçait un talent naissant qu'il avait sur le tambour; Mlle Colombe cassait les reins de sa petite sœur et lui désossait proprement les rotules. L'enfant avait de l'avenir.

Elle pouvait déjà rester trois minutes la tête contrepassée en arrière entre ses deux jambes, et jouer ansii un petit air de trompette.

Pendant la fanfare, Mlle Colombe essayait quelques coups de sabre avec un pauvre diable à laideur prétentieuse, que coiffait un chapeau gris planté de côté sur ses cheveux jaunes et plats.

Celui-là se tenait assez bien sous les armes. Quand Mlle Colombe reprenait sa petite sœur, il allait à deux grosses filles rougeaudes qui déjeunaient avec deux énormes tranches de pain beurrées de raisiné, et leur donnait des leçons de danse américaine.

— Plus tard, disait-il aux deux rougeaudes, qui suivaient ses indications avec une paresse maussade, quand le succès aura récompensé vos efforts, vous pourrez-vous vanter d'avoir eu les leçons d'un jeune homme qui en possède tous les brevets de pointe, contre-pointe, entrechats, respect aux dames, honneur et patrie, et vous pourrez passer partout rien qu'en disant : Nous sommes les élèves du seul Amédée Similor!

Le lecteur se souvient peut-être des deux postulants qui s'étaient présentés à Léocadie Samayoux, dans son ancienne baraque de la place Walhubert, le soir même de l'arrivée de Maurice Pagès revenant d'Afrique.

Léocadie, tout entière à la joie de revoir son lieutenant, avait renvoyé les deux candidats avec l'enfant que le pauvre Échalot portait dans sa gibecière, mais l'offre de ce brave garçon, consentant à jouer le rôle de phoque pour nourrir son petit, avait touché le cœur sensible de la dompteuse.

Au moment de se lancer dans les grandes affaires et de monter « une mécanique » comme on n'en avait jamais vu en foire, Léocadie, qui se réfugiait dans l'ambition pour fuir ses peines de cœur, s'était souvenue de ses protégés.

La famille entière, composée des deux pères et de l'enfant, était engagée, et nous n'avons vu encore qu'une faible portion des services qu'on attendait de Similor, artiste à tout faire.

Quant à Échalot, malgré sa modestie, ses talents s'étaient affirmés déjà.

En sa qualité d'ancien apothicaire, il avait entrepris à forfait la guérison du lion rhumatisant et podagre, qui arrivait, non point de Londres, mais de l'infirmerie des chiens à Clignancourt.

Le lion était là comme tout le monde. Il n'avait plus de cage, une simple ficelle attachait sa vieillesse caduque à un clou fiché dans les planches.

Il avait dû être magnifique autrefois, ce seigneur des déserts africains; c'était un mâle de la plus grande taille, mais on aurait pu le prendre maintenant pour un monstrueux amas d'étoupes, jetées pêle-mêle sur un lit de paille.

Il n'avait plus forme animale, et végétait misérablement dans la paresse de son agonie.

Échalot lui avait pourtant mis deux ou trois vésicatoires qu'il soignait selon toutes les règles de l'art et dont il favorisait l'effet par des sinapismes convenablement appliqués.

A portée du noble malade, il y avait un baquet plein de tisane.

Loin de se borner à ces attentions, Échalot avait fabriqué un vaste bonnet de nuit dont il coiffait la tête de son lion pour la protéger contre les fraicheurs nocturnes; de plus, il lui mettait du coton dans les oreilles.

Mais comme en définitive l'établissement de Mme Samayoux n'était pas un hôpital, Échalot préparait aussi son lion pour l'heure prochaine où il devait être offert en spectacle à la curiosité des Parisiens. A l'insu de Mme Samayoux, et pour faire une surprise à cette excellente patrone, il modelait en secret avec du mastic une mâchoire formidable, destinée à remplacer les dents que le lion avait perdues.

Il s'était procuré en outre plusieurs queues de vache, à l'aide desquelles il espérait bien boucher adroitement les plaques chauves que l'âge avait faites dans la crinière de son lion.

Ah! c'était un garçon utile! et la générosité de la dompteuse à son égard devait être bien récompensée. Depuis une semaine qu'il faisait partie de la maison, il avait déjà reprisé presque toutes les chaussettes de sa patronne et remis un bec à l'autruche; en outre, par un procédé dont il était l'inventeur, il espérait enfler la tête du jeune Saladin, son nourrisson, sans lui faire le moindre mal, et donner à ce cher enfant une apparence si monstrueuse que la vue seule en vaudrait dix centimes : deux sous.

— J'ai besoin de faire travailler mon imagination, disait cependant Mme Samayoux, causant avec Gondrequin-Militaire; ça me désennuie de mes souvenirs et de mes regrets. Quoi! vous ne pouvez pas dire que ces deux enfants-là, Maurice et Fleurette, se sont bien conduits à mon égard?

— Fixe! répliqua Gondrequin, les yeux à quinze pas

devant soi, qui signifie immobile! Je n'ai pas été officier, mais j'en ai la bonne humeur guerrière. Pour l'ingratitude, elle est dans la nature, et quand je vous vis à l'occasion de votre dernier tableau, que le blanc-bec était alors chez vous pour le trapèze et la perche, vous soupiriez déjà gros au vis-à-vis de lui dans une voie qui ressemblait à Mme Putiphar. Ra, fla!

— C'est le fruit de la calomnie, répondit Mme Samayoux en levant les yeux au ciel; je ne dis pas que mon âme a été incapable d'un rêve, mais Maurice n'y a jamais obtempéré, et je suis restée pure avec lui comme la fleur d'orange... Et quand je pense que voilà plus d'un mois sans avoir entendu parler de lui ni de Fleurette! L'adresse qu'il m'avait donnée m'a sorti de la tête, et la petite, qui est une demoiselle comme vous savez, m'avait bien défendu d'aller la demander chez sa marquise ou duchesse; en sorte que tout ce que j'ai pu faire ç'a été d'écrire, mais on ne m'a pas répondu. S'est-il passé quelque chose pendant que j'étais à la fête des Loges? je n'ai entendu parler de rien, et depuis mon retour, ma grande affaire avec la ville me casse la tête... Ah! on a bien tort de s'attacher!

— Pas accéléré, interrompit Gondrequin, marche! attaquons le tableau de front et sur les deux flancs pour vous tirer de vos idées noires. Nous disons donc qu'il aura neuf compartiments, trois sur trois, avec huit médaillons ménagés, quatre dans les coins et quatre dans les échancrures du milieu, selon l'idée de M. Baruque, qui ne vaut rien pour tirer l'œil, mais qui vous dispose un ensemble à la papa, personne ne peut dire le contraire... Qu'est ce qu'il vous faut pour le compartiment du milieu? Voulez-vous l'explosion de la machine infernale du boulevard du crime, affaire Fieschi et Nina Lassave, dont voici le diminutif au n° 1 du livre d'échantillon! Regardez voir! la contemplation n'en coûte rien. Droite! gauche! Marquez le pas!

Léocadie se pencha sur l'album, et, pendant le silence qui eut lieu, on put entendre la voix de M. Baruque, disant dans les frises :

— C'est des affaires qu'on étouffe avec soin, parce qu'il y a dedans des riches et des nobles, mais il n'en est pas moins vrai que le juge d'instruction a été empoisonné comme un rat, rue d'Anjou-Saint-Honoré, ni vu ni connu, et qu'on a arrêté le jeune homme avec la demoiselle en flagrant délit d'arsenic.

II

CHOIX D'UN TIRE-L'ŒIL

Mme Samayoux ne prêtait point attention à ce qui se disait autour d'elle; son bon gros visage, ordinairement si joyeux, exprimait un véritable chagrin.

— Ça doit faire un crâne effet, dit-elle, en regardant la première page de l'album d'échantillons, où se trouvait un croquis représentant l'explosion de la machine infernale du boulevard du Temple.

C'était alors un événement tout récent, et l'attentat de Fieschi restait dans tous les souvenirs.

— Quant à l'effet, répondit Gondrequin, j'en signe mon billet. C'est chargé à mitraille des *tire-l'œil* comme ça, et on pourrait tout de même vous l'arranger à bon compte.

Un profond soupir gonfla la vaste poitrine de la veuve.

— Le prix ne fait pas grand'chose, répliqua-t-elle; j'en ai dépensé, de l'argent, dans mes négociations avec la ville, pour mon terrain et le droit de bâtir ici une baraque à demeure! Dans les temps, quand j'avais Maurice et Fleurette, la peinture était du superflu; la bonne société se donnait rendez-vous chez moi, n'importe où, à Paris ou dans la banlieue, malgré mon tableau, qui était du temps de feu Samayoux, et qui avait coûté quarante francs, d'occasion. Il n'y a pas à dire : de s'attacher, c'est des bêtises! je ne leur demandais pas d'être toujours fourrés à la baraque, ces deux enfants-là, pas vrai? mais une petite visite par ci par là, d'amitié...

— En douze temps, la charge! interrompit Gondrequin, quoiqu'on peut la précipiter en quatre mouvements. Il y en a bien qui ont été au régiment et qui ne gardent pas l'air si troupier que moi. À bas la mélancolie! Si vous ne craignez pas la dépense, on peut vous faire des choses extraordinaires qui ne s'est jamais vues dans la capitale.

— C'est mon idée, murmura la dompteuse, qui détourna la tête pour essuyer une larme; j'ai déjà bien commencé, allez, et mon saint-frusquin va vite; mais il faut que tout soit à cuire et à bouillir ici! Je veux faire des folies et prodigalités, quoi! pour m'étourdir le cœur. Il n'y a rien de trop beau pour moi, je veux être la première des premières!

— Alors, s'écria Gondrequin-Militaire avec enthousiasme, ce n'est pas encore assez flambant! Il manque du monde là-dedans, je vas y remettre des gardes municipaux et des généraux avec un tire-l'œil spécial exécuté par moi-même, là, sur le devant, premier plan! l'idée me monte au cerveau que j'ai l'envie d'éternuer : un jeune gamin de Paris qu'a trouvé la mort dans la circonstance et est coupé en deux par l'explosion, que ses parents ramassent les morceaux de lui en pleurant, savoir le papa les jambes et la maman le reste, entourés par la foule.

— Saquédié! dit maman Samayoux en s'animant un peu, voilà une idée gentille, par exemple! Ce qui me chiffonne, c'est que je n'aurai pas de machine infernale à montrer à l'intérieur.

— On ne peut pas tout avoir, maman, répartit Gondrequin; droite, gauche... à un autre!

Il tourna la seconde page de l'album.

— Va de l'avant au rideau, ordonnait en ce moment M. Baruque, de sa position élevée, et remets du safran dans le sceau. L'or est trop rouge là-bas, à droite, eh! Peluche!

— Dans l'*Audience,* reprit un des barbouilleurs, qui en était toujours à l'histoire d'assassinat, on dit que le juge d'instruction a eu le temps de faire son testament avant de mourir.

Un autre ajouta :

— Le lieutenant d'Afrique a essayé de se tuer.

Un autre encore :

— Et la demoiselle est folle.

— Bouchez vos becs généralement partout! commanda Gondrequin-Militaire; on ne s'entend pas!

— Ah çà, demanda de loin Mlle Colombe, qui remettait sa petite sœur en cerceau, elle ne finira donc jamais, cette histoire-là, qu'on la radote dans tous les coins de Paris ?

S'il y eut une réponse, Mlle Colombe ne l'entendit, pas, car la petite sœur venait d'emboucher sa trompette, et la terrible fanfare éclata entre ses jambes.

Quand le silence se fit, on put ouïr la voix douce et patiente d'Échalot, qui disait :

— Sois pas méchant, Saladin, petite drogue, c'est pour ton bien, et on ne peut pas éduquer un enfant sans qu'il ait un peu de misère dans son bas-âge.

Saladin, l'héritier indivis du brillant Similor et du modeste Échalot, criait comme un beau diable. Ce qu'on appelait son éducation était, en définitive, une assez rude chose. Échalot l'accommodait en monstre, et, à l'aide d'une baudruche collée d'une certaine façon autour de ses tempes, puis peinte en couleur de chair et munie de petits cheveux, puis encore soufflée à l'aide d'un tuyau de plume, il donnait à la tête de l'enfant d'effrayantes proportions.

— T'es douillet, reprenait le père nourricier sans se fâcher, que dirais-tu donc si on t'arrachait une dent au pistolet? Il n'y a pas, pour attirer le monde, comme les encéphales qu'est bien réussis, et un phénomène vivant de ton âge n'est pas embarrassé de gagner ses trois francs par jour... Attends voir que j'aille aider M. Daniel à se retourner.

M. Daniel, c'était le lion invalide.

Similor, à l'autre bout de la baraque, faisait trêve à sa leçon pour rentrer dans son rôle d'incorrigible séducteur.

— Je possède des occasions favorables par-dessus les

yeux, disait-il aux deux rougeaudes; mais ça m'est inférieur d'en attacher d'autres victimes à mon char, dont la liste est si nombreuse. L'intérêt de deux amours comme vous est de fréquenter à leurs débuts un jeune homme connu par son truc et qui a ses entrées partout, même dans les sociétés chantantes!

— Le second échantillon, disait Gondrequin à Mme Samayoux, est les animaux divers sortant de l'arche à la suite du déluge; ça convient assez pour votre ménagerie, et je vous mettrai au milieu en costume de première dompteuse, avec quelques seigneurs de la cour de Portugal... Ça ne vous va pas? emballé! Passons au troisième, qui est coupé en deux : à droite, *le Passage de la Bérésina* ou *les Frimas de la Russie sous l'Empire*, hommage à la troupe française; à gauche, *les Enfants d'Édouard* immolés par l'usurpateur Cromwel, qui coupe également la tête à Anne de Boulen, sa femme, et à l'infortunée Marie Stuart : ça plaît, parce que ça rappelle plusieurs succès à différents théâtres historiques.

Ici M. Baruque descendit de l'échelle et vint boire son verre de vin.

En le déposant vide sur la table, il déclama d'une belle voix de basse-taille qu'il avait :

Le voilà, ce poignard, qui du sang de son maître...

— Du bon poussier de mottes, pas cher! cria aussitôt l'eluche.

Jupiter, dit Fleur-de-Lys, exécuta un roulement sur son tambour.

Mlle Colombo se précipita au centre de la salle en

brandissant sa petite sœur, qui jouait de la trompette; les deux élèves de Similor arrivèrent en marchant sur les mains, et Gondrequin-Militaire, toujours prêt à favoriser la gaieté, entonna la *Marseillaise*.

Il y eut alors branle-bas général. La troupe Samayoux, occupée à des travaux d'intérieur, se mêla impétueusement aux rapins de l'atelier Cœur-d'Acier, et une gigue infernale souleva la poussière de la baraque.

— Trois minutes de chauffage gymnastique! hurlait M. Baruque, qui battait la semelle tout seul à cause de sa dignité.

Gondrequin tapait à tour de bras sur la grosse caisse et disait :

— L'artiste et le soldat est le même dans la fougue de son divertissement. Allume partout! chaud! chaud!

Du sein de la danse effrénée, les cris des divers animaux de la création, imités à miracle par les rapins de l'atelier Cœur-d'Acier, s'élevaient, formant un épouvantable concert. Similor criait dans le porte-voix, M. Baruque agitait la cloche, Saladin, effrayé, poussait des vagissements, et M. Daniel, le lion vieillard, pris à la gorge par la poussière, avait une quinte de toux convulsive.

Au milieu de cette allégresse folle, deux personnes restaient calmes : c'était Mme Samayoux d'abord, dont rien ne pouvait guérir la mélancolie, et c'était ensuite Échalot, fort empêché à calmer son fils d'adoption et sa bête malade.

— Halte! commanda Gondrequin au bout des trois minutes réglementaires, on ne choisit pas sa vocation; sans ça, j'aurais l'épaulette et la croix d'honneur. A la besogne, et brossons comme des tigres, après les vacances du plaisir !

Le calme se rétablit aussitôt, car il n'y a rien au monde de plus docile que ces pauvres grands enfants, quand on sait les conduire.

M. Baruque remonta à son échelle, et le balayage des barbouilleurs reprit son cours.

— Ah ! murmura Mme Samayoux, qui fit une grimace en achevant son verre, pour moi, la boisson a désormais goût de fiel, et c'est surtout quand les autres s'amusent que je ressens la blessure de mon âme ulcérée. Il y a des moments où j'ai idée de partir pour l'Amérique, où les grands artistes français sont portés en triomphe par les sauvages, mais la gloire elle-même d'avoir mon orgueil satisfait ne me remonterait pas le cœur. Voyons voir aux tableaux.

— Avec ça, répliqua Gondrequin, que je n'ai pas aussi ma peine d'avoir pourri dans le civil, quand l'uniforme était mon rêve. Fixe ! je sais dompter mes regrets, imitez mon exemple. Voici une page bien intéressante, où sont détaillés les tours de force et d'adresse : Auriol et sa spécialité, la suspension aérienne, la boule, les couteaux, le trapèze, la perche...

La dompteuse mit sa tête entre ses mains et se prit à sangloter.

— Maurice ! balbutia-t-elle, Fleurette !

Gondrequin tourna la page vivement et grommela :

— J'ai fait une boulette ! C'est vrai que le petit était pour le trapèze et la bichette pour la suspension. Une, deux, demi-tour à droite, ra, fla, voici le massacre de la Saint-Barthélemy, avec Charles IX, dont les veines de son sang lui sortent en vers rongeurs tout autour du corps pour prix de son crime, et la mort de Coligny, célébrée par Voltaire ; voici la chèvre savante de M. Victor Hugo, dans *Notre-Dame de Paris*, accompagnée de Quasimodo et des tours de l'église, d'après nature, auprès desquelles travaille la Esméralda, restée pure malgré son commerce ; voici la pêche du crocodile dans les fleuves de l'Amazone, compliquée par le boa constrictor se nourrissant d'un mouton tout entier sans le mâcher, et l'enlèvement des petits d'une négresse par l'orang-outang du Brésil, de la Plata ; voici l'éruption du Vésuve à la lumière de la lune, et la mort de la famille du bandit, ensevelie sous les laves, pendant que le pêcheur napolitain retire paisiblement ses filets en chantant la barcarolle ; le *Janus moderne* ou l'homme aux deux figures, l'une devant, l'autre derrière, avec la particularité qu'il est privé de nombril depuis le jour de sa naissance, et qu'on peut voir en perspective l'albinos buvant le sang du chat sauvage, le squelette vivant et l'oiseau à tête de bœuf...

Il y avait longtemps que Mme Samayoux n'écoutait plus. Elle posa sa main sur l'album et dit :

— Assez ! faites le tableau comme vous l'entendrez.

Puis elle ajouta d'une voix sourde :

— Je ne sais pas si je me suis trompée, mais j'ai cru entendre prononcer le nom du juge Remy d'Arx et le mot : assassinat.

— Parbleu ! fit Gondrequin, qui referma son album avec rancune, c'est de l'histoire ancienne ! M. Baruque et les autres ne font que parler de cela depuis deux heures d'horloge !

III

L'AFFAIRE REMY D'ARX

La dompteuse était pâle autant que le hâle rubicond de ses joues pouvait le permettre. Il y avait dans ses yeux un effroi farouche.

— Je l'avais averti, murmura-t-elle entre ses dents serrées, plutôt dix fois qu'une !

Elle essaya de boire, mais son verre fut reposé sur la table sans qu'elle y eût trempé ses lèvres.

Gondrequin-Militaire, voyant qu'elle ne disait plus rien, rouvrit son album et voulut continuer le détail de ses échantillons, car il avait au plus haut degré la double conviction du commerçant et de l'artiste. Le contenu de son cahier graisseux était pour lui la plus utile et la plus mâle expression de la peinture au dix-neuvième siècle.

— J'ai idée, fit-il avec son gros rire content, que vous n'étiez pas bien proche parente avec M. le juge d'instruction, maman Léo. Où en étions-nous? Le *Janus moderne...*, non, c'est fait. Voilà un vrai tire-l'œil, tenez! la catastrophe du pont d'Angers, choisissant pour craquer l'instant où deux bataillons du 67e y passent dessus avec armes et bagages, musique en tête, tout le monde aux fenêtres, bateaux à vapeur et surprise des passagers...

La dompteuse le regarda d'un air si singulier qu'il resta bouche béante.

— Il y a deux heures qu'on parle de cela, dites-vous! prononça-t-elle avec effort. Le juge Remy d'Arx a donc vraiment été assassiné?

— Quant à cela, oui, maman, et voilà plus d'un mois qu'il est enterré.

— Par qui?

— Dame... par les pompes funèbres, je suppose.

Le visage de la veuve Samayoux devint écarlate et ses yeux lancèrent un éclair.

— Par qui assassiné? s'écria-t-elle d'une voix tremblante de colère; est-ce que tu vas te moquer de moi, vitrier de malheur!

Militaire devint plus rouge que la dompteuse; car, entre gens sanguins, la colère se gagne avec une rapidité folle.

— Vitrier! répéta-t-il en fermant les poings; est-ce que nous avons gardé quelque chose ensemble, dites donc, la mère?

Mais il s'arrêta et porta sa main renversée à son front, pour figurer le salut du troupier. Au beau milieu de son courroux, d'ailleurs légitime, l'idée qu'il allait perdre une bonne pratique avait surgi.

— Respect au beau sexe! dit-il; une invective tombant de la bouche d'une dame n'a pas les mêmes inconvénients que s'il avait été proféré par un interlocuteur de mon sexe. Rompez les rangs, puisque vous n'êtes pas de bon poil, maman Léo; je n'ai jamais porté l'uniforme, mais j'en ai la galanterie... A la vôtre tout de même.

Il vida son verre. Mme Samayoux laissa tomber sa tête sur sa main.

— Assassiné!... dit-elle encore.

— C'est donc ça qui vous chiffonne? reprit Gondrequin rendu à toute sa sérénité. J'avais eu un petit moment l'idée d'en faire un tableau, mais ça n'a pas eu le retentissement nécessaire pour l'effet. Les détails manquent, et je ne sais pas pourquoi la chose n'a pas eu le succès qu'elle méritait dans Paris. Je lis mon journal tous les soirs, en prenant ma demi-tasse, et j'ai cru d'abord qu'on allait avoir du joli, car les faits divers avaient l'air de mélanger cette histoire-là à celle de M. Mac Labussière, Meilhan et consorts, connus sous le nom des Habits-Noirs; mais l'arrêt est rendu maintenant dans l'affaire des Habits-Noirs, qui doivent être partis pour leurs destinations respectives, et n'ayant plus fantaisie de profiter de la chose pour en faire un tire-l'œil, j'ai retourné à mes affaires. La commande tient toujours, pas vrai, maman?

La dompteuse fit un signe de tête affirmatif et pensa tout haut :

— Comment savoir la vérité?

— Il n'y a pas commère comme M. Baruque, répondit Gondrequin en se rapprochant; les hirondelles de palais, ça vient quelquefois en foire, et le juge en question n'était pas à l'abri de courir la prétentaine, témoin l'endroit où on lui a fait avaler sa langue. Si vous êtes immiscée à son passé par hasard, interrogez M. Baruque, et ce sera comme si vous aviez lu toutes les pièces qui sont au greffe.

— M. Baruque! appela Léocadie d'une voix faible.

— Holà! hé! Rudaupoil! appuya Gondrequin. Obligeance à l'égard des dames! arrive ici!

— Le voilà, ce poignard... répliqua M. Baruque, dit Rudaupoil, qui descendit aussitôt de son échelle et vint à l'ordre, son pinceau d'une main, son godet de l'autre.

Aussitôt qu'il eut quitté les sommets d'où il surveillait le travail de ses subordonnés, l'activité de ceux-ci se ralentit comme par enchantement.

— Voilà! fit M. Baruque, qu'est-ce qu'on me veut? Ne laissons pas sécher l'ouvrage.

Il s'interrompit pour ajouter :

— Vous avez l'air toute tapée, maman Léo!

— Dites-moi tout ce que vous savez, répliqua celle-ci en faisant effort pour se redresser; ne me cachez rien, je vous en prie.

Et Gondrequin-Militaire, mettant les points sur les *i*, exposa que la patronne voulait connaître à fond l'affaire Remy d'Arx.

M. Baruque jeta derrière lui ce regard qui savait compter les coups de pinceau donnés en une minute.

— C'est que, objecta-t-il, tout va languir, et nous ne sommes pas ici pour nous amuser.

— C'est moi qui paye, dit Léocadie presque rudement.

— Arme à volonté, en avant, marche! commanda Militaire.

— Moi, ça m'est égal, dit Baruque, roule ta bosse! je crois que je connais assez bien cette histoire-là. Il y a donc que M. Remy d'Arx était un jeune homme de bonne vie et mœurs, au commencement, et qu'on lui reprochait même, dans son monde, qu'il avait la timidité d'une demoiselle et pensionnaire; mais pas du tout! les choses changent bien vite, quand un quelqu'un a le malheur de faire des mauvaises connaissances, et je vas vous dire, tout de suite, moi, le fin mot du pourquoi que l'instruction ne marche pas : c'est qu'on a trouvé des indices drôles tout à fait, comme quoi, par exemple, le défunt juge d'instruction, qui dînait chez les ministres et fréquentait la meilleure société, avait nonobstant des accointances avec le gredin des gredins, Coyatier, dit le Marchef, qu'on n'a pas revu depuis ce temps-là aux environs de la barrière d'Italie... Cherche!

— Hein? fit ici Baruque en s'interrompant, que vous avais-je annoncé? Je n'en ai pas encore raconté bien long, et les voilà tous qui font cercle comme à la parade!

Les peintres, en effet, du côté de la scène, et les saltimbanques des deux sexes, du fond de la salle, s'étaient rapprochés en même temps.

Il n'y avait pour garder leur place que le lion valétudinaire et le jeune Saladin, qui s'était endormi entre les pattes du monstre, à force de pleurer.

La dompteuse dit :

— Ça m'est égal, qu'on travaille ou qu'on ne travaille pas, allez!

— Droite ! gauche ! fit Gondrequin, pas accéléré !

— Il y a bien des gens, reprit M. Baruque, qui font semblant de voir plus loin que le bout de leur nez et qui disent comme quoi que les Habits-Noirs de la cour d'assises, M. Mac Labussière, M. Meilhan et le baron de Castres, étaient des bandits de six liards à côté des finauds de *Fera-t-il jour demain*. Mais quoi ! ceux-là c'est comme le serpent de mer : tout le monde en parle et personne ne les a jamais vus. Moi, j'ai mon idée, et elle a deux têtes, mon idée, comme le veau phénomène. Je me dis : De deux choses l'une : ou bien le juge Remy d'Arx était un Habit-Noir...

— Oh ! fit-on à la ronde.

Le poing fermé de Mme Samayoux frappa la table pour imposer le silence.

— Il n'y a pas de oh ! continua M. Baruque. Pour qu'on ne les trouve jamais, ces lapins-là, il faut bien qu'ils soient protégés quelque part... ou bien encore, et c'est la seconde tête de mon veau, le défunt, qui passait pour un rude limier, était tombé sur la piste de la bande. Ceux-là qui s'y connaissent disent que jamais chien n'est revenu de la chasse de ces sangliers-là.

C'est sûr que Paris est bavard et qu'il y a des propos qui vont et qui viennent. J'étais tout moutard à l'atelier Cœur-d'Acier, la première fois que j'ai ouï parler de cet ogre qu'on appelle le Père-à-Tous, et on en parle encore, quoique ma barbe soit devenue grise.

Je suis curieux, moi, j'ai guetté pour voir si l'ogre viendrait enfin devant la justice, et quand j'ai ouï parler pour la première fois de la bande des Habits-Noirs, j'entends celle du mois dernier, je me suis dit à moi-même : Ma vieille, tu vas te payer le journal du soir sept fois par semaine. J'en ai fait la dépense, mais vas-y voir ! Ce n'était pas trop ennuyeux, il y en avait parmi ces clampins-là qui ne manquaient pas du mot pour rire, seulement du Père-à-Tous et du *Fera-t-il jour demain* pas l'ombre ! c'était un ramassis de filous ordinaires, et si j'étais à la place des vrais Habits-Noirs, je les attaquerais en contrefaçon au tribunal de commerce.

Ici Baruque, dit Rudaupoil, s'arrêta, trouvant son dernier mot joli et pensant avoir droit à quelque marque d'approbation.

— Après ! fit Mme Samayoux sèchement. Vous ne me dites rien de ce que je veux savoir.

— Qu'est-ce que vous voulez savoir, maman Léo ? demanda M. Baruque un peu désappointé. Je vous préviens que l'instruction a l'air de patauger pas mal, et que le fin mot de l'histoire est encore tout au fond du pot au au noir.

La dompteuse hésita avant de répondre ; elle avait les yeux baissés et ses lèvres blêmes frémissaient.

Quand elle parla enfin, chacun put remarquer la profonde altération de sa voix.

— Il y a là-dedans une jeune fille, dit-elle, et un jeune homme...

— Ah çà ! s'écria M. Baruque, d'où sortez-vous donc, si vous en êtes encore là !

— Je veux savoir, prononça lentement la dompteuse au lieu de répondre, les noms du jeune homme et de la jeune fille qui sont accusés d'avoir assassiné le juge d'instruction Remy d'Arx.

IV

D'OU MAMAN LÉO SORTAIT

Le sentiment généralement éprouvé par l'assistance était une compassion assez vive pour l'ignorance inconcevable de maman Léo.

Il n'est pas permis, en effet, d'ignorer certaines choses, et, selon les couches sociales, ces choses qu'on n'a pas le droit d'ignorer changent.

En haut, la chose est, le plus souvent, un vaudeville, dont les personnages sont invariablement M. le duc ou M. le comte, Mme la comtesse ou Mme la duchesse, outre M. Arthur, qui peut avoir tous les noms de baptême du calendrier.

Ce vaudeville est toujours le même, et toujours très

amusant, à ce qu'il paraît, car son succès se prolonge sempiternellement.

En bas, c'est un drame qui varie un peu plus que le vaudeville élégant, mais où il faut cependant un élément immuable : le sang.

Au lieu de repasser la chronique de l'adultère, enrichi de diamants, qui fait les délices des grands, les petits radotent avec une fidélité pareille la chanson favorite du crime.

Cela n'empêche pas la vertu d'être fort considérée chez nous, mais on n'en parle jamais.

Ce qu'il faut savoir, sous peine d'excommunication, c'est, si on est du beau monde, la hauteur exacte du dernier saut périlleux de la princesse, et, si on est du pauvre monde, ce sont les détails circonstanciés du meurtre de la rue Pagevin, de la rue Mauconseil ou de la rue Thévenot, avec le nombre des coups donnés, la nature de l'outil employé, la place des trous faits dans le corps, la largeur des ecchymoses et la posture que la victime gardait quand on l'a trouvée, déjà froide, les membres convulsionnés dans leur raideur, les cheveux hideusement brouillés, gluants et collés au carreau.

Voilà quels sont nos appétits au dix-neuvième siècle.

A Paris, comme en province, les marchands de livres ne demandent plus aux jeunes écrivains s'ils ont du talent, ils leur ordonnent tout uniment de rassasier le monstrueux idiotisme de cette gourmandise populaire.

M. Baruque avait demandé, dans son étonnement bien naturel :

— Ah çà ! d'où sortez-vous donc, maman Léo, si vous en êtes encore là ?

Et quoique la bonne femme fût une reine absolue dans sa masure, l'auditoire avait presque souri.

Similor, l'homme au chapeau gris et aux cheveux jaunes, n'était pas seulement un type très réussi de don Juan, il possédait à l'état latent l'étoffe d'un courtisan.

— La patronne, dit-il entre haut et bas, mais de manière à être entendu, aux deux rougeaudes ses élèves : la patronne n'a pas l'air, mais elle travaille de cabinet, comme quoi, quand des grandes idées pareilles à celles qui lui emplissent le cerveau se trémoussent dans une coloquinte, on ne peut pas faire attention à toutes les vulgarités journalières qui occupent la fainéantise de notre population.

Echalot le regarda d'un air attendri et murmura :

— Quelle dorure de langue ! Ah ! si j'avais son talent ! mais tout le monde ne peut pas jouir des mêmes facultés.

— Silence dans les rangs ! ordonna Gondrequin-Militaire.

Mme Samayoux elle-même crut devoir une explication à l'étonnement de ses sujets.

— Le garçon dit vrai, murmura-t-elle en accordant un geste approbateur à la flatterie de l'adroit Similor, ma tête travaille et ça fait mon malheur. Vous avez raison, vous aussi, monsieur Baruque, je reviens de loin, de trop loin. Ça semble aujourd'hui que je suis une étrangère au sein de ma patrie, puisque je ne sais rien de la nouvelle du moment que les plus naïfs paraissent en avoir connaissance. C'est comme ça, entendez-vous, je ne sais rien de rien, sinon ce que je viens de saisir à la volée, et je vas vous dire une chose : si j'en avais su seulement, depuis le temps, gros comme le bout du petit doigt, je saurais tout, car ça intéresse la tranquillité de mon existence.

Involontairement, le cercle se rapprocha et l'on put entendre des voix qui chuchotaient :

— Est-ce que la patronne serait mélangée à ces affaires-là ?

— Commencez donc par le commencement, reprit la dompteuse en s'adressant toujours à M. Baruque ; les noms !

Gondrequin-Militaire, qui était une bonne âme, lui prit la main, qu'il serra à tour de bras.

— C'est l'instant, c'est le moment, dit-il tout bas, fixe ! et tenez-vous ferme dans les rangs, maman ; je n'ignorais de rien, mais le cœur m'a manqué, quoi ! et j'aime mieux que la commotion vous vienne de Rudaupoil.

— On n'a jamais imprimé les noms tout au long sur le journal, reprit M. Baruque, qui bourrait sa pipe avec tranquillité. Dieu merci ! on prend des gants dans cette affaire-là, parce que ça touche à des familles huppées. Le feu juge lui-même est ordinairement couché dans les feuilles publiques en abrégé, la demoiselle a nom Valentine de V..., connaissez-vous ça ?

— Oui et non, répondit Léocadie ; je n'ai jamais su le nom, mais la personne...

Sa voix tremblait. Gondrequin lui serra la main en répétant :

— Fixe ! et du courage !

— Pour le jeune homme, continua M. Baruque en s'asseyant sur la table, on met Maurice P...

— Bien ! dit Mme Samayoux, qui se tenait immobile et droite ; merci, monsieur Baruque !

— Vous êtes une fière femme ! murmura Gondrequin.

— Et ici, poursuivit encore Baruque, ce n'est pas bien malin de compléter le nom, puisque les journaux l'avaient imprimé tout entier à l'occasion du premier meurtre.

Cette fois Mme Samayoux chancela sur son siége.

— Le premier meurtre !... balbutia-t-elle.

Il y eut un mouvement dans l'auditoire, où quelques-uns crurent que l'ignorance de la dompteuse était jouée.

— Le premier meurtre ! dit-elle encore d'une voix où il y avait des larmes ; mes enfants, je vous ai menés à la baguette quelquefois, c'est vrai, mais le métier veut cela, vous savez bien. Ne vous vengez pas, je suis trop malheureuse !

Elle fut interrompue par un sanglot qui souleva brusquement sa poitrine.

Les yeux de Gondrequin battaient par l'effort qu'il faisait pour ne point pleurer. Echalot, le pauvre diable, passait tour à tour ses deux manches sur ses yeux baignés de larmes.

Les autres étaient partagés entre l'émotion inattendue et la curiosité excitée violemment.

Mme Samayoux avait croisé ses deux mains sur ses genoux ; elle parlait désormais pour elle-même et peut-être n'avait-elle plus conscience des phrases entrecoupées qui tombaient de ses lèvres.

— Ça semble cocasse, disait-elle de sa pauvre voix brisée, mais c'est comme ça, que voulez-vous ? Je ne lisais plus le journal depuis que le journal ne pouvait plus me parler de lui. Ah ! du temps qu'il était dans l'Algérie, le journal apportait tous les jours quelque chose de bon ; il aurait fait un héros, ce cher enfant-là, sans l'amour qui le tenait. Alors, comme le journal était muet, car toutes les autres choses et rien c'est tout de même pour moi, j'avais défendu de l'acheter... C'est de l'eau que je voudrais : une goutte d'eau.

Mais c'était l'eau qui manquait dans la baraque. Une des jeunes filles alla en chercher un verre à la fontaine de la rue St-Denis.

Mme Samayoux poursuivait :

— Vous me direz qu'on n'a pas besoin des journaux pour apprendre ; on cause avec celui-ci ou avec celle-là, n'est-ce pas ? eh bien ! moi, je ne causais plus. Ça me faisait mal de causer. Rien que de voir les gens gais, j'étais plus triste... et voilà comme ça s'est passé, tenez, je veux vous le dire : il était revenu, je lui avais cuit son souper en riant et en pleurant...

— Le fricandeau ! murmura Similor, dont les narines s'enflèrent.

Échalot ajouta :

— Le petit Saladin avait grand'soif ce soir-là ; c'est elle qui nous donna de quoi remplir la bouteille.

— J'eus toute une bonne soirée, continua Mme Samayoux, je pense bien que ce sera ma dernière bonne soirée. On bavarda. Ah ! si vous saviez comme il l'aime ! J'avais des pressentiments, c'est vrai, je lui dis : Petit, prends garde ! Mais il était fou de joie parce qu'il allait la revoir, et le nom de ce Remy d'Arx...

Elle s'arrêta comme effrayée.

— Quand il fut parti, reprit-elle, la maison me sembla vide. Ils devaient venir tous les deux le lendemain... et un autre encore, mais personne ne vint et j'en fus presque contente. Le jour d'après, je devais partir pour les Loges ; au lieu de retarder le déménagement, je le pressai : j'avais besoin de fuir ; il me semblait que, loin d'eux, je serais plus tranquille. J'avais peur, ah ! c'est bien vrai ce que je vous dis-là, j'avais peur d'entendre parler d'eux, et pourtant je cherchais à me rappeler mes prières que je disais du temps où j'étais jeune fille au pays de Saint-Brieuc, et ce que j'en pouvais rattraper dans ma mémoire je le récitais à mains jointes pour leur bonheur !...

Elle trempa ses lèvres dans le verre d'eau qu'on lui apportait.

— Voilà pourquoi je ne sais rien, mes pauvres enfants, acheva-t-elle, voilà comment j'ai besoin qu'on me dise tout. Ce qu'il y a de plus impossible au monde, voyez-vous, c'est que Maurice soit coupable.

Elle s'arrêta encore, parce qu'un mouvement d'incrédulité avait agité l'auditoire.

Ses yeux firent le tour du cercle, où tous les regards étaient baissés.

— Vous ne croyez pas cela, vous, reprit-elle sans colère ; les juges feront peut-être comme vous, et je suis une bien pauvre femme pour aller contre l'idée de tout le monde. Mais c'est égal, contre l'idée de tout le monde j'irai !... Parlez maintenant, monsieur Baruque, si c'est un effet de votre complaisance, et ne craignez pas de me faire du mal ; rien ne peut me tuer, désormais, puisque j'ai entendu ce que vous avez dit sans mourir.

V.

TRIOMPHE DE M. BARUQUE

Il ne s'agissait plus de travailler. L'atelier Cœur-d'Acier était célèbre, non-seulement par le bon teint et l'élégance de ses produits, mais encore pour son insatiable appétit de flânerie. Ceux qui le composaient avaient deux fois le droit de rester enfants toute leur vie, puisqu'ils appartenaient en même temps à ces deux confréries joyeuses des peintres barbouilleurs et des artistes en foire.

La trêve de la besogne étant offerte et acceptée, chacun se mettait à son aise : on avait couché la grande échelle, qui faisait l'office d'un énorme divan ; d'autres avaient apporté des tréteaux, d'autres enfin restaient accroupis commodément dans la poussière.

C'était une halte de bohémiens de Paris. Tout le monde savourait le bienfait de ces vacances inespérées. On était là un peu comme au spectacle, et Similor pelait des pommes aux rougeaudes en disant :

— Ça fait pitié de voir les occasions tomber à celui qui n'est pas capable d'en profiter avec éclat. Si aussi bien on m'avait demandé la chose, au lieu de s'adresser au fabricant de croûtes et teinturier en guenilles, on aurait vu comment je sais charmer une assemblée par l'élocution de ma parole !

Echalot le regardait peler ses pommes et pensait :

— C'est à ces bagatelles qu'il enfouit ses ressources pécuniaires. Faut-il qu'il voltige sans cesse comme un papillon, et ce défaut là lui coupe son sentiment paternel.

M. Baruque, cependant, n'était pas fâché d'être en lumière ; il gardait cet air impassible qui va si bien aux petits hommes grisonnants, pourvus d'une voix de basse-taille.

Similor, ici, était injuste comme tous les envieux. M. Baruque ne resta point au-dessous du rôle brillant qui lui était confié par sa bonne chance ; il raconta couramment et dans tous ses détails l'histoire du premier meurtre : le meurtre accompli au numéro 6 de la rue de l'Oratoire, aux Champs-Élysées.

Son récit n'aurait point satisfait nos lecteurs, qui connaissent d'avance l'envers de cette sanglante comédie, mais il était positivement exact au point de vue de ce que les journaux avaient porté à la connaissance du public.

Dans la science profonde de leurs combinaisons, les

Habits-Noirs écrivaient l'histoire en même temps qu'ils la faisaient.

Ils ne se contentaient pas de jouer leur drame : ils se chargeaient en outre d'en rendre compte au public.

De ce récit, composé sur des apparences habilement préparées et d'après les pièces d'une instruction dont, seul au monde, le malheureux Remy d'Arx aurait pu reconnaître le côté mensonger, une brutale évidence se dégageait, sautant aux yeux de chacun.

Quand M. Baruque termina en mentionnant l'ordonnance de non-lieu délivrée par le feu juge et la mise en liberté de Maurice Pagès, il y eut des murmures dans l'auditoire.

— C'était trop bête, aussi ! dit Mlle Colombe en cassant un peu les reins de sa petite sœur.

Celle-ci demanda :

— A qui donnera-t-on les diamants qui étaient dans la canne à pomme d'ivoire ?

Mme Samayoux restait comme absorbée, elle ne dit rien sinon ceci :

— Il a été libre un instant, et je n'étais pas là !

— Les diamants, prononça sentencieusement Mlle Colombe, en réponse à la question de sa petite sœur, c'est toujours confisqué par le gouvernement pour récompenser les filles des généraux et les dames des procureurs du roi.

M. Baruque but un verre de vin. Tout le monde était content de lui, excepté pourtant Similor, qui cabalait dans son coin, disant :

— Faut que la patronne ait son idée pour faire mine d'ignorer des choses comme ça. Quoi donc ! Saladin, mon petit, en aurait spécifié les détails tout aussi bien que le colleur d'enseignes !

— Continuez, monsieur Baruque, dit Mme Samayoux avec sa tranquillité factice, sous laquelle perçait une navrante lassitude.

— Alors, maman Léo, répliqua le petit homme, vous voilà bien fixée sur le premier meurtre, pas vrai?

— Oui... je suis fixée.

— Et vous comprenez pourquoi tout le monde devine que le nom de Maurice P..., imprimé dans les journaux qui racontent le second assassinat, veut dire Maurice Pagès?

— Oui, je le comprends.

— Va bien! Quant à la demoiselle, c'est une autre paire de manches : Valentine de V..., connais pas! Tout ce qu'on peut dire, c'est que ça se saura plus tard.

Donc le juge Remy d'Arx avait sauvé la vie ou tout au moins la liberté de votre Maurice Pagès...

— Fixe! interrompit Gondrequin-Militaire, ménagez vos expressions, Rudaupoil! Quand même il ne s'agirait pas d'une cliente honorable et qui donne du comptant, je vous dirais encore : Respect à son sexe!

— Je ne crois pas avoir besoin de leçon pour ce qui regarde les convenances, repartit M. Baruque avec fierté, et il y a beau temps que Mme veuve Samayoux connaît les sentiments que je nourris en sa faveur. Je voulais dire tout uniment ceci : Quand il y a rivalité d'amour entre deux hommes, qu'est-ce que c'est que leur reconnaissance? ce n'est rien, comme vous allez le voir.

— Ah! fit Mlle Colombe avec un grand soupir, les

hommes ! celui qui m'a laissé ma petite sœur sur les bras avait pourtant des mille et des cent !

— Maurice Pagès, poursuivit M. Baruque, possédait peut-être autrefois les qualités du cœur qui ont pu motiver l'intérêt que lui témoigne la patronne, mais rien n'arrête le débordement des passions. Quand il fut sorti de la conciergerie, il continua de se fréquenter avec la demoiselle Valentine de V..., qui est une pas grand'-chose, quoique appartenant à la plus haute société.

Il faut vous dire, et c'est à maman Léo que je parle, car tous les autres savent cela sur le bout du doigt, que le mariage de la demoiselle avec le juge était une chose arrêtée. On avait signé le contrat et publié les bans.

En passant, une observation qui a ses conséquences. On voit un peu plus loin que le bout de son nez, c'est sûr. Je suis, moi, de ceux qui pensent qu'il y avait là un marché, et que ce mariage était le prix de la faiblesse du juge à l'endroit du Maurice pincé en flagrant.

La demoiselle avait dû dire quelque chose comme cela : « Sauvez celui qui m'est cher et je serai votre femme. »

Ça n'est pas beau, et, en plus, ça a l'air bête. Ils sont si drôles, dans le beau monde ! Voilà un endroit où il s'en passe de cruelles, qui ne viennent pas souvent à la cour d'assises, rapport à la richesse et à la faveur des fautifs.

Ceux qui connaissent le dessous de leurs lambris dorés disent que ça fait frémir pour l'immoralité de toutes les turpitudes qu'ils contiennent !

Et, quant à la bêtise, écoutez donc, depuis le commencement jusqu'à la fin, ce juge-là, malgré sa réputation de savant, s'est toujours conduit comme celui qui n'a pas inventé la poudre.

Voilà donc qui est très-bien : les préparatifs de la noce allaient leur train dans le bel hôtel des Champs-Elysées, chez une Mme d'O..., comme le marquent les feuilles publiques, qui cachent encore la fin de ce nom-là. S'il s'agissait de moi ou de Gondrequin-Militaire, on nous y coucherait en toutes lettres, c'est bien sûr.

Mais voilà une assez cocasse de chose : le bel hôtel est situé tout contre la maison du numéro 6, où le premier meurtre avait eu lieu. Y a-t-il là-dedans un fait exprès? Cherche ! Faudrait avoir du temps à soi comme un rentier pour deviner tant de rébus.

L'important, c'est que, après l'ordonnance de non-lieu, Maurice Pagès avait loué un petit logement garni dans la rue d'Anjou-Saint-Honoré, sur le derrière, dans une situation bien commode pour faire tout ce qu'on veut, sans être gêné par les voisins.

C'était là que Valentine de V... venait causer avec lui.

La veille même du mariage, M. Remy d'Arx reçut une lettre de Maurice Pagès qui lui donnait son adresse, comme qui dirait un défi.

Il se trouva qu'au moment où les amis et la famille étaient rassemblés à l'hôtel des Champs-Élysées pour l'exposition de la corbeille, comme ça se fait dans la noblesse plus orgueilleuse qu'un troupeau de dindons, Mlle Valentine de V... manqua justement à l'appel.

Remy d'Arx alla jusque dans sa chambre pour la chercher, et là une servante lui dit qu'elle était partie en voiture, toute pâle et toute défaite.

Pour aller où ?

La fille de chambre se fit un petit peu prier, puis elle donna l'adresse du logement garni de la rue d'Anjou.

Est-ce un guet-apens, oui ou non ? Du reste, la servante a été en prison.

Ce qui se passa dans le logement garni, dame ! je n'y étais pas pour le voir, mais la justice fut avertie.

— Par qui ? demanda ici Mme Samayoux, dont les yeux se relevèrent.

— Oui, par qui ? répéta Échalot, qui, d'ordinaire, n'avait point la hardiesse de se mêler ainsi à l'entretien.

— Qu'est-ce que ça fait, par qui ? répliqua M. Baruque.

Les yeux de la dompteuse se baissèrent, et au lieu d'insister elle dit :

— Allez toujours.

— C'est presque fini, vous le devinez bien. La justice trouva le juge d'instruction empoisonné comme un rat dans une cave où l'on a jeté des boulettes.

— C'est tout ? demanda la veuve.

— C'est tout, et je crois que c'est assez comme ça. Il n'y avait pas à nier le flagrant, cette fois-ci, puisque le jeune homme et sa demoiselle étaient enfermés censément avec le cadavre.

Dans l'auditoire on se demandait :

— Qu'est-ce que la patronne veut donc de plus !

Et Similor ajouta entre haut et bas :

— Quand les femmes qui a dépassé l'automne de l'existence en tiennent pour un jeune premier, ça fait frémir !

Échalot se glissa derrière les groupes et vint lui mettre la main sur l'épaule.

— Toi, Amédée, dit-il, tu vas te taire !

— Qu'est-ce que c'est?... commença fièrement le faraud en haillons.

— Tu vas te taire ! répéta Échalot, qui ne se ressemblait plus à lui-même et dont l'humble regard avait pris une expression d'autorité. Le petit se mourait de besoin, c'est elle qui lui a remplacé la Providence. Tant pis pour toi si tu n'as pas de cœur : Un mot de plus et on s'aligne !

Similor haussa les épaules, mais il se tut.

En ce moment, Mme Samayoux disait, en se parlant à elle-même plutôt que pour poser une objection :

— Qu'un homme soit frappé, ça se comprend, mais pour empoisonner quelqu'un...

— Il faut qu'il boive ! s'écria Gondrequin. Ra, fla, droite alignement ! Je n'en avais jamais tant su à l'égard de cette aventure ; mais le bon sens le dit : pour empoisonner quelqu'un, faut que ce quelqu'un-là boive !

— Et le juge, dit Échalot, qui revenait de son expédition, n'était pas venu là pour se rafraîchir, peut-être !

Il y avait de la reconnaissance dans le regard mouillé que Mme Samayoux tourna vers lui.

Échalot recula sous ce regard et appuya sa main contre son cœur.

Dans l'auditoire, quelques voix dirent :

— Le fait est que le juge et les deux amoureux n'étaient pas vis-à-vis les uns des autres dans la position où l'on se dit entre amis : Voulez-vous prendre quelque chose? C'est louche.

— Avec ça, s'écria M. Baruque, qu'un homme qui trouve sa fiancée dans une pareille situation n'est pas dans le cas de tomber évanoui les quatre fers en l'air, s'il a de la délicatesse!

— Ça, c'est vrai, fit Gondrequin, mais après?

— Après?... avec ça que quand ils sont deux autour d'un quelqu'un qui ne peut pas se défendre, c'est bien malin de lui ouvrir le bec et de lui entonner ce qu'on veut! Et d'ailleurs est-ce qu'il n'y a pas toujours des manigances qu'on ne comprend pas dans les causes célèbres? c'est ce qui en fait le charme, et sans ça il n'y aurait pas besoin d'audience.

— Parbleu! approuva-t-on à la ronde.

Gondrequin lui-même parut ébranlé par ce raisonnement si clair.

— Et à la fin des fins, acheva M. Baruque, j'ai été interrogé, j'ai répondu : Tout ça m'est bien égal à moi. Je ne m'occupe pas du comment ni du pourquoi, je dis : Pour être empoisonné, il faut boire, donc il a bu puisqu'il est mort empoisonné. Faut-il reprendre l'ouvrage?

Un instant la dompteuse fixa sur lui ses yeux où il y avait de l'égarement.

Puis, au lieu de répondre, elle appuya ses deux coudes sur la table et cacha sa tête entre ses mains.

VI

LA CHEVALERIE D'ÉCHALOT

Nous n'avons jamais nourri l'espoir de reculer les frontières connues de la poésie en abordant le portrait de Mme veuve Samayoux, première dompteuse française et étrangère; mais nous n'avons pas eu non plus la crainte, en faisant ce portrait ressemblant, d'exclure toute poésie.

La poésie est partout, l'élément populaire en regorge, et on la retrouve encore, réduite, il est vrai, à sa plus humble expression, jusque dans les bas-fonds fréquentés par ces vivantes chinoiseries, qui ne sont plus le peuple et qui servent de bouffons au peuple.

Le peuple entretient des bouffons, en sa qualité de dernier roi. Il n'y a plus guère que lui pour mettre la main à la poche quand Triboulet ou sa femelle se ruinent en frais de lazzi et de cabrioles.

Mais le fou du prince avait quelque chose de terrible en ses gaietés, et nous ne pouvons plus le voir qu'à travers la terrible ironie de Victor Hugo. C'était un esclave qui riait aux larmes et dont les larmes étaient rouges.

Les fous du peuple sont libres, plus que vous et plus que moi, libres au milieu de nos contraintes comme les sauvages de la forêt américaine, libres au milieu de nos décences hypocrites et de nos puériles convenances, comme les oiseaux effrontés du ciel.

Ils n'ont point de gêne pour gâter leur pauvre plaisir, et quand ils rient c'est à gorge déployée. Ils n'ont point d'étiquette, quoiqu'ils aient beaucoup de fierté; leur orgueil, naïf entre tous les orgueils, se contente d'un mot et d'une apparence; ils sont artistes, puisqu'ils se croient artistes, et cela suffit pour transformer en joyeux carnaval les douze mois de leur perpétuel carême.

Ils vivent et meurent enfants, ces amuseurs naïfs, de la naïveté populaire. A cause de cela, Dieu, qui aime les enfants, met de la joie jusque dans leur misère.

La dompteuse s'était affaissée sur sa table de sapin dans une pose qui manquait un peu de noblesse; elle tenait sa tête à deux mains et respirait fortement comme ceux qui veulent s'empêcher de pleurer.

Autour d'elle saltimbanques et barbouilleurs restèrent un instant silencieux; il y avait une nuance de respect dans l'immobilité qu'ils gardaient.

Au bout d'une minute, cependant, M. Baruque fit un signe qui était un ordre, et les peintres reprirent leur échelle. En même temps, Mlle Colombe emmena sa petite sœur dans son coin pour lui retourner les jarrets sens devant derrière, et Similor offrit la main aux deux rougeaudes en leur disant :

— Amours, nous allons étudier la danse des salons pour si votre étoile vous conduisait par hasard dans ceux du faubourg Saint-Germain.

Échalot revint près de son lion perclus et donna le biberon à Saladin. Il avait l'air tout rêveur.

Ce fut avec une émotion profonde qu'il dit à l'enfant, comme si ce dernier eût pu le comprendre :

— Ça doit te servir de leçon et d'exemple, ma petite vieille ; tout un chacun de nous n'est pas ici-bas sur la terre pour grignoter des alouettes toutes rôties. Faut souffrir, vois-tu, vilain môme, et puisque des personnes établies dans la position sociale de Mme Samayoux peuvent avoir de si grandes contrariétés, qu'est-ce que ce sera donc de nous qui ne possédons aucune économie !

En parlant, il fixait son regard tendre et doux sur la dompteuse, qui ne bougeait pas, mais dont la respiration devenait à la fois plus régulière et plus bruyante.

Les personnes un peu trop chargées d'embonpoint ont souvent la faculté de ronfler tout éveillées ; Mme Samayoux ronflait.

Et le troupeau des vieux espiègles commençait à rire en l'écoutant.

On travaillait encore un peu, mais pour la forme seulement.

— La patronne avait entonné le petit blanc dès ce matin, dit Goudrequin-Militaire en donnant quelques coups de balai savants au rideau ; elle avait déjà « son filleul » quand nous sommes entrés, et de pleurnicher, ça vous achève. Droite, gauche ! pas dangereux ! Si on plantait un soleil au milieu du rideau, eh ! monsieur Baruque ?

M. Baruque répondit :

— Ça veut tout savoir, et c'est incapable de supporter l'énoncé des évènements. Pour une brave personne, maman Léo en mérite le titre, mais elle pourrait être la mère de Maurice, et c'est drôle que la passion a survécu chez elle à la maturité.

Il ajouta en bâillant :

— Le voilà, ce poignard !... Mettez le soleil si vous voulez, militaire, et même la lune avec les étoiles; je n'ai pas bonne idée de l'entreprise maintenant. Cette femme-là a du cœur pour trois, elle est capable d'abandonner les soins de son état, rapport au désespoir qu'elle éprouve.

La porte extérieure s'entre-bâilla doucement pour donner passage au jongleur indien et à l'hercule du Nord, qui se glissaient dehors sans rien dire.

— Dans la rue Beaubourg, dit Similor à ses élèves, il y a un endroit où l'on sert le noir avec le petit verre pour trois sous. Si vous aviez seulement à vous deux cinquante centimes, on pourrait se procurer une soirée agréable.

La porte s'ouvrit encore. Jupiter dit Fleur-de-Lys et le rapin Peluche disparurent tout doucement.

M. Baruque mit par-dessus sa blouse un vieux paletot mastic qu'il avait acheté d'occasion et dont il releva le collet avec soin.

— Je vas revenir, fit-il négligemment; si la patronne

me demande, vous direz que j'ai couru acheter du tabac.

Gondrequin-Militaire prit aussitôt son album.

— J'ai une course à faire pour la maison, grommela-t-il en forme d'explication, poussez la besogne, mais silence dans les rangs et ne réveillez pas la bonne Mme Samayoux !

Cinq minutes après, le dernier barbouilleur s'en allait bras dessus bras dessous avec Mlle Colombe, qui donnait la main à sa petite sœur.

Échalot restait seul entre son lion assoupi et le jeune Saladin, dont il ne tourmentait plus la tête de singe par respect pour le sommeil de la dompteuse.

Échalot n'était pas oisif, cependant; il avait retiré de dessous la paille où sommeillait le lion un objet de forme singulière auquel nous serions fort embarrassés de donner un nom.

C'était en caoutchouc, et cela ressemblait un peu à certains produits qu'on voit à la devanture des bandagistes.

Il y avait deux pelotes, larges comme la moitié de la main et reliées entre elles par une manière de tuyau flexible de douze à quinze pouces de longueur. Chacune des pelotes était en outre pourvue de bandelettes en peau très-fine, et le tout était revêtu d'une couche de peinture dont le ton neutre essayait d'imiter la carnation d'un corps humain.

Echalot se mit à regarder avec complaisance ce mystérieux appareil, puis, après avoir lancé un coup d'œil à la patronne, qui semblait dormir toujours, il enleva lestement sa veste, son gilet et même la chose malaisée à définir qui lui servait de chemise.

Pendant cette opération, il disait tendrement à Saladin, qui fixait sur lui ses petits yeux chassieux :

— Vois-tu, grenouille, tu deviendras un mâle comme moi, avec le temps. Ce que tu es à même d'examiner en moi s'appelle un torse dans les ateliers : comme quoi j'ai posé pour le mien chez les plus grands artistes, de même que Similor, ton père putatif et naturel, posait pour les jambes. Nous aurions fait à nous deux un Apollon du Belvédère, lui par le bas, moi par le haut, quoi qu'il en eût fallu un troisième pour avoir la figure, n'étant ni l'un ni l'autre suffisamment avantagés sous ce rapport.

Le jeune Saladin ayant voulu ouvrir la bouche pour lancer un de ces cris lamentables qui, d'ordinaire, exprimaient son opinion, Échalot le retourna et lui mit la tête dans la paille.

Il n'avait pas l'heureuse enfance d'un prince, ce Sala- . mais ces rudes commencements font quelquefois les hommes forts, et comme, sans doute, on l'avait dressé à faire le mort quand il avait la figure enfouie, il ne bougea plus.

Nous sommes bien certains de ne blesser ici aucune pudeur malentendue en entrant dans quelques détails techniques concernant une invention moins grande que celle de la vapeur, mais qui peut avoir, néanmoins, son importance. Elle était due à notre ami si modeste et si bon : Échalot, ancien apprenti pharmacien.

Il appliqua sur son nombril une des pelotes en caoutchouc et l'y fixa à l'aide des bandelettes munies de petites agrafes qui le maintenaient derrière son dos.

C'était en vérité très-bien fait. Les bandelettes se confondaient presque avec la peau des hanches, et la pelote elle-même, n'eût été le tuyau qu'elle soutenait, aurait ressemblé à une tumeur ordinaire.

Échalot prit un petit morceau de miroir cassé et le promena tout autour de sa ceinture, pour bien voir si tout allait comme il faut.

— C'est joli, l'éducation! se disait-il; le môme ne demande pas son reste, quoiqu'il ait le caractère irascible. Dès qu'il aura seulement quatre ou cinq ans de plus, je lui fabriquerai une machine comme ça, en rapport avec son âge, et on trouvera bien une autre petite bête analogue pour les appareiller ensemble. C'est égal, la couleur n'y est pas encore tout à fait, et faudrait coller un peu de cheveux par ci par là pour imiter parfaitement l'œuvre du Créateur; mais quand ça va être arrivé à son point, je dis que Mme Samayoux ne sera pas raisonnable si elle n'est pas contente.

Ici sa voix s'adoucit jusqu'au murmure, et il glissa un regard attendri vers Mme Samayoux, qui ronflait bruyamment.

— Voilà les mystères du cœur humain! pensa-t-il tout haut. Quand Saladin a bien pleuré, il s'endort; et c'est de même chez les dames. Il n'y a pas d'âge ni de sexe qui tienne, faut que les enfants d'Adam se fait du chagrin à soi-mêmes, quand les circonstances ne s'y prêtent pas. Y aurait-il un poisson dans l'eau plus heureux que la patronne, si elle n'avait pas l'inconvénient de cette passion-là!

Il s'approcha de la table sur la pointe du pied.

Il tenait d'une main son invention, de l'autre un vieux pinceau déplumé, abandonné au rebut par un des apprentis de l'atelier Cœur-d'Acier.

Mais ces objets ne faisaient qu'ajouter à l'expressive émotion de son geste, pendant qu'il contemplait avec une admiration poussée jusqu'à la ferveur, le dos de Mme Samayoux.

Celle-ci avait laissé tomber une de ses mains; comme sa tête restait appuyée sur l'autre main, on voyait le profil perdu de sa face rubiconde et chargée d'embonpoint. Ses cheveux très-abondants, mais qui grisonnaient par places, s'échappaient de son madras aux nuances violentes, qui n'était pas de la plus entière fraîcheur.

Bien des gens vous diraient qu'à quarante ans passés, un jeune homme, pour employer les expressions d'Échalot quand il parlait de lui-même, ne peut plus avoir les sentiments d'un page.

D'autres pourraient penser que Léocadie Samayoux ne réalisait pas exactement l'idée qu'on se fait d'une châtelaine.

Et pourtant, je ne vois rien, en dehors des comparaisons chevaleresques, qui puisse donner une idée du culte respectueux, mais ardent, payé par ce pauvre diable à cette grosse bonne femme.

Malgré mon habitude de tout dire, j'hésiterais à exprimer là-dessus mon opinion, si elle n'était aussi sincère que mélancolique.

La voici :

En notre siècle si avisé, peut-être est-il nécessaire de plonger à ces profondeurs pour trouver un dernier vestige de ces niaiseries sublimes qu'on appelait les choses chevaleresques.

Tout ce qui constitue la chevalerie était chez ce pharmacien de la Table ronde : la vaillance, le dévouement, la vénération, et même cette petite pointe de sensualité naïve qui allait si bien aux preux compagnons de Charlemagne.

Échalot resta une bonne minute en extase devant ou plutôt derrière la dompteuse, dont la vaste corpulence affectait une pose pleine d'abandon.

Les petits yeux d'Échalot brillaient extraordinairement, exprimant une sorte de volupté austère.

Ses deux mains, occupées par les objets que vous savez, se rapprochaient involontairement comme pour se joindre dans l'attitude de la prière.

— Léocadie! murmura-t-il enfin, dans un long, dans un tremblant soupir.

Puis il ajouta, laissant jaillir l'éloquence de son cœur :

— Sans qu'il y a la distance sociale qui nous sépare, je lui aurais consacré tous les parfums de mon âme, dont j'ai gardé jusqu'alors la virginité! Similor a contenté tous ses caprices, mais moi, n'ayant connu que le malheur, à cause que je me suis toujours sacrifié à l'amitié, jamais je n'ai tombé dans la frivolité du libertinage en parties fines.

Il fit un pas de plus; son regard, glissant entre la carmagnole et le madras, caressa chastement le cou robuste de la dompteuse.

— C'est gras, murmura-t-il, c'est bien portant, ça ne se prive de rien, buvant sa bouteille à chaque repas, sans jamais se faire du mal, ni tomber dans les excès que je n'approuve pas chez les dames. Ça n'a pas d'autre faiblesse que celle de la sensibilité qui fait que tous les biens de la vie, généralement à sa portée, elle s'en fiche pas mal, tout entière à une seule tocade. C'est vrai que ce serait un délice de déjeuner tous les jours, dîner et souper en tête à tête avec la divinité de mes rêves, et tout à discrétion, mais ça me plairait encore plus de souffrir avec elle, de me précipiter dans le torrent pour la sauver ou au sein des flammes dévorantes ! Les autres l'ont abandonnée par l'égoïsme naturel au genre humain, mais moi, je reste, je fais serment de ne la quitter ni le jour ni la nuit, et si ça lui est agréable, je répandrai pour elle jusqu'à la dernière goutte de mon sang !...

— Voilà ce que c'est, dit Mme Samayoux sans se retourner et d'un accent assez paisible, le monde est fait comme ça : ceux qu'on les aime avec idolâtrie ne vous regardent seulement pas, et ceux qu'on n'y fait pas attention sont à genoux devant vous comme si on était un sanctuaire !

Les jambes d'Échalot flageolaient sous lui.

— Patronne, balbutia-t-il, je croyais que vous dormiez, c'est pourquoi je ne me gênais pas pour dire des bêtises ; mais il n'y a pas d'affront, parce que je sais ce que je suis et ce que vous êtes.

La dompteuse se redressa tout à coup en secouant sa crinière crêpue.

— Ce que je suis ! répéta-t-elle, et son poing crispé heurta la table violemment. C'est vrai qu'il y a encore un pauvre être au dessous de moi, puisque tu me regardes d'en bas, toi, bonne créature ; mais, sais-tu ? si on leur disait qu'il y a quelqu'un ici-bas pour me respecter, ils pouffieraient de rire !

— Qui donc qui se permettrait ça ? demanda vivement Échalot.

— Tout le monde, à commencer par le dernier des derniers. Mets-toi là !

Elle lui montrait le siége occupé naguère par Gondrequin.

Échalot fit un pas, ne voulant point désobéir, mais il hésitait en face d'un si grand honneur.

— Mets-toi là, répéta Mme Samayoux, je ne dormais pas, je n'ai pas dormi une seule minute, et je ne dormirai de longtemps. Verse à boire !

Pour prendre la bouteille, Échalot déposa sur la table les objets qu'il tenait à la main.

— Qu'est-ce que c'est que ça ? demanda la dompteuse.

Ses yeux se gonflaient encore de larmes, mais elle était comme les enfants, distraits à la moindre curiosité.

Échalot rougit et répondit :

— Ça peut encore être perfectionné, et je n'aurais pas voulu vous montrer la chose incomplète. C'était une surprise ; j'avais eu l'idée de monter un trompe-l'œil pour me réunir avec Similor, tous deux nus jusqu'à la ceinture et représentant le phénomène des deux jumeaux siamois, liés ensemble par un jeu de la nature.

Léocadie prit à la main le système et l'examina d'un air connaisseur.

— Ce n'est pas déjà si maladroit, dit-elle ; on en avale de plus grosses que ça en foire. Est-ce que c'est toi l'inventeur ?

Les yeux d'Échalot se mouillèrent, tant il se sentit fier et heureux.

— Je n'ai pas l'intelligence d'Amédée, murmura-t-il,

mais avec l'espoir de vous être agréable, il me semble que rien ne me résisterait !

Léocadie rejeta la mécanique et but une gorgée de vin, après quoi, elle repoussa le verre.

— Je suis malade, murmura-t-elle, car ça me paraît comme du fiel !

Puis elle demanda :

— Connais-tu bien ton Similor?

— Amédée ! s'écria Échalot. Lui et moi c'est des frères !

— Tu parais compter sur son adresse ?

— Il n'y a pas plus fin que lui.

— Serait-il dévoué à l'occasion?

Échalot ouvrit la bouche pour répondre affirmativement, mais la parole ne vint pas et il baissa la tête.

— C'est qu'il me faudrait des hommes vraiment dévoués ! murmura la dompteuse.

— Le fond n'est pas mauvais, répliqua Échalot; mais il se laisse entraîner par son libertinage, toujours voltigeant de la brune à la blonde, dont il sait se faufiler partout, à cause de son élégance et de son toupet. Mais moi, c'est différent, j'ai mis un frein à mes passions pour m'occuper de Saladin et lui préparer sa carrière. Mon abnégation pour vous a pris naissance dans ce que vous avez été utile à Saladin, et alors ça a grandi petit à petit jusqu'à la chose que je vous sacrifierais avec plaisir mon existence et mon honneur lui-même, et se faire hacher pour vous comme chair à pâté !

Mme Samayoux lui tendit sa rude main, qu'il porta pieusement à ses lèvres.

— Merci, dit-elle, vous ne payez pas de mine, c'est

vrai, mais j'ai bonne idée de vous. Je me défie des farauds ambitieux et langues dorées, car c'est encore dans les rangs du petit peuple qu'on trouve le plus de cœurs sincères; seulement il faut choisir, étant exposés à y rencontrer encore pas mal de racailles.

Elle s'interrompit pour ajouter d'un air pensif :

— Non, non, je ne dormais pas; je les ai bien vus s'en aller à la queue leu-leu, et ça fait pitié quand on considère l'espèce humaine! mais ça m'était bien égal, ma pauvre tête travaille comme une folle, cherchant un moyen de braver les menaces du sort. Je mettrais ma main au feu jusqu'au coude que ces deux enfants-là ne sont pas coupables!

— Ça me paraît aussi de même, dit Échalot résolûment, puisque c'est votre idée. J'ai été bien souvent me chauffer à la cour d'assises et je ne suis pas étranger à la façon dont ça se joue. Il y a une bonne chose que l'avocat pourra beurrer dessus toute une tartine, c'est sûr, et le procureur du roi sera bien fin s'il peut prouver que les deux amoureux ont fait boire le juge malgré lui.

— N'est-ce pas? s'écria vivement Mme Samayoux, ce n'est pas quand on vient surprendre sa fiancée avec un rival qu'on accepte un verre de vin de bonne amitié. Si j'étais juré... mais voilà! il y a un coup monté, ça saute aux yeux! Par qui? je n'en sais rien, et quand on pense à ce qui peut passer dans l'idée des avocats... Moi d'abord, quand il s'agit des tribunaux, je dis que c'est la misère! Si on venait m'arrêter pour avoir assassiné Louis-Philippe, qui n'est pas mort, ou Napoléon, qui a péri à Sainte-Hélène, je ne suis pas bien sûre que j'en réchapperais.

Échalot secoua la tête avec gravité et dit :

— C'est vrai que la justice humaine est fragile dans son aveuglement, mais au-dessus de la faiblesse des hommes il y a l'œil de la Providence.

Mme Samayoux le regarda, et il baissa aussitôt les yeux avec modestie.

— Toi, dit-elle, retrouvant une nuance de gaieté, car la présence et la sympathie de ce pauvre être lui faisaient vraiment du bien, tu es une bonne âme, mais, vois-tu, faudrait l'aider, la Providence, et que pouvons-nous à nous deux? J'ai beau chercher, ma cervelle est vide, et quand je songe qu'ils sont tous deux en prison, dans des cachots séparés, et ne pouvant pas même mélanger leurs sanglots...

Elle essuya une larme qui tremblait à sa paupière; Échalot fit de même avec le pan de sa redingote.

— C'est dans ces moments-là, reprit la dompteuse en laissant tomber ses deux bras, qu'on voudrait avoir reçu une éducation soignée et posséder des connaissances intimes dans la haute pour être à même de soulager l'infortune. Si seulement j'étais riche...

— Vous avez dû pelotonner un joli bout de galon, fit observer Échalot d'un air flatteur.

Mme Samayoux haussa les épaules avec un soudain emportement.

— Je parie que mon saint-frusquin va y passer jusqu'au dernier sou! s'écria-t-elle. Les mains me démangent de jeter l'argent par les fenêtres, et si la dépense servait à quelque chose, crois-tu que je regretterais mes écus?

— Bien sûr que non, patronne.

— Je donnerais tout! et je ferais des dettes par-dessus le marché! Mais comment s'y prendre? par où commencer?

— Ah! je ne sais pas! je ne sais pas! fit-elle dans son découragement plein de fiel; j'ai idée de tout casser et de tout briser! mon établissement, je m'en moque! ma réputation, je n'en veux plus! J'avais entamé une grande entreprise qui devait rapporter des mille et des cent, j'avais payé les yeux de la tête à la ville pour le local; jamais on n'aurait vu en foire un théâtre aussi reluisant que le mien; mais c'est fini de rire! Je vas renvoyer mes artistes en leur donnant ce qu'ils voudront d'indemnité; je vas renvoyer les peintres, les colleurs, les menuisiers, toute la clique! Je vas vendre mes animaux, et pour un peu je me jetterais par-dessus le parapet du pont, voilà!

Échalot était consterné; il essayait de maladroites consolations qui n'étaient pas écoutées.

Mme Samayoux s'était levée et parcourait la baraque à grands pas. Elle ressemblait à une lionne dans sa cage, et certes, à l'heure qu'il était, deux hommes robustes auraient fait preuve de témérité en l'attaquant.

— S'il ne s'agissait que de tripoter un tigre, s'écria-t-elle, ou que de faire une omelette avec une demi-douzaine de militaires, qu'on prendrait par la peau du cou et qu'on tortillerait comme la paille à rempailler les chaises! ah! ça me soulagerait crânement d'abîmer quelqu'un, mais, là, de fond en comble!... En seraient-ils moins malheureux, là-bas, entre les quatre murailles de leur prison?... mon Dieu, Seigneur! les pauvres enfants! les pauvres enfants!

— Mais donne-moi donc une idée, toi ! fit-elle en s'arrêtant devant Échalot, qu'elle secoua rudement.

— Fouillez-moi plutôt, patronne, murmura l'ancien pharmacien, dont les yeux étaient pleins de larmes. Si on pouvait pénétrer dans leur cachot, vous et moi, et rester à leur place pendant qu'ils s'évaderaient.

— Est-ce qu'on pourrait me prendre pour elle ? demanda Mme Samayoux, qui eut presque un sourire. Et lui ! il est si beau !...

— Et moi si laid, pas vrai? acheva Échalot. Ça ne fait rien, patronne, je suis tout de même bien content de vous avoir un petit peu régayée.

— Oui, répliqua la bonne femme, soudaine comme les enfants et dont toute la colère était tombée pour faire place à une rêveuse mélancolie, tu m'as fait rire et ce n'était pas facile, car j'en ai gros sur le cœur. As-tu entendu tout à l'heure que le Gondrequin-Militaire m'appelait madame Putiphar ?

— Voulez-vous que je m'aligne avec lui ! s'écria Echalot.

— Pour quoi faire ? je ne suis pas bégueule, mon vieux, et mon opinion c'est liberté libertas pour une femme veuve dans ma situation qui peut se mettre au-dessus des bavardages. Pourtant je suis bien changée depuis ce soir où je le vis pour la dernière fois : j'entends mon chéri de Maurice, et j'avais fait dessein de marcher droit parce qu'il y avait en moi une idée qui me donnait du respect pour moi-même. Je me regardais un petit peu comme sa mère. C'est drôle, pas vrai ? de jalousie il n'en était plus question, et j'en étais à me demander si vraiment j'avais pu espérer autrefois qu'il hésiterait entre une grosse maman comme moi et Fleurette, ce bouton de rose?

— Il y a des gens, soupira Échalot, qui préfèrent mieux la rose épanouie à n'importe quel bouton.

— Tais-toi! pas de bêtises! on se connaît; et ce qui prouve bien que ma folie est guérie, c'est qu'il ne me viendrait pas à l'esprit désormais de penser à l'un sans penser à l'autre. Ah! mais non! je ne veux pas le sauver tout seul, je veux la sauver avec lui. C'est mes deux enfants, quoi! mes deux amours bien-aimés; il me les faut tous deux, il me les faut heureux, et le restant de mon espoir est de vieillir ici ou là, dans quelque coin, d'où je pourrai regarder leur bonheur.

— Êtes-vous assez bonne! murmura Échalot, dont l'attendrissement ne faisait pas trêve un seul instant.

— Pour la bonté, je ne dis pas, répliqua Mme Samayoux avec tristesse, mais ça n'avance pas beaucoup les affaires, et j'ai beau me creuser le cerveau, je ne trouve aucun moyen de venir à leur secours.

— Cherchons, patronne.

— J'ai tant cherché! fit la dompteuse, qui se laissa retomber sur son siége. Quand tu m'as parlé tout à l'heure, j'en étais à rêvasser un tas de fariboles comme on fait quand on est au bout de son rouleau. Je songeais à ces hasards qui arrivent toujours à point dans les contes de fées; je me disais : il n'y a donc plus de ces bons génies qui exauçaient les souhaits des malheureux?...

— Dame!... fit Échalot, croyant qu'on l'interrogeait.

— Qui descendaient par le tuyau de la cheminée, continua maman Samayoux sans prendre garde à l'interruption, ou bien encore qui arrivaient par la fenêtre ou par le trou de la serrure au moment juste où tout espoir était perdu?

— Qui sait? fit encore Échalot.

— Il me semblait que dans ma pauvre baraque désertée j'allais entendre au dehors une petite main faisant toc-toc à ma porte...

— Écoutez! s'écria Échalot qui devint pâle. On a fait toc-toc!

La dompteuse se leva toute droite.

A la porte extérieure, deux coups discrets avaient été frappés en effet.

— Si c'était le bon génie! balbutia Échalot.

La dompteuse essaya de sourire, mais elle ne put, et ce fut d'une voix altérée par l'émotion qu'elle prononça ce seul mot :

— Entrez!

VII

M. CONSTANT

Mme Samayoux avait évoqué une bonne fée, la bonne fée venait-elle au commandement? Échalot n'était pas éloigné de cette opinion et ouvrait déjà de grands yeux.

Dans le monde entier, il n'y a pas de pays plus ami du merveilleux ni plus crédule que la foire.

La porte roula sur ses gonds branlants; ce ne fut pas une fée qui entra, mais bien un homme de forte carrure, boutonné du haut en bas, dans un de ces pardessus qu'on appelait des redingotes à la propriétaire.

Le nez de cet homme brillait comme un rubis par-dessus les plis d'une vaste cravate en laine tricotée; il portait un chapeau évasé par en haut et dont les larges bords se cambraient selon la forme dite *bolivar*.

Il avait aux mains des gants fourrés, une belle paire de lunettes d'or sur le nez et des socques articulés par-dessus ses souliers.

— Suis-je au bout de mes longs voyages? demanda-t-il en franchissant le seuil. Est-ce ici le séjour de madame veuve Samayoux, dite maman Léo, première dompteuse cosmopolite et directrice des Prestiges Parisiens réunis aux animaux féroces par privilége de l'autorité ?

Ceci fut débité avec une emphase moqueuse qui rappelait assez bien le ton de l'arracheur de dents, poussant son boniment entre deux : Allez-la-musique !

Mme Samayoux mit sa main étendue au devant de ses yeux un peu éblouis par les larmes.

— C'est moi la première dompteuse, dit-elle rudement, qu'est-ce que vous lui voulez?

Échalot, qui s'était reculé jusqu'à son lion, examinait le nouveau-venu à la dérobée et se disait :

— Je ne le connais pas, cet oiseau-là, mais c'est drôle, il y a des têtes qu'on croit toujours avoir vues quelque part.

L'étranger repoussa la porte et fit quelques pas à l'intérieur de la baraque.

— Est-ce qu'on pourrait avoir l'avantage d'obtenir un tête-à-tête avec vous? demanda-t-il.

— Je ne suis pas en humeur de plaisanter... commença la dompteuse.

— Ni moi non plus, interrompit le nouveau-venu; j'ai ouï conter que vous aviez assommé feu Jean-Paul Samayoux, votre mari, en jouant avec lui de bonne amitié. J'espère vivement que nous ne jouerons pas ensemble. Mais j'ai des choses importantes à vous dire et vous seule devez les entendre.

La veuve le regardait d'un air sombre.

— L'homme, dit-elle en contenant sa colère, autant vaudrait agacer un tigre que de me caresser à rebours un jour comme aujourd'hui. Qui êtes-vous?

L'étranger prit une chaise qu'il approcha du poèle, contre lequel il mit ses socques.

Échalot faisait mine de préparer son biberon pour le petit; mais il songeait :

— Je me méfie! C'est comme le soir où Amédée me mena jouer la poule à l'estaminet de l'Épi-Scié. Pourquoi donc que je pense justement à cela, moi?

L'inconnu donna un petit coup de doigt sur ses lunettes d'or, et dit, en chauffant ses pieds avec un évident plaisir :

— L'hiver s'annonce raide, cinq degrés chez l'ingénieur Chevalier, au commencement de novembre! et j'ai fait la route de Saint-Germain, aller et revenir, pour avoir votre adresse. Je ne sentais plus mes orteils.

Il ajouta, en baissant la voix tout à coup :

— Mais c'était une fantaisie de la pauvre demoiselle Valentine, et Mme la marquise m'aurait tout aussi bien envoyé à Pékin qu'aux Loges.

— Emmène ton mioche dans le coin, là-bas, dit la veuve à Échalot en lui montrant l'endroit le plus reculé de la baraque.

— Je peux m'en aller tout à fait si je suis de trop, murmura le bon garçon avec sa soumission ordinaire.

— Fais ce qu'on te dit et ne raisonne pas!

Échalot emporta aussitôt Saladin à l'endroit désigné et se mit à causer tout bas avec lui comme si l'enfant avait pu le comprendre.

— Ça s'embrouille, murmurait-il; tu vas être content, toi, farceur, car je parie bien qu'il ne sera plus question de t'enfler la caboche d'ici longtemps. La patronne n'a pas de chance tout de même : au moment d'établir une si belle boutique!... et on aurait fait de l'argent avec la chose des deux Siamois attachés naturellement par le ventre, des tas d'argent!

Malgré sa bonne envie d'obéir à la patronne en se montrant discret, son regard ne pouvait se détacher de l'étranger, et il en revenait toujours à penser.

— C'est étonnant! je jurerais que je ne l'ai jamais vu, et il me semble à chaque instant que je vais retrouver son nom!

Mme Samayoux quitta sa chaise et vint se mettre debout auprès du poêle.

— Je vous ai demandé qui vous êtes, dit-elle en baissant la voix, mais s'il ne vous convient pas de me répondre, c'est égal. Je suis dans la tristesse et le peu que vous avez dit m'a donné un espoir. C'est de Fleurette que vous avez parlé, n'est-ce pas?

— J'ai parlé de Mlle Valentine de Villanove.

La dompteuse rappela à sa mémoire le récit de M. Baruque et murmura :

— Valentine de V... c'est bien cela.

— Ou bien encore, poursuivit l'étranger, Valentine d'Arx, car la pauvre malheureuse enfant, depuis qu'elle est folle, s'est mise en tête que c'était là son vrai nom.

— Folle! répéta Mme Samayoux, dont le souffle s'embarrassa dans sa poitrine. Et elle croit donc être la femme de l'homme qui est mort?

— Non, fit l'étranger, elle croit être sa sœur. Ah! ah! si vous ne savez rien, je vais vous en apprendre de belles...

— Mais, interrompit la veuve, si elle est folle, on ne l'a pas gardée en prison?

— Parbleu! elle n'a jamais été en prison.

— Et Maurice?

— Celui-là c'est une autre paire de manches... Mais asseyez-vous, bonne dame, vous ne tenez pas sur vos jambes, ma parole d'honneur! et maintenant que j'ai les pieds chauds, nous allons nous mettre à notre aise en buvant un verre de vin, si vous voulez.

Il se leva et prit le bras de la veuve, qui chancelait en effet.

— Vous avez affaire à un bon enfant, vous savez, continua-t-il en la ramenant vers la table, et nous ferons une paire d'amis tous deux, j'en suis certain. Ça m'a amusé en commençant de poser en casseur vis-à-vis d'une luronne de votre numéro, mais vous n'êtes qu'une femme, après tout, puisque vous pleurez, et je reprends au vis-à-vis de vous la galanterie de mon sexe.

Il aida la dompteuse à s'asseoir, en ajoutant :

— Vous ne me demandez plus qui je suis en faisant les gros yeux, alors je vous le dis : ni chiffonnier ni prince, à peu près le milieu entre les deux : M. Constant, officier de santé et plus avisé que bien des fainéants qui ont passé leur thèse, premier aide préparateur dans la maison du docteur Samuel dont j'ai la confiance et qui me fait faire tout ce qui ne concerne pas mon état, spécialement la chasse à la dompteuse, car voilà trois fois vingt-quatre heures que je cours sur votre piste comme un Osage dans les forêts vierges de l'Amérique du Nord... pas bien riche avec cela, mais amateur de ce qui brille et portant des lunettes de chrysocale avant de les troquer contre des lunettes d'or. Est-ce de la franchise, ça? Ambitieux pas mal et nourrissant l'espoir que l'aventure de la petite demoiselle pourra me pousser dans le monde, puisqu'elle m'a déjà mis en relations avec des gens que je n'aurais jamais approchés sans cela; exemple : Mme la marquise d'Ornans, Mme la comtesse Corona (un joli brin celle-là, ou que le diable m'emporte!) le colonel Bozzo, qui est dix fois millionnaire, M. de Saint-Louis, qui succédera peut-être à Louis-Philippe, et d'autres encore.

— Je vous en prie, prononça tout bas la veuve, parlez-moi de Fleurette.

— Et de Maurice, pas vrai? interrompit M. Constant avec un bon gros rire; vous n'êtes plus toute jeune, mais il y en a de plus déchirées que vous, et il paraît que le lieutenant est joli comme un amour. Moi je ne le connais pas, je dis seulement que s'il est moitié aussi beau que Mlle Valentine est belle, ce doit être un Adonis! Ne vous impatientez pas, j'arrive à l'objet de ma visite.

Son doigt martela par trois fois, à petits coups bien espacés, le milieu de son front, et il ajouta :

— Le docteur Samuel dit que ça pourra guérir avec des soins et du temps, mais elle l'est... tout à fait.

— Pauvre Fleurette! balbutia la veuve, qui resta bouche béante.

— Hélas! oui, comme un beau petit lièvre, et soyons justes, il y avait bien de quoi toquer une jeune personne de cet âge-là, quoiqu'elle n'ait pas été élevée dans du coton. Mais ne vous faites pas trop de mal, vous savez, on la soigne à la papa, et il n'y en a pas deux comme le docteur Samuel dans Paris pour traiter les maladies de cette espèce-là. Elle n'est pas méchante, tout le monde l'adore à la maison, tous les jours elle reçoit des visites de vicomtes, de baronnes et de marquises : elle mange bien, elle boit bien. elle dort bien...

— Folle ! répéta pour la seconde fois Mme Samayoux; car elle avait cru d'abord à une exagération de langage : tout à fait folle !

M. Constant hocha la tête gravement en signe d'affirmation et il y eut un silence. Échalot ne travaillait plus depuis que le nouveau venu avait prononcé le nom du colonel Bozzo.

Échalot le dévorait des yeux et prêtait attentivement l'oreille.

VIII

ÉCHALOT AUX ÉCOUTES

Ni Mme Samayoux ni M. Constant ne faisaient attention à Échalot, qui était à demi caché derrière un poteau.

Le temps avait marché et ces journées de novembre sont courtes; la baraque commençait à se faire sombre.

M. Constant et la dompteuse étaient assis en face l'un de l'autre.

M. Constant, qui avait l'air d'un homme tout rond, très disposé à prendre ses aises, avait versé sans plus de façon du vin dans les deux verres.

— Je ne suis pas plus bête qu'un autre, reprit-il, quoiqu'on n'ait pas encore songé à moi pour l'Académie des sciences, mais quant à bon garçon, ça y est des pieds à la tête! vous verrez que nous serons camarades. A votre santé, maman Léo : c'est comme ça que la petite demoiselle vous appelle.

La dompteuse le regardait d'un air indécis.

— C'est vrai que vous avez l'air bonne personne, dit-elle, et si vous êtes venu chez moi, ce n'est bien sûr pas pour me faire du chagrin, mais vous me parlez comme si je savais quelque chose et je ne sais rien de rien.

— Pas possible! s'écria M. Constant; la foire des Loges n'est pas le bout du monde, et les journaux ont assez radoté là-dessus!

— Aujourd'hui même, répliqua la dompteuse, aujourd'hui seulement j'ai appris ce que les journaux ont pu dire. Ce serait trop long de vous expliquer pourquoi je restais dans l'ignorance. J'avais beaucoup d'ouvrage, et puis peut-être que je ne regardais pas autour de moi de peur de voir, car c'est bien certain que, depuis des semaines, je ne me suis jamais levée sans avoir un poids sur le cœur. On dit qu'il y a des pressentiments. Mais ce qu'on m'a rapporté tout à l'heure, c'est l'histoire du meurtre dans la chambre garnie de la rue d'Anjou; tout ce qui a suivi, je l'ignore, et si c'est un effet de votre bonté, je voudrais bien le savoir.

— Comment donc! fit l'officier de santé, mais c'est tout simple, ça! Figurez-vous que je vous aime déjà tout plein, maman Léo; je suis entré ici croyant avoir affaire à un gros hérisson de casseuse de cailloux, et vous êtes douce comme un petit agneau. Nous allons donc commencer par le commencement. Attention! vous avez beau avoir de la peine, ça va vous amuser; d'abord il n'y a pas eu de meurtre rue d'Anjou...

— Ah ! s'écria la veuve, j'en étais sûre !

— Parbleu ! ça tombe sous le sens ! les tourtereaux n'étaient pas là pour le plus grand plaisir du juge d'instruction Remy d'Arx ; mais ils avaient fait dessein de se périr ensemble par désespoir amoureux, voilà tout. L'autre juge d'instruction, celui qui a succédé au défunt Remy d'Arx, M. Perrin-Champein, est un fin finaud de la finauderie, qui a des yeux par devant, par derrière et sur les côtés, un vrai chien de chasse, quoi ! Il n'a pas seulement baissé le nez vers cette piste-là, et quand Mme la marquise est allée le voir pour lui demander sa protection en faveur de la demoiselle, il a répondu : « Dormez sur vos deux oreilles ; je pense bien qu'il n'y a pas que des roses blanches et des fleurs de lys dans l'aventure de mademoiselle votre nièce; mais ça regarde un conseil de famille bien plus que la cour d'assises. »

— Mais alors, dit la veuve, que son grand espoir étouffait, Maurice aussi doit être à l'abri ?

— Pour le fait divers de la rue d'Anjou, oui, maman ; reste seulement la mauvaise plaisanterie de la rue de l'Oratoire, 6, chambre n° 18, au second. Vous voyez si je suis ferré sur ma géographie ? Savez-vous ce que c'est qu'une commission rogatoire, vous ?

— Non, répondit la veuve, je ne sais pas grand'chose, allez, M. Constant. Buvez donc, si vous ne trouvez pas mon vin trop mauvais.

— C'est ça ! et vous allez trinquer avec moi ! Une commission rogatoire, c'est quand les juges se dérangent, et M. Perrin-Champein s'est dérangé pour venir chez nous interroger la petite demoiselle : quand je dis petite, elle a une taille superbe, mais de la voir tomber si bas, ça fait l'effet comme si elle était redevenue une enfant. Vous savez, on se fait des idées sur les gens qui ont de certains métiers ; moi, je me représente les messieurs du parquet avec des têtes de vautour ou de faucon : eh bien ! M. Champein est ça tout craché ! Il vous a une paire d'yeux ronds et pointus qui entrent dans le corps comme des vrilles, une grande bouche qui ressemble à une plaie, et un nez en lame de sabre. Il avait l'air un peu en rage, parce qu'il ne pouvait rien tirer de Mlle Valentine ; mais il disait à chaque instant : « L'instruction n'a pas besoin de cela ! » Et il ajoutait : « Les deux chambres étaient contiguës : dans l'une, Hans Spiegel ; dans l'autre, l'ex-lieutenant Maurice Pagès. Hans Spiegel avait volé les diamants de la Bernetti, qui valaient un demi-million ; Maurice Pagès n'avait pas le sou et il était amoureux d'une jeune personne très-riche ; la porte condamnée qui communique du numéro 18 au numéro 17 garde des traces nombreuses d'effraction, et les instruments qui avaient servi à opérer l'effraction ont été retrouvés dans la chambre numéro 18, où l'ex-lieutenant Pagès faisait son domicile... »

— C'est vrai que c'est terrible, balbutia la veuve, dont les tempes étaient baignées de sueur.

Échalot se demandait :

— Quel coup monte-t-il, et pourquoi tout ce bavardage ? C'est quelqu'un d'entre eux qui s'est fait une tête, puisque je ne peux pas mettre son nom sur sa figure !

— Attendez donc, disait cependant M. Constant de sa bonne grosse voix toute ronde, nous ne sommes pas au bout, Et M. Perrin-Champein mâchonnait le nom du lieutenant Pagès comme s'il avait eu dans le bec un lambeau de sa peau. Ah! ah! celui-là sait son état, et on pouvait bien voir que, dans son opinion, le Remy d'Arx a eu ce qu'il méritait. On ne fait pas comme ça des marchés privatifs sur le dos de la justice, j'entends quand on est magistrat, car vous allez bien voir que je n'en veux pas au lieutenant... Mais suivons le fil : Hans Spiegel est égorgé comme un bœuf, toute la maison se réveille à ses cris, on sort ou l'on se met aux croisées, et les gens peuvent voir le lieutenant sortir par la fenêtre même de la victime, voyager le long d'un treillage, passer dans un arbre comme un écureuil (entre parenthèses, vous savez, maman, s'il était fort en gymnastique!) puis entrer, par la fenêtre encore, à l'hôtel d'Ornans, où il est finalement arrêté... Pensez-vous que M. Champein a là une jolie affaire pour ses débuts?

La tête de la veuve s'inclina sur sa poitrine; elle semblait n'avoir plus de sang dans les veines.

— Et si on le laisse faire, ajouta M. Constant, qui changea de ton, croyez-vous qu'il aura beaucoup de peine à emballer son jeune homme?

Mme Samayoux releva les yeux sur lui et répéta, pensant l'avoir mal entendu :

— Si on le laisse faire?

— Farceuse! répliqua l'officier de santé d'un ton jovial, vous devinez pourtant bien pourquoi je suis venu. Voyons, c'est certain, n'est-ce pas, que vous n'iriez pas mettre votre main au feu de l'innocence du lieutenant Pagès?

— Vous vous trompez, répartit vivement Mme Samayeux, qui se redressa soudain et dont les yeux brillèrent, j'en mettrais ma main au feu, et tout mon corps, et tout mon cœur !

— C'est drôle, fit M. Constant, on croirait entendre la petite demoiselle !

— Parle-t-elle ainsi ! s'écria la veuve avec élan. Ah ! la chère créature ! j'ai donc bien raison de l'aimer ! Et ne serait-ce point parce qu'elle parle ainsi que vous la croyez folle ?

— Pour cela et pour autre chose, ma bonne dame. Buvez une gorgée et soyez calme. Je mentirais si je disais que je partage votre avis par rapport à l'innocence du lieutenant ; mais la question n'est pas là, il s'agit de Mlle Valentine. Elle nous a tous ensorcelés, et cela est si vrai que moi, qui ai un emploi important dans la maison, voilà trois jours que je cours la prétentaine pour vous trouver sur un simple désir d'elle.

— Elle a donc parlé de moi !

— Vingt fois plutôt qu'une, à tort et à travers : Maman Léo par ci, maman Léo par là ! si seulement je pouvais voir maman Léo !...

— Mais ce n'est pas d'une folle cela ! fit la veuve.

— Vous trouvez ? Moi, je suis l'aide du docteur Samuel, et vous ne m'en voudrez pas si j'ai plus de confiance en lui qu'en vous dans les questions de médecine aliéniste. Nous sommes une spécialité, ma bonne dame, nous avons un des plus beaux établissements de Paris, et, voyez-vous, les fous, ça vous connait. Quand on pense que la malheureuse enfant a pris en horreur le colonel, son meilleur ami, presque son père, et par-dessus le marché l'homme le plus respectable de l'univers ! Quand on pense qu'elle le confond avec un malfaiteur, dans son délire, et qu'il lui fait peur... lui, le saint des saints!... Qu'avez-vous donc?

La veuve venait de faire un brusque mouvement.

Son regard s'était porté par hasard vers le poteau derrière lequel Échalot se cachait à demi.

Elle avait cru voir, dans les ténèbres, qui se faisaient de plus en plus sombres, les regards du bon garçon fixés sur elle avec une expression étrange.

Elle était sûre d'avoir distingué son doigt qui se posait sur sa bouche, comme pour lui envoyer un avertissement ou un signal.

— Je n'ai rien, répondit-elle à la question de M. Constant.

Celui-ci poursuivit :

— Ça ne vous frappe pas, ce que je vous dis là; mais si vous connaissiez seulement le colonel...

— Je le connais, répartit la dompteuse, c'est lui qui vint à la baraque avec cette marquise...

— Juste! et qui vous donna de l'argent pour avoir bien traité sa nièce.

— Et pour l'emmener, murmura Mme Samayoux.

— Comme de raison. Chez vous, dites donc, ce n'était pas beaucoup la place d'une héritière de noblesse. Mais j'en reviens à mes moutons : la pauvre demoiselle est pour Mme la marquise d'Ornans comme pour le colonel; elle ne veut plus être sa nièce, elle se croit la sœur de l'homme qu'elle avait consenti à épouser...

— Voilà ce qui est bien étrange! pensa tout haut Mme Samayoux.

— Elle n'en démord pas, reprit M. Constant, elle dit

à qui veut l'entendre : « Je suis Mlle Valentine d'Arx ! » Elle se bat contre des fantômes, les accusant d'avoir tué non-seulement son prétendu frère, mais encore son père, le vieux Mathieu d'Arx, qui mourut à Toulouse, on ne sait comment, voilà déjà bien des années.

— Ah ! fit la veuve, on ne sait comment il mourut ?

— Ah çà, demanda M. Constant avec gaieté, est-ce que vous donnez dans les imaginations de la jeune fille ?

— Je vous écoute, et je tâche de me faire une opinion.

— Pour ça, vous aurez mieux que mes paroles, dit rondement l'officier de santé, car la pauvre chère enfant veut vous voir, et tout ce qu'elle veut, nous le faisons.

— Comment ! s'écria la veuve, on me laisserait aller vers elle ?

— Pourquoi pas ? Pensiez-vous donc que nous la tenions sous clé ! vous la verrez, maman, et plus tôt que plus tard, car je suis venu vous chercher pour vous conduire près d'elle.

Échalot, profitant de l'ombre croissante, s'était insensiblement rapproché. Il écoutait de toutes ses oreilles et semblait en proie à une singulière perplexité.

— C'est vrai, se disait-il, qu'ils changent de figures comme de chemises, mais si j'allais me tromper ! Et pourtant je ne peux pas laisser la patronne se jeter dans la gueule du loup. Je ne m'en consolerais jamais s'il lui arrivait malheur !

IX

LA MAISON DE SANTÉ

Mme Samayoux s'était levée aux dernières paroles de M. Constant.

— Partons ! dit-elle, rien ne me tient ici, je voudrais déjà être auprès de la chère fille !

— Minute ! minute ! fit l'officier de santé bonnement. Il faut que vous ayez votre leçon faite mieux que cela, car un rien, une mouche qui vole la met dans tous ses états. Asseyez-vous encore un petit peu, brave madame... Mais est-ce étonnant comme tout le monde l'aime ! j'étais bien certain que vous sauteriez sur l'idée de la voir comme sur du gâteau ! Elle a un charme dans son petit doigt, c'est sûr. Allumez donc voir un petit bout de chandelle pendant que je vas fourgonner le poêle. Il n'y a pas de bourrelets à vos portes, dites donc !

— Allume, Échalot ! ordonna Mme Samayoux.

— Tiens ! fit M. Constant, qui avait déjà le tisonnier à la main, j'avais oublié ce bonhomme-là.

Il ajouta en baissant la voix :

— Ça aurait pu causer un grand malheur, si quelqu'un avait écouté les choses qu'il me reste à vous dire.

Échalot venait en ce moment vers la table avec de la lumière.

En la posant auprès de la bouteille, et malgré sa timidité accoutumée, il regarda M. Constant bien en face.

Les yeux de celui-ci étaient justement fixés sur lui par-dessus ses lunettes. Les paupières d'Échalot se baissèrent et le sang lui monta aux joues.

M. Constant allongea le bras et lui toucha l'épaule.

Échalot recula.

— Ma poule, lui dit l'officier de santé, tu as les oreilles longues, je vois ça, et tu voudrais bien écouter la suite.

— C'est une bonne et simple créature, interrompit la veuve.

— Brave madame, fit observer M. Constant avec une sorte de sévérité, ce ne sont pas nos affaires que nous traitons ici, et il y a des choses qu'il ne faut pas confier aux innocents. Va t'en voir dehors si le printemps s'avance, bonhomme !

Il ajouta :

— Et souviens-toi que se taire vaut toujours mieux que parler. J'ai ton signalement là.

Un petit coup sec, frappé entre ses deux sourcils, ponctua la phrase.

Échalot, sans répondre, se dirigea aussitôt vers la porte.

Dès qu'il eût franchi le seuil, il respira longuement et ôta sa casquette, comme s'il avait besoin de baigner sa tête brûlante dans l'air froid du dehors.

— Si c'est lui, murmura-t-il, mon affaire n'est pas bonne, et ce n'est pourtant pas Amédée qui peut suffire à élever Saladin.

Il se retourna vivement au souvenir de l'enfant qui restait dans la baraque et fut sur le point de rentrer.

Mais il n'osa pas.

— Je m'alignerais avec n'importe qui, fit-il comme pour s'excuser vis-à-vis de lui-même, j'irais chercher le petit ou la patronne au fond de l'eau ou au milieu du feu; mais ces gens-là me font peur, quoi! et je n'ai plus de sang dans les veines. Tant que la patronne est là, l'enfant n'a rien à craindre. Je vas guetter, dès qu'elle sera partie, je rentrerai.

Il fit un pas dans la direction de la rue Saint-Denis; ses jambes flageolaient sous lui comme s'il eût été ivre.

Il ne fit qu'un pas. Son regard avait rencontré dans les terrains, à droite du tracé de la rue de Rambuteau, un coupé attelé d'un cheval noir dont le cocher, immobile, semblait dormir entre les collets fourrés de son carrick.

Il ne dormait pas, cependant, car à des intervalles réguliers une bouffée de fumée formait un petit nuage autour de sa tête.

Quand Échalot reprit sa marche, ses jambes ne tremblaient plus. Il s'approcha de la voiture en étouffant le bruit de ses pas dans la neige et regarda le cheval attentivement.

Puis, prenant la voie battue et allant les mains derrière le dos, comme un passant, il appela tout bas :

— Oh ! hé ! Giovan-Battista !

Le cocher tressaillit sous son carrick et tourna la tête sans répondre.

— Est-ce que Toulonnais-l'Amitié a sa petite dame dans ce quartier-ci ? demanda encore Échalot.

Le cocher répartit cette fois avec un fort accent napolitain :

— Vous vous trompez, l'ami, suivez votre chemin.

— Pardon, excuse, fit Échalot, qui obéit, pas d'affront! je vous prenais pour une connaissance.

Et au lieu de continuer vers la rue Saint-Denis, il disparut dans les terrains, derrière la baraque de Mme Samayoux.

A l'intérieur, la dompteuse avait repris place vis-à-vis de M. Constant, qui disait :

— Dans ces affaires-là, ma bonne dame, je ne me confierais ni à mon frère ni à mon père, et vous allez bien voir que la moindre imprudence pourrait tout perdre. Le docteur Samuel est un particulier qui ne se dérangerait pas pour le pape, et ça se conçoit, puisque son établissement est en vogue, sa clientèle superbe, et qu'en plus il a toute une charretée de foin dans ses bottes. Eh bien ! depuis que la petite demoiselle est chez nous, il a mis son propre appartement à la disposition de la famille, qui va et qui vient là-dedans sans se gêner. Il est amoureux de l'enfant comme tout le monde : c'est un sort !

Nous sommes à mercredi ; dimanche dernier, la famille s'est rassemblée dans la chambre à coucher du docteur, et on lui a demandé son avis ; j'étais là, et moi, qui le connais pour n'avoir point le cœur trop tendre, je peux bien dire que sa voix chevrotait quand il répliqua :

— C'est un pauvre cœur blessé si profondément que les soins ni les remèdes n'y feront rien. Elle aime, sa vie entière est dans son amour, et si elle perdait celui qu'elle aime, elle mourrait.

— Ah ! fit Mme Samayoux, qui écoutait avec une attention avide, je le devine bien, ce médecin-là ! j'en ai vu de pareils. Il peut être brusque, il peut être rude, mais il a une bonne âme.

— Ma foi, répartit M. Constant en riant, voilà longtemps que je le connais, et je ne m'étais pas trop aperçu qu'il avait le cœur tendre ; mais de voir la demoiselle blanche et belle sur son lit, ça amollirait un caillou Voilà donc la famille aux champs, comme vous pensez, après une déclaration pareille. Mme la marquise pleurait comme une fontaine, M. de Saint-Louis mouillait son grand mouchoir, et le colonel lui-même oubliait de tourner ses pouces. Vous verrez tout ce monde-là, c'est des grands seigneurs, mais pas trop fiers.

Il y a un autre docteur, un docteur en droit, celui-là, ce qui est plus que d'être avocat, et jurisconsulte pardessus le marché : le plus retors de tous les malins ! On lui avait donné l'affaire à examiner comme ami de la famille. Mme la marquise lui a pris les deux mains et lui a dit : « Nous n'avons plus d'espoir qu'en vous. »

Le bonhomme a répondu : « Je n'ai jamais trompé personne, je ne commencerai pas par vous, qui êtes de ma société et de mon amitié. De faire acquitter ce jeune gaillard-là par un jury c'est aussi impossible que de prendre la lune avec les dents. Il y a évidence, on l'a pris la main dans le sac, et son affaire est jugée. »

— Mais alors, s'est écriée Mme la marquise, Valentine va mourir !

Et le colonel a ajouté en s'adressant au docteur en droit :

— Je donnerais bien une pièce de deux ou trois mille louis à celui qui trouverait le moyen de nous tirer de peine.

— Parbleu ! a répondu le jurisconsulte, avec de l'argent, on produit des miracles.

— Est-ce qu'on pourrait acheter les juges ou le jury ? a demandé la marquise.

Les femmes ne savent pas, c'est sûr, et après tout, si on y mettait le prix... mais n'importe !

Le docteur en droit a répondu :

— Ce n'est pas cela que j'entends, je pensais à une évasion.

Si vous aviez vu comme tout le monde a tombé là-dessus !

Car ces bonnes gens-là, malgré leur orgueil et leurs armoiries, ne reculeront devant rien dès qu'il s'agira de sauver la petite demoiselle ; vous verrez ça par vous-même.

— Est-ce que vous pensez, demanda Mme Samayoux, qu'ils iraient jusqu'à consentir au mariage ?

— Je pense, répondit M. Constant, qu'ils iraient en corps, comme une procession, avec la croix et la bannière, solliciter humblement la main de l'ex-lieutenant.

— Mais je les aime, moi, ces gens-là ! s'écria la dompteuse.

— Ah ! pour être pris, ils sont bien pris, mais voilà le *hic* : vous ai-je dit que tout ça se passait dans la chambre voisine de celle où couche Mlle Valentine ?

— Non. Elle avait tout entendu ?

— Juste, et ce fut un coup de théâtre auquel on ne s'attendait pas, je vous en réponds.

Il y avait trois ou quatre jours qu'elle n'avait ni bougé ni parlé, sinon pour prononcer votre nom, ma brave dame, et celui de Maurice, tout doucement, sans presque remuer les lèvres, comme font ceux qui causent en rêvant.

Une mine qui aurait sauté au milieu de la chambre n'aurait pas plus étonné la famille que la voix de Valentine de Villanove s'élevant tout à coup et disant :

— Je ne veux pas !

— Elle parlait à travers la porte ? demanda la veuve, dont la voix tremblait.

— Non pas ! elle avait descendu de son lit toute seule ; toute seule elle avait traversé sa chambre. Elle avait ouvert la porte sans bruit, elle était debout sur le seuil, pâle comme une statue de marbre, et si belle qu'on en restait comme ébloui.

Elle se tenait droite, elle ne s'appuyait à rien et personne n'eut l'idée d'aller la soutenir, tant elle semblait forte et solide.

— Il me semble que je la vois ! murmura la veuve. Oh ! pauvre, pauvre Maurice !

— Bien vous faites de plaindre celui-là, car sa vie et sa liberté sont en question.

« Je ne veux pas ! « a donc répété la demoiselle, » il est innocent, je le jure, devant Dieu ! Il a déjà fui une fois parce que les innocents ne savent pas se défendre, quand le hasard les accuse ; je ne veux pas qu'il se deshonore en fuyant une seconde fois comme un coupable. »

— Tout ça est bel et bon... commença la dompteuse.

— Attendez, interrompit M. Constant. Vous, vous êtes une personne de bon sens qui savez ce que parler veut dire, mais elle ne possède l'expérience de rien, la pauvre enfant, et en outre elle a son coup de marteau, un fameux !

— Ne peuvent-ils agir sans elle ?

— Attendez ; voici quelque chose qui va vous étonner plus que tout le reste ; ils sont en correspondance...

— Qui donc? balbutia la veuve stupéfaite.

— Les deux tourtereaux.

— Maurice et Valentine ! Lui, du fond de sa prison ; elle, entourée comme vous me la montrez, malade, privée de sa raison !...

— Est-ce assez drôle ? demanda M. Constant, d'un air bonhomme. Comment ça se fait, moi, vous comprenez, je n'en sais rien, mais c'est comme ça, et nous le tenons d'elle-même.

— Il faut donc qu'il y ait dans l'établissement du docteur Samuel des employés qui...

— Sans doute, sans doute, bonne dame, ce ne sont pas des pigeons voyageurs qui portent leurs messages ; mais leurs messages vont et viennent, et notre chère malade a formellement déclaré ceci : « A nous deux, nous n'avons qu'un cœur. Tant que je ne voudrai pas, Maurice ne voudra pas. »

Du revers de sa main, Mme Samayoux essuya une grosse larme qui roulait sur sa joue.

— L'homme de loi, reprit M. Constant, a voulu plaider auprès d'elle. Il a démontré clair comme le jour non-seulement que Maurice serait pour le moins condamné à perpétuité, mais encore qu'une fois la chose faite il n'y aurait plus à y revenir à cause des difficultés posées par la loi française à la révision des procès criminels. Il a cité Lesurques et bien d'autres, mais rien n'y a fait, parce que la petite avait son idée. J'abrége, maintenant. On l'a recouchée, bien entendu, et le conseil de famille s'est réuni à un autre étage. Là, pendant que la marquise se tordait les mains et que les autres jetaient leur langue aux chiens, le colonel, qui est fin comme l'ambre, a ouvert tout doucement l'avis de vous faire chercher et de vous employer à persuader la petite.

— Ah ! fit Mme Samayoux, étonnée elle-même du mouvement de défiance qui la prenait.

— Il a semblé que c'était de la manne dans le désert, poursuivit M. Constant ; tous ceux qui étaient là avaient saisi maintes fois votre nom sur les lèvres de la chère enfant. On savait en outre de quelle affection vous entourez le lieutenant Maurice Pagès. Séance tenante, on m'a dépêché sur vos traces, qui n'étaient pas des plus aisées à trouver, soit dit sans reproche ; mais enfin je vous ai rencontrée, vous voilà suffisamment renseignée sur ce qui se passe là-bas : voulez-vous être l'auxiliaire d'une noble et malheureuse famille qui cherche à sauver son enfant ?

La veuve fut quelque temps avant de répondre. Elle songeait.

— Verrai-je Valentine sans témoin ? demanda-t-elle enfin.

— Ah ! bonne dame, répliqua M. Constant avec effusion, vous ne feriez pas des questions pareilles si vous connaissiez tout ce monde-là ! Venez d'abord. Si quelque chose vous chiffonne, exigez des explications sans vous gêner, on vous les donnera. Exigez un tête-à-tête avec la demoiselle, ils s'en iront tous comme des enfants qu'on renvoie. Mais venez, parce que, vous concevez, je ne suis pas le maître, et la famille seule peut vous dire ce que vous aurez à faire quand on vous enverra auprès du lieutenant.

— Je verrais Maurice ! s'écria la veuve, dont les deux mains s'appuyèrent d'elles-mêmes contre son cœur.

— Ça va de soi, puisque vous serez notre intermédiaire. Vous demanderez vous-même le laissez-passer, c'est la règle, mais on fera le nécessaire pour que vous n'ayez pas de refus.

Mme Samayoux s'était levée, mais elle jeta un regard hésitant sur le sans-façon excentrique de sa toilette.

— Que cela ne vous arrête pas ! dit M. Constant.

La veuve se redressa de toute sa hauteur.

— Vous avez raison, dit-elle, saquédié ! je suis ce que je suis. Ceux qui ne font pas de mal n'ont pas de honte. Marchons !

En sortant de la baraque par la porte de derrière, Mme Samayoux ouvrait la bouche pour appeler Echalot, lorsqu'elle aperçut le pauvre diable se promenant de long en large à pas précipités dans la neige et battant des bras pour se réchauffer.

— Garçon, lui dit-elle, vous allez rentrer et garder la baraque.

L'espoir d'Echalot avait été de parler à la dompteuse

tout de suite après le départ de M. Constant. La vue de ce dernier qui s'était mis au devant de la porte et qui nouait autour de son cou son grand cachenez causa à notre ami un sensible désappointement.

— Est-ce que vous allez sortir à cette heure-ci, patronne? demanda-t-il en s'approchant, par le temps qu'il fait, avec quelqu'un que vous ne connaissez pas?

La dompteuse se mit à rire.

— As-tu peur qu'on ne m'affronte, l'enflé? dit-elle.

— Saperlote! ajouta l'officier de santé, je ne me risquerais pas à ce jeu-là.

Sans y mettre aucune affectation, il barra le passage à Echalot, s'arrangeant toujours de manière à rester entre lui et la veuve.

— Je reviendrai de bonne heure, reprit celle-ci. A mesure que les autres rentreront, qu'ils se couchent, et qu'on ne me brûle pas de chandelle!

Elle prit le bras que lui offrait M. Constant et traversa ainsi toute la largeur de la baraque pour gagner l'autre porte qui donnait du côté de la rue Saint-Denis.

Echalot suivait la tête basse.

— Et où allez-vous, patronne? demanda-t-il au moment où elle passait le seuil.

— Si on te le demande, répartit la veuve gaiement, tu répondras que j'ai oublié de te le dire.

— C'est que j'aurais bien voulu vous causer deux mots... commença Echalot.

Mais le couple s'éloignait déjà rapidement.

— Allons-nous jusqu'au bureau d'omnibus de Saint-Eustache? demanda la dompteuse.

— J'ai la voiture de Mme la marquise, répondit M. Constant, qui s'arrêta devant le coupé.

— Holà, bonhomme ! ajouta-t-il en tirant le cocher par son carrick, éveille-toi et mène nous rondement.

La voiture s'ébranla.

Echalot ne fit qu'un bond jusqu'au tas de paille où le petit Saladin dormait, auprès du lion malade; il prit l'enfant et le fourra tout d'un temps dans sa gibecière, dont il passa la courroie autour de son cou.

— Quand je devrais y perdre ma rate, pensait-il, je vas les suivre. J'ai voué mon existence à Léocadie jusqu'à la mort, sans espoir de lui plaire, et je veux la secourir au milieu de ses dangers, puisque je n'ai pas eu assez d'atout pour saisir l'opportunité de l'avertir.

Quand il arriva de nouveau à la galerie, la voiture avait disparu.

Il descendit les degrés en courant, mais il ne fit pas plus d'une douzaine de pas et s'arrêta pour dire à Saladin, qui hurlait dans la gibecière :

— Tu as raison, quoi ! C'est encore une inconséquence que j'ai commise de t'éveiller pour rien. Mais je ne pouvais pas te laisser tout seul entre les pattes de la bête, pas vrai ? M. Daniel ne vaut pas cher à cause de sa décrépitude et de ses infirmités, mais il aurait pu avoir une idée de manger un morceau d'enfant, et ça fait frémir rien que d'y penser !

Il se donna un grand coup de poing dans le front.

— Quant à avoir reconnu l'olibrius de l'estaminet de l'Épi-Scié, reprit-il, j'en suis sûr ! A ma place, Similor aurait parlé, car il a du toupet, à moins toutefois qu'on ne lui aurait donné la pièce pour se taire. Ah ! je suis plus vertueux que lui, mais moins capable, et s'il arrivait malheur à cette infortunée belle femme, ce serait le cas pour moi d'en concevoir un regret éternel !

Il rentra dans la baraque et s'assit sur la paille, n'essayant même plus de calmer son petit Saladin, qui s'égosillait dans la gibecière.

Pendant cela, le cocher que nous avons vu tressaillir au nom de Giovan-Battista poussait son beau cheval noir sur le pavé assourdi par la neige.

Au sortir des ruelles qui s'embrouillaient encore alors autour des halles, il prit la rue Saint-Honoré et gagna la place de la Concorde.

Il n'était pas plus de cinq heures du soir, mais la nuit enveloppait déjà Paris, que le mauvais temps faisait désert.

Le coupé de Mme la marquise s'engagea dans l'avenue des Champs-Élysées, qu'il monta au grand trot jusqu'à la rue de Chaillot ; là il tourna sur la gauche et redescendit vers la Seine pour gagner ce quartier, si radicalement transformé depuis lors, qui confinait à la montagne du Trocadéro et sortait de Paris par la barrière des Batailles.

La maison de santé du docteur Samuel était située dans l'enceinte de la ville, mais elle respirait déjà le grand air de la campagne ; elle pendait sur ces deux bosquets solitaires qui séparaient alors la rampe de Chaillot du pont d'Iéna. Elle avait vue d'un côté sur le Champ de Mars, de l'autre sur les buttes abruptes du Trocadéro, et entre deux, par-dessus les sinuosités de la Seine, elle voyait les arbres de Passy, prolongés par les forêts de Clamart et de Meudon.

C'était un grand et bel établissement, fondé depuis peu, mais auquel la vogue était venue tout de suite.

On pouvait attribuer sans doute ce succès rapidement fait au talent du docteur Samuel ; les jaloux, cependant, ajoutaient que ce succès était dû, pour la plus grande part, aux nombreuses et puissantes relations du savant médecin.

Les jaloux disaient encore, mais tout bas et sans pouvoir appuyer leurs affirmations sur des preuves positives, que le docteur Samuel, parti d'une position infime, avait grandi tout à coup en poussant au delà des bornes permises les complaisances professionnelles.

Il s'était concilié ainsi de hautes gratitudes et ses protecteurs étaient en quelque sorte des complices.

Mais personne n'ignore que Paris, tout en méprisant la province, partage abondamment les vices étroits et les petitesses envieuses attribués aux provinciaux. Paris regarde presque toujours d'un œil mauvais les fortunes trop rapides et les réussites trop éclatantes.

On a supprimé, il est vrai, le bûcher qui brûlait, au moyen âge, les sorciers, c'est-à-dire les forts, pour le plus grand contentement de ceux qui jamais ne peuvent être accusés d'inventer la poudre.

On ne lapide plus les penseurs victorieux sous prétexte du pacte qu'ils ont pu signer avec Satan, mais pierres et fagots ont été avantageusement remplacés par la calomnie, hydre qui ne semble avoir perdu aucun croc de sa mâchoire, aucune goutte de son venin depuis le temps de Beaumarchais.

Aussi les honnêtes gens fuient-ils à son approche en se bouchant les oreilles, et il arrive cette chose douloureuse que nombre de coquins se faufilent dans le monde à la faveur du discrédit où est tombé le cri de haro.

La maison du docteur Samuel se composait de trois parties distinctes, sans compter le pavillon tout neuf et fort bien entendu comme confort où il faisait son domicile privé.

Il y avait le quartier des aliénés, le quartier des malades ordinaires et le quartier des pauvres, appelé *l'hospice*.

Tout était gratuit dans ce dernier asile où le colonel Bozzo Corona, si célèbre par sa philanthropie éclairée, et M. de Saint-Louis (Louis XVII), son illustre ami, avaient fondé chacun quatre lits qu'ils entretenaient de leurs deniers personnels.

La principale entrée de la maison Samuel se trouvait obstruée par de grands travaux de reconstruction. La voiture, contenant M. Constant et sa compagne, s'arrêta devant la porte de l'hospice, qui s'ouvrait sur le bouquet d'arbres longeant le chemin des Batailles.

Pendant toute la route, l'officier de santé s'était montré galant, bon enfant et presque facétieux; l'esprit qu'il avait était tout à fait à la portée des goûts et des habitudes de la veuve.

Quand la voiture s'arrêta, il y avait entre eux un certain degré de familiarité amicale.

La brave femme gardait bien pour un peu sa tristesse, ses craintes et même une certaine défiance, inspirée par l'aventure dans laquelle on l'engageait; elle était en effet d'un monde où l'imagination pousse au noir tout de suite, nourrie qu'elle est de drames violents et de sanglantes légendes.

Mais, d'un autre côté, rien ne console, rien n'encourage comme l'action.

Toute créature humaine aime à jouer un rôle, et chez les femmes ce goût grandit volontiers jusqu'à la passion.

Léocadie était femme, malgré sa formidable carrure et le talent qu'elle avait de porter des poids de cent livres à bout de bras.

Elle se disait, tout en écoutant les verbeuses explications de son compagnon, qui ne tarissait pas :

— C'est un fier numéro qui est sorti aujourd'hui pour moi de la roue ! Le bandeau que j'avais sur les yeux est déchiré et je vois clair à choisir ma route. Je voulais savoir, je sais; si je veux en apprendre davantage, je n'ai qu'à parler, on me répondra, et de plus, au lieu de me fatiguer toute seule au fond d'un trou, sans protections ni connaissances, je vas avoir pour moi toute une société de gens calés qu'on écoute quand ils parlent et qui ont le bras long !

— Eh bien ! quoi, ajoutait-elle en elle-même, répondant à quelque vague objection de son bon sens naturel, c'est drôle qu'ils sont venus à moi, je ne dis pas non, mais ça dépend du caprice de ma pauvre Fleurette, qui s'est souvenue du temps où elle n'était pas encore Mlle Valentine et qui a confiance dans le bon cœur de maman Léo. Elle sait bien, celle-là, que je ne reculerais pas devant mille morts quand il s'agit de notre Maurice ! et puis, je n'ai pas mes yeux dans ma poche, peut-être ! Si je vois quelque chose de louche dans tout ça, c'est à moi de regarder où je mettrai le pied.

Le concierge de l'hospice les reçut à la porte et dit à M. Constant :

— On est déjà venu bien des fois du grand pavillon voir si vous étiez arrivés.

— Je ne me suis pourtant pas amusé en chemin, répondit l'officier de santé. La demoiselle n'est pas plus mal?

— Toujours tout de même.

M. Constant fit entrer sa compagne sous une voûte longue et d'aspect triste, quoiqu'elle fût évidemment toute neuve.

En passant devant la loge, la veuve y jeta un regard.

Dans la loge il y avait trois ou quatre personnes, infirmiers peut-être ou domestiques, qui se chauffaient autour d'un grand poêle de fonte.

Un seul homme était assis au milieu de la chambre, les coudes sur la table, juste au-dessous de la lampe qui pendait au plafond.

Sa casquette, d'où s'échappaient des cheveux hérissés, cachait à demi son visage, mais la lumière éclairait vivement ses membres athlétiques et l'énorme envergure de ses épaules.

A la vue de cet homme, Mme Samayoux fit un mouvement, et M. Constant le sentit, car il tourna la tête avec vivacité.

— Bonsoir, Roblot! dit-il en continuant son chemin.

Roblot était sans doute le nom de l'athlète, qui ne bougea ni ne répondit.

— Est-ce l'homme à la casquette que vous appelez Roblot? demanda la dompteuse.

— Oui, répondit M. Constant, est-ce que vous le connaissez? J'ai toujours eu l'idée qu'il avait bien pu être hercule en foire. C'est un taureau que ce chrétien-là!

— Je ne connais pas ce nom de Roblot, répondit la

veuve, et j'avais cru remettre un homme qui s'appelle autrement que cela.

Ils avaient traversé la voûte et pénétraient dans une cour entourée de bâtiments tout neufs comme la voûte elle-même.

— C'est ennuyeux, les réparations, reprit l'officier de santé; si la grande entrée avait été libre, vous auriez vu qu'on arrive au pavillon de M. le docteur par un chemin aussi beau que le vestibule des Tuileries, mais nous allons être forcés de marcher dans la neige.

— Oh! fit la veuve, je ne suis pas douillette. Est-ce que ce Roblot est un des employés de la maison?

— Non, c'est un de nos convalescents de l'hospice. Quand ils commencent à aller mieux, on leur laisse beaucoup de liberté et ils en profitent pour fréquenter la conciergerie. Vous concevez qu'à l'hospice nous n'avons pas des ducs et des marquis. A l'établissement payant, c'est différent; quand il fait beau et que notre société se promène dans les jardins, on dirait un coin du bois de Boulogne.

Une porte située en face de la première entrée fut ouverte et donna accès dans un vestibule que M. Constant traversa sans s'arrêter.

Au delà, c'était un jardin assez vaste et tout plein de grands arbres couverts de neige.

— Voilà l'établissement, dit M. Constant, qui montra, à droite et à gauche, deux corps de logis éclairés. Ici les malades ordinaires et là les aliénés; nous n'allons ni ici, ni là; vous savez, la demoiselle est au bout, dans le grand pavillon.

Ils suivirent un chemin où la neige était balayée avec

soin et parvinrent à une maison de belle apparence, dont le perron, tourné vers le midi, dominait tout le paysage parisien.

M. Constant sonna et ce fut Victoire, la femme de chambre de Valentine, qui ouvrit.

— Dieu merci! dit-elle, voici assez longtemps qu'on s'impatiente!

Puis elle ajouta avec une curiosité qui n'était pas exempte d'impertinence :

— C'est là la personne?

— Oui, ma fille, répondit l'officier de santé, c'est une personne qui n'a besoin ni de vous ni de moi et qui a droit à votre politesse. Allez nous annoncer tout de suite.

Victoire fit une révérence moqueuse et disparut.

Mme Samayoux s'étonna de rester toute déconcertée.

— Qu'est-ce que ça va donc être quand je serai en présence des dames et des messieurs, murmura-t-elle naïvement, puisque la chambrière me fait peur?

— Il n'y a pas insolent comme les valets, répondit M. Constant, qui jouait supérieurement l'indignation. Pour un peu, je la ferais flanquer à la porte. Avec les maîtres ça ne se ressemblera plus, et vous allez voir comme on va vous mettre à votre aise.

— Mme veuve Samayoux peut entrer, dit en ce moment Victoire, qui revenait.

Maman Léo se sentit prise d'un véritable tremblement.

Son négligé de première dompteuse, élégant et cossu, lui semblait, à cette heure, quelque chose de monstrueux et la brûlait comme si c'eût été la robe de Nessus.

Elle fit cependant sur elle-même un effort vaillant et marcha la première, suivie de près par M. Constant, qui échangea avec la soubrette un regard de railleuse intelligence.

XI

LA FOLIE DE VALENTINE

C'était une grande et belle chambre meublée d'une façon sévère comme doit l'être la retraite d'un savant médecin. Un bon feu brûlait dans la cheminée, dont la tablette supportait deux lampes recouvertes de leurs abat-jour.

Il ne faut pas trop de lumière dans la chambre d'une malade; Valentine était couchée, dans le propre lit du docteur, au fond d'une alcôve défendue par des draperies qu'on avait laissé tomber à demi.

Au moment où Victoire avait annoncé l'arrivée de Mme Samayoux, tout le monde était réuni autour du foyer : j'entends tout ceux qui portaient à Mlle de Villanove un intérêt si vif et si constant. Il y avait là les hôtes principaux de l'hôtel d'Ornans : Mme la marquise, le prince qu'on appelait M. de Saint-Louis et même le colonel Bozzo, malgré l'état précaire de sa santé, sérieusement attaquée depuis quelques semaines.

La belle comtesse Francesca Corona, qui ne le quittait jamais et lui servait d'Antigone, était assise auprès de lui sur la causeuse la plus rapprochée du foyer.

L'autre coin du feu était occupé par le prince et la marquise.

Cette dernière causait tout bas avec le docteur Samuel, assisté d'un autre personnage qui n'avait point ses entrées jadis à l'hôtel d'Ornans, mais qu'on avait admis depuis peu dans l'intimité de la famille sur sa grande réputation de jurisconsulte, certifiée à la fois par le colonel Bozzo, par M. de Saint-Louis et par le docteur Samuel.

Il ne faut point oublier que les amis de Valentine avaient besoin d'un conseil judiciaire compétent presque autant que d'un habile médecin. Deux menaces étaient suspendues sur la tête de cette chère jeune fille, entourée d'amis si dévoués, et la plus cruelle des deux menaces n'était peut-être pas la maladie.

Le docteur Samuel, en qui tout le monde avait confiance, avait dit en effet : « Si elle perd celui qu'elle aime, elle mourra. »

C'était précis comme un arrêt.

Le personnage dont nous parlons n'est pas tout à fait un inconnu pour le lecteur; il nous fut présenté jadis à l'hôtel de la rue Thérèse, chez le colonel Bozzo-Corona, sous le nom du « docteur en droit. »

Il s'appelait M. Portal-Girard, et c'était lui qui, après

un examen approfondi de la situation de Maurice, avait prononcé en quelque sorte une sentence prophétique en déclarant que le jeune lieutenant de spahis *ne pouvait pas être acquitté.*

C'était lui, en outre, qui avait ouvert l'avis d'une évasion à tenter. Cet expédient, qui est le plus extra-judiciaire de tous, n'est pas mis en avant d'ordinaire par les jursiconsultes, mais de même que les médecins trop savants deviennent fréquemment sceptiques à l'endroit de la médecine, de même les adeptes qui sont descendus tout au fond des secrets de la jurisprudence se sentent pris souvent d'un douloureux et terrible dédain pour la justice humaine.

On dirait qu'en toutes chose la science est l'ennemie de la foi.

Ici, d'ailleurs, à vrai dire, la loi n'était pas en cause, non plus que la valeur morale de ceux qui sont chargés de l'appliquer.

M. Portal-Girard, consulté par une famille en détresse qui lui disait : « Nous voulons sauver le lieutenant Maurice et nous ne voulons que cela, » ne prenait point la peine d'avoir un avis sur le fond même de la question, c'est-à-dire sur la culpabilité ou sur l'innocence de l'accusé.

Il raisonnait au point de vue du problème qu'on lui avait donné à résoudre, le salut de Maurice, et il disait avec une grande apparence de vérité : « Qu'il soit innocent ou coupable, la situation est la même puisque les apparences l'écrasent; les juges le condamneront, les juges ne peuvent pas ne point le condamner; il n'y a personne ici qui ne le condamnât s'il était jugé. En conséquence, puisque votre nécessité est de le sauver, il faut agir en dehors des juges et même contre les juges. »

La logique de ce docteur en droit en valait bien une autre.

Nous avons dit que maman Léo avait repris toute sa vaillance au moment d'affronter pour la première fois de sa vie l'entrée d'un salon du grand monde. Malgré l'habitude qu'elle avait, selon le dire de son enseigne, d'être accueillie avec la plus haute distinction par les principales cours de l'Europe, il lui avait fallu un grand effort sur elle-même pour dompter son embarras préalable, et nous devons ajouter que son audace factice était plutôt une réaction contre l'insolence de Mlle Victoire.

En traversant l'antichambre, elle achevait de s'aguerrir et se représentait toutes ces vieilles et nobles têtes, rangées en demi-cercle autour du lit de Valentine, immobile et raide entre ses draps, comme une princesse des salons de cire.

— Je ne baisserai pas les yeux devant eux, pensait-elle, je ne leur dois rien, pas vrai ? et il y en a au moins deux que je connais pour les avoir vus à la baraque. J'irai tout droit à la chérie et je l'embrasserai en disant : « La voilà maman Léo, elle est là pour un coup, et ceux qui voudraient te faire du chagrin trouveront désormais à qui causer ! »

Comme elle arrivait à la porte, M. Constant la dépassa vivement, ouvrit et dit à voix basse :

— Madame veuve Samayoux !

Puis il s'effaça, et la dompteuse se trouva sur le seuil,

non point en face d'un orgueilleux cénacle, composé de gens assis et fixant sur elle des regards hautains, mais bien vis-à-vis d'une vieille dame en cheveux blancs, à l'air doux et triste, qui avait fait plusieurs pas à sa rencontre.

Derrière cette bonne dame, les autres membres de la famille étaient debout, dans l'attitude qu'on garde quand on vient de se lever pour faire honneur à un nouvel arrivant.

Personne n'était resté assis, pas même le colonel Bozzo, que la veuve reconnut, blême et presque tremblant, appuyé sur l'épaule de la comtesse Corona, pas même le prince, que la veuve devina du premier coup d'œil et à qui son imagination prêta tout de suite un aspect auguste.

Elle ne s'attendait pas à cela, et toute son audace tomba devant la simplicité solennelle de cet accueil.

— Nous vous remercions d'être venue, madame, lui dit la marquise. Quand je vous vis autrefois, nous étions tous bien joyeux, et je croyais emporter de chez vous le bonheur de ma maison. Il en a été ainsi pendant près de deux années; la chère enfant que nous vous devons nous a donné bien des jours de consolation et de joie; mais à présent, le malheur a frappé à notre porte, un malheur horrible dont vous avez entendu parler sans doute, et nous n'avons plus d'espoir qu'en vous.

— Tout ce que je pourrai faire... balbutia la dompteuse en essayant une maladroite révérence.

Tout le monde répondit aussitôt à son salut, ce qui mit le comble au malaise qu'elle éprouvait.

— Constant, dit le colonel, approchez un fauteuil à

Mme Samayoux, car je suis obligé de m'asseoir. Mes pauvres jambes sont bien faibles.

M. Constant, qui avait ici presque l'air d'un domestique, se hâta d'obéir, pendant que la comtesse Corona aidait son aïeul à reprendre position dans sa bergère.

— Nous vous attendions avec grande impatience, poursuivit la marquise; la pauvre chère enfant prononce bien souvent votre nom, et c'est le seul... avec un autre...

Elle s'arrêta; ses yeux étaient mouillés.

La veuve sentit que ses paupières la brûlaient, car elle était profondément attendrie, et ses soupçons, si jamais elle avait éprouvé rien qu'on puisse appeler soupçon, s'évanouissaient comme des rêves.

— On dirait, acheva la marquise en essuyant ses paupières rougies par les larmes, qu'elle a oublié tout le reste, et pourtant ceux qui sont ici l'aiment bien, allez, ma bonne madame Samayoux !

Au lieu de s'asseoir, la dompteuse demanda, en désignant du doigt l'alcôve :

— Est-ce qu'elle est là ?

Ce ne fut point la marquise qui répondit.

Une voix se fit entendre derrière les rideaux et appela :

— Léo ! ma chère maman Léo !

La dompteuse bondit aussitôt vers l'alcôve, où elle pénétra, et l'instant d'après Valentine était dans ses bras.

La marquise avait repris son siége en levant les yeux au ciel.

Le colonel Bozzo eut une petite quinte de toux pendant laquelle la comtesse Corona lui frappa doucement dans le dos, comme on fait aux enfants qui ont la coqueluche.

Derrière les rideaux de l'alcôve, on entendait la forte voix de la dompteuse, adoucie jusqu'au murmure et qui disait :

— Fleurette, ma petite Fleurette chérie, nous le sauverons ou j'y laisserai ma peau !

Le colonel ouvrit sa bonbonnière pour y prendre une tablette de pâte Regnault et dit au docteur :

— Ce rhume est tenace et me fatigue, il faudra que nous prenions une consultation sérieuse, car je ne voudrais pas m'en aller à près de cent ans comme une petite Anglaise poitrinaire, ah ! mais non !

— Ce n'est rien, répliqua Samuel, je garantis vos poumons, ils sont d'acier.

Un sourire vint aux lèvres de M. Constant, qui restait debout près de la porte, parce que personne ne lui avait dit de s'asseoir.

— Mme Samayoux, demanda la marquise en s'adressant à lui justement, sait-elle ce que nous attendons de son obligeance ?

— A peu près, répondit l'officier de santé, je lui ai expliqué la chose de mon mieux.

La marquise se pencha vers M. de Saint-Louis et ajouta tout bas :

— Pour une chose aussi délicate, j'aurais préféré M. le baron de la Périère, mais on ne le voit plus.

— C'est vrai, dit le prince, que devient-il donc, ce cher baron ?

M. Constant avait les yeux fixés sur le colonel, qui lui envoya un regard souriant.

— M. de la Périère s'occupe de nous, chère bonne amie, dit-il; vous le verrez peut-être ce soir, peut-être demain, et vous regretterez d'avoir pu penser qu'il abandonnait ses amis dans le malheur.

Il fit en même temps un signe imperceptible pour les autres, mais que M. Constant sut traduire sans doute, car M. Constant disparut aussitôt.

Le silence régna autour du foyer.

Il est permis de penser que chacun dans le cercle désirait entendre ce qui se disait au fond de l'alcôve.

Mais aucun bruit de voix ne dépassait plus les rideaux.

Mme Samayoux avait les lèvres appuyées sur le front de Valentine, qui murmurait à son oreille :

— Ce Constant est-il encore là ?

— Non, répondit la veuve après s'être penchée pour regarder dans le salon.

— Taisons-nous ! fit Valentine.

Son doigt montra le fond de l'alcôve, tandis qu'elle ajoutait :

— Il doit être là aux écoutes.

— Comment ! fit la veuve, là ce n'est donc pas un mur, derrière les rideaux?

— Chère mère, dit-elle, en élevant la voix, venez !

Mme la marquise d'Ornans se leva aussitôt et traversa la chambre, leste comme une jeune fille.

— Il y avait bien longtemps que tu ne m'avais appelée, chérie, fit-elle avec émotion.

Sa voix tremblait de plaisir. Elle ajouta en se tournant vers la veuve, dont elle serra les deux mains avec effusion :

— C'est à vous que je dois cela. Du fond du cœur, je vous remercie.

— Comme elle est aimée ! murmura la comtesse Corona.

Le colonel lui prit la tête et la baisa au front.

Pendant qu'elle était en quelque sorte aveuglée par cette caresse, les quatre hommes qui restaient seuls autour du foyer échangèrent un étrange et rapide regard.

Les yeux du prince, ceux du docteur en droit et ceux de Samuel exprimaient de l'inquiétude. Dans ceux du colonel, il y avait un froid dédain.

Valentine avait attiré la marquise jusqu'à son chevet. La veuve, qui s'était retirée un peu de côté et dont les yeux s'habituaient à l'obscurité relative produite par les draperies de l'alcôve, se mit à regarder la jeune fille.

C'était peut-être la fièvre, mais il y avait des couleurs aux joues de Valentine ; son regard brillait extraordinairement ; elle était si belle, que la pauvre Léocadie pensait :

— Il n'y a qu'elle pour lui comme il n'y a que lui pour elle, et ce n'est pas possible que Dieu ait le cœur de séparer ces deux amours-là !

— Je voudrais vous demander une chose, bonne mère, dit en ce moment Valentine à la marquise.

— Tu as donc des secrets, méchante? fit la vieille dame d'un ton plein de caresse.

— Dites-leur de s'en aller, répliqua Valentine avec une impatience soudaine que rien ne motivait, ils me gênent!

je ne les aime pas! je n'aime que vous et maman Léo.

Cette dernière éprouva une espèce de choc en écoutant ces paroles, qui étaient d'un enfant ou d'une folle.

La marquise embrassa Valentine sans répondre et dit en passant près de la veuve :

— Elle est bien mieux qu'hier; si vous l'aviez entendue dans les commencements! sa raison se remet à vue d'œil.

— Allons, messieurs, reprit-elle en rentrant dans la chambre, nous sommes de trop ici et nous n'aurions pas dû attendre qu'on nous priât de sortir. Donnez-moi votre bras, prince, et allons prendre le thé au salon.

Il n'y eut pas une seule objection. Tout le monde se leva en souriant, et le colonel, qui sortait le dernier, appuyé au bras de Francesca Corona, dit :

— Savez-vous que ma petite Fanchette a raison d'être jalouse? Nous l'aimons trop, cette enfant-là!.

— Et je l'aime comme tout le monde, ajouta la comtesse.

— Venez, fit la marquise; quand elles vont avoir fini, nous reprendrons la bonne madame Samayoux en sous-œuvre, et je suis bien sûre qu'elle fera tout ce que nous voudrons.

— Nous voilà seules, dit la veuve au moment où la porte se fermait.

Elle allait parler encore, mais Valentine lui mit la main sur la bouche.

Puis, tout à coup, elle rejeta sa couverture d'un mouvement violent, et sauta hors du lit en riant à gorge déployée.

La dompteuse, stupéfaite, voulut la saisir dans ses bras, mais Valentine s'échappa vers le foyer en disant :

— J'ai froid et mon frère est mort, il faut que j'aille à son enterrement.

Elle s'accroupit près du feu et chauffa ses pieds nus.

Mme Samayoux resta un instant immobile sous le coup de son angoisse. Toute idée de folie s'était en effet effacée dans son esprit au premier aspect de Valentine si calme ; maintenant elle se souvint de ce que lui avait dit M. Constant.

Valentine, en se retournant à demi, secoua les beaux cheveux qui tombaient sur ses épaules.

— Viens, dit-elle, avec un sourire d'enfant, viens te chauffer aussi, nous parlerons de mes noces.

XII

EN DORMANT

Mme Samayoux avait enveloppé Valentine dans un manteau de nuit pour l'asseoir à la place même occupée naguère par le colonel.

Les petits pieds de la jeune fille sortaient seuls des plis de l'étoffe et semblaient chercher la chaleur du foyer.

— Tu es comme les autres, disait-elle d'un ton insouciant et doux, tu ne veux pas croire que j'avais un frère, mais moi je me souviens bien d'une nuit terrible... et quand je pense à cette nuit-là, c'est comme si on me racontait une histoire de brigands!

Elle baissa la voix tout à coup pour ajouter rapidement :

— Ils sont difficiles à tromper, prends garde!

La dompteuse ouvrit de grands yeux; elle ne savait que croire.

— Qu'est-ce que Maurice t'a dit pour moi? demanda tout haut Valentine.

— Je n'ai pas vu Maurice, répondit Mme Samayoux.

— Quoi! vraiment? tu l'aimais pourtant bien autrefois!

— Ce matin encore, j'ignorais tout, reprit la veuve, et je me demande à moi-même comment cela se fait. C'est seulement ce matin qu'on a raconté devant moi cette horrible aventure.

Valentine l'interrompit pour dire d'un ton important :

— Mon frère était riche, et j'aurai une très-belle fortune.

Leurs regards se rencontrèrent, et certes, c'était dans les yeux de la veuve qu'on aurait pu découvrir des symptômes de folie.

Elle passa la main sur son front où il y avait de la sueur.

Valentine reprit :

— Embrasse-moi, maman Léo, nous irons le voir ensemble. Est-ce qu'on peut se marier dans une prison?

La dompteuse sentit qu'on glissait un papier dans sa main. En même temps la voix de la jeune fille murmura à son oreille :

— Dans l'alcôve, si bas que j'eusse parlé, on m'aurait entendue. Ils sont là derrière le rideau.

— Qui donc? balbutia la veuve.

— Ceux qui ont tué Remy d'Arx : les Habits-Noirs!

La veuve tressaillit de la tête aux pieds; mais Valentine lui jeta ses bras autour du cou en riant bruyamment.

Et comme la pauvre maman Léo restait toute bouleversée, la jeunee fille ajouta dans un baiser :

— Vous oubliez votre rôle, parlez-moi donc de l'évasion ; ils vous guettent !

La dompteuse n'aurait pas été plus complétement étourdie si on lui eût rendu sur le crâne le coup de boulet ramé qui avait fait la fin de Jean-Paul Samayoux, son mari.

Elle essaya pourtant et dit comme au hasard, répétant à son insu les propres paroles de M. Constant :

— Il n'y a pas de serrure dont on n'achète la clef avec de l'argent ; tout le monde est riche ici et tout le monde a bonne volonté de mettre la main à la poche. On m'a dit comme ça qu'il n'y avait que toi, fillette, pour s'opposer à la délivrance de Maurice.

Valentine se renversa en arrière et prit une attitude de profonde réflexion.

— Penses-tu qu'on puisse condamner un innocent ? murmura-t-elle ; et tu sais bien qu'il est innocent, n'est-ce pas ?

— Si je le sais ! répliqua Mme Samayoux : quand il y aurait cent millions de juges pour dire le contraire, je crierais encore qu'il est innocent ! Mais ça n'empêcherait pas un malheur, vois-tu, fillette ? parce que les juges sont les maîtres. Et on en a tant vu qui étaient blancs comme neige, porter leur pauvre tête sur l'échafaud ! Voyons, il faut te faire une raison : quand Maurice sera libre, vous irez en Angleterre ou en Espagne, ou même plus loin, et vous vous marierez ensemble.

— Et viendras-tu avec nous, toi, maman? demanda la jeune fille.

— Certes, si vous voulez de moi.

Valentine se leva d'un mouvement plein de pétulance et fit quelques pas dans la chambre.

— Je suis bien faible ! dit-elle.

Puis s'arrêtant devant la glace qui était sur la cheminée, elle ajouta :

— Je suis bien pâle !

Puis encore, avec un frisson qui secoua ses membres, en mettant un cercle noir autour de ses yeux :

— Maurice est peut-être plus pâle que moi !

Elle revint s'asseoir, mais au lieu de s'appuyer désormais au dossier du fauteuil, elle mit sa tête sur l'épaule de la veuve, de façon à ce que son visage fût masqué pour un regard venant de l'alcôve.

— Je vais dormir ainsi, dit-elle, veux-tu?

— Je veux bien, répondit la veuve, qui reprenait quelque sang-froid et entrait peu à peu dans son rôle, mais pourquoi ne pas te remettre au lit?

— Ceci est bien, murmura Valentine tout bas, continue.

Elle ajouta tout haut :

— Parce que je suis mieux comme cela; il me semble que tu me gardes.

— Tu as donc peur, chérie?

— Quelquefois, oui.... je revois mon frère.... Oh! comme je l'aurais aimé !... et mon père... tous deux livides, tous deux morts... J'ai sommeil, bonsoir !

Dans la position qu'elle avait prise, sa bouche était tout contre l'oreille de Mme Samayoux.

— Maintenant, ne me répondez plus, dit-elle, si bas, que la dompteuse avait peine à l'entendre. Si vous restez bien immobile, comme il faut faire pour ne point éveiller une pauvre folle qui dort, cet homme ne se doutera même pas que je vous parle à l'oreille. Avez-vous bien serré le papier que je vous ai donné? Vous le lirez quand vous serez seule. Je ne suis pas folle, vous l'avez déjà deviné, et ce ne sont pas les juges qui menacent notre Maurice le plus terriblement. J'ai vu Maurice dans sa prison.

Ici la dompteuse laissa échapper un si brusque mouvement, que Valentine fit comme si elle s'éveillait en sursaut.

— Qu'as-tu donc? demanda-t-elle, à voix haute. J'étais déjà embarquée dans un beau rêve, le rêve que j'ai toujours dès que je m'endors.

— Moi, répliqua la veuve avec à-propos cette fois, c'était tout le contraire, je m'étais endormie aussi et j'avais un mauvais rêve.

— Si le mien pouvait seulement revenir! murmura Valentine reposant de nouveau sa tête charmante sur l'épaule de Mme Samayoux.

— Vous voyez, reprit-elle bien bas, tandis que son attitude abandonnée feignait encore une fois le sommeil, vous ne m'avez pas obéi. Quoi que je dise, désormais gardez votre calme; il est nécessaire que vous sachiez tout. Maurice m'avait écrit pour me demander du poison, car la mort infamante lui fait peur, et j'ai été le voir pour lui porter le poison qu'il m'avait demandé.

Elle s'interrompit, ajoutant d'un ton paresseux et de

manière à être entendue par l'espion qui, selon elle, était aux écoutes :

— J'ai de la peine à me rendormir, parce que tu m'as éveillée en frayeur.

— Vous le voyez, poursuivit-elle de cette voix murmurante qui certes ne pouvait aller jusqu'à l'alcôve, j'ai toute ma présence d'esprit, et Dieu sait qu'elle n'est pas de trop pour combattre l'épouvantable danger qui nous entoure! Si j'ai pu quitter cette demeure et pénétrer dans la prison de la Force, où Maurice a été transféré depuis quelques jours, c'est que mes geôliers, à moi qui suis aussi prisonnière, ont favorisé mon dessein. Je ne pourrais prouver cela, mais j'en suis sûre. Nous jouons, eux et moi, une partie étrange, une partie mortelle; ils sont nombreux, ils sont rusés comme des démons, et moi je suis toute seule, et moi je ne suis qu'une pauvre enfant ignorante de la vie. Mais Dieu peut-il être pour le mal contre le bien? L'espoir me reste, je garde mon courage, parce que j'ai confiance en la bonté de Dieu.

Elle se sentit pressée contre le cœur de la dompteuse qui battait à se rompre.

— Oui, reprit-elle, je vous comprends, bonne Léo, j'ai tort de parler d'abandon puisque vous êtes là; mais c'est précisément la bonté de Dieu qui vous envoie, et jusqu'à l'heure où nous sommes, je peux bien dire que j'étais seule. Ne m'interrogez pas, je sais ce que vous voulez me demander : les gens qui m'entourent sont de deux sortes, et certes Mme la marquise d'Ornans, qui pendant deux années m'a servi de mère, a pour moi l'affection la plus dévouée. Elle n'est pas complice, elle est victime, car le fils unique qui devait perpétuer son nom est couché au fond d'une tombe. Il y a une autre personne encore qui ne sait rien de leurs secrets, c'est cette pauvre belle créature : Francesca Corona. Je ne sais pas quel délai on leur donnera, ni combien de jours leur seront accordés, mais croyez-moi, elles sont toutes les deux condamnées comme moi, comme Maurice, comme vous-même.

Cette fois la veuve n'eut point de frisson. Elle ne tremblait jamais quand la menace ne s'adressait qu'à elle.

A son tour, elle put sentir l'étreinte du bras frêle et gracieux qui entourait son cou.

Elle sourit sans parler.

— Oh ! vous êtes brave, bonne Léo, continua Valentine, et c'est vous qui nous sauverez, s'il est possible de lutter contre l'infernale puissance de ces hommes ! Je vais vous dire maintenant comment je reçus la lettre de Maurice et comment il me fut possible, non-seulement de sortir de ma prison, mais encore de pénétrer dans la sienne.

XII

AUX ÉCOUTES

Valentine ne se trompait point. Derrière les rideaux de l'alcôve, il y avait une porte ouverte ; près de cette porte, qui donnait dans un cabinet obscur, un homme était debout et se penchait en avant pour approcher ses yeux de quelques trous imperceptibles qui perçaient la draperie à différentes hauteurs.

A la lueur vague que les lampes envoyaient à travers l'étoffe, nous aurions pu distinguer les traits et la tournure de cet homme, et notre première pensée eût été d'hésiter entre deux noms : il était en effet dans la position d'un comédien qu'on surprendrait à l'heure de la métamorphose quand il quitte un travestissement pour en revêtir un autre.

L'homme gardait le costume que M. Constant portait tout à l'heure; mais il avait déjà le visage et les cheveux de ce Protée bourgeois que nous vîmes un soir changer de peau dans le coupé conduit par Giovan-Battista, ce coupé où Toulonnais-l'Amitié était entré avec sa houppelande à larges manches et ses bottes fourrées, mais d'où sortit un élégant cavalier en escarpins vernis, en habit noir et en gants blancs, qui se fit annoncer à l'hôtel d'Ornans sous le nom du baron de la Périère.

De l'endroit où il était, notre homme voyait parfaitement le groupe formé par la dompteuse et Valentine, auprès du foyer; seulement il ne pouvait plus rien entendre.

Il se disait, dans sa mauvaise humeur :

— Le vieux baisse ! il baisse à faire pitié ! le plaisir qu'il éprouve à tendre des toiles d'araignée devient une maladie, et nous nous réveillerons un matin avec le cou pris dans nos propres lacets. A quoi bon tout cela, puisque le lieutenant demandait du poison et que personne ne crie gare quand on trouve le corps d'une folle qui a profité du sommeil de ses gardiens pour se jeter tête première par la fenêtre ? J'ai encore obéi aujourd'hui, j'ai été chercher cette bonne femme dont la présence est un danger de plus, parce que désobéir, chez nous, c'est risquer sa vie; mais ce soir, j'ai idée que tout sera fini, les autres sont du même avis que moi, le vieux a fait son temps, place aux jeunes !

Ce fut en ce moment que la veuve tressaillit pour la première fois en apprenant que Valentine avait vu Maurice.

La jeune fille, à la vérité, pallia ce mouvement en faisant semblant de s'éveiller en sursaut, mais Lecoq était un terrible observateur.

— J'en étais sûr ! pensa-t-il, on se moque de nous, et nous y aidons tant que nous pouvons. La petite n'est pas plus folle que moi, elle joue son rôle en perfection, et la voilà commodément établie là-bas à raconter une histoire qui nous force à tordre un cou de plus, car la bonne femme en sortant d'ici saura notre secret.

Son regard se fixa plus aigu sur le groupe, qui avait repris son immobilité.

Il guetta ainsi longtemps.

On peut dire que la veuve et Valentine ne donnaient plus signe de vie.

Lecoq, qui voyait par derrière les belles masses des cheveux de Valentine éparses sur l'épaule de la dompteuse, en vint à douter de sa première impression.

— La grosse est bonne comme du gâteau, se dit-il, et après tout, l'enfant a reçu un fier coup de maillet ! En tout cas, le plus sûr est d'ouvrir l'œil. Qui vivra verra, et j'ai idée que ce ne sera pas le colonel.

Valentine, cependant, continuait de parler à l'oreille de maman Léo, et disait :

— Ce fut un matin, en m'éveillant, que je sentis quelque chose dans mon sein. J'y portai la main et j'en retirai la lettre de Maurice. J'étais seule, je pus la lire tout de suite.

Ce fut ce jour-là aussi que je crus entendre pour la première fois une respiration humaine derrière le rideau qui est au fond de mon alcôve.

J'ai tâté plus d'une fois pour tâcher de reconnaître ce qu'il y a derrière la draperie, qui n'a point d'ouverture.

J'ai eu beau repousser le rideau et allonger le bras, je n'ai jamais pu rencontrer de muraille.

Qui avait apporté la lettre ? Je songeai d'abord à Francesca, dont l'affection pour moi ne s'est jamais démentie et qui aimait tendrement Remy, mon frère...

— Je ne peux pas tout dire en une fois, bonne Léo, dit-elle ici en s'interrompant, vous saurez l'histoire de Remy en même temps que la mienne.

Ce n'était pas Francesca Corona qui avait apporté la lettre, car elle me croit, comme les autres, privée de ma raison. Je n'ai pas osé me confier à elle. Ce n'était pas non plus Victoire, ma femme de chambre, qui était à vendre et qu'ils ont achetée.

J'allai jusqu'à penser que la marquise elle-même...

Pauvre femme ! elle serait bien près de sa perte si elle donnait une pareille marque de clairvoyance. Elle n'est protégée que par son aveuglement.

Ce n'était pas la marquise, ce ne pouvait être elle.

Du premier coup d'œil j'avais reconnu l'écriture de Maurice. La lettre disait : « En dehors de toi il n'y a au monde pour m'aimer que l'excellente maman Léo. Ma famille ignore peut-être où je suis, et que Dieu le veuille ! mais si mon père et ma mère m'ont oublié, moi, je pense à eux sans cesse. Je ne veux pas que le nom de mes frères et sœurs soit déshonoré. Cherche maman Léo, trouve la, et fais qu'elle m'apporte du poison. Je ne suis pas au secret, on peut me voir... »

On pouvait le voir ! dès lors il n'y eut plus en moi qu'une seule pensée.

Mais à qui me fier dans cette maison ?

A tout le monde, sans doute, et au premier venu, car

la lettre n'était pas tombée du ciel à mon chevet, et tout le monde, excepté la marquise, m'eût aidé à faire ce que la lettre me demandait.

Cependant je partageai en deux ma confiance; je manifestai publiquement le désir de vous voir, et en secret j'essayai d'agir par moi-même.

Ils vous ont cherchée, ils avaient intérêt à vous trouver; ils comptent sur vous pour me convertir au projet d'évasion, et ils comptent sur moi pour décider Maurice à se laisser faire.

Je n'essayerai même pas de concilier cela avec la croyance où ils sont par rapport à ma prétendue folie. J'ignore si j'ai réussi à les tromper; en tout cas, leur chemin est tracé, ils en suivent les détours avec un implacable sang-froid.

La chose certaine, c'est que Maurice ne paraîtra pas devant la cour d'assises. Ils l'ont décidé ainsi. Fallût-il le poignarder dans les escaliers du palais, il ne franchira pas le seuil de la salle des séances.

Quant à moi, je suis encore bien plus redoutable que Maurice. Ils ne sauraient point dire, en effet, à quel degré Maurice a été instruit soit par moi, soit par Remy d'Arx, dans l'interrogatoire qui précéda l'ordonnance de non-lieu; mais ils ont la certitude absolue que je connais tout.

Je ne serai ni accusée ni témoin.

Ce n'est pas un bâillon, c'est un linceul qu'il faut mettre sur une bouche comme la mienne.

Et s'ils n'avaient pas besoin de moi pour tuer Maurice dans sa prison, où la loi le protége comme une cuirasse, vous auriez trouvé ici non pas une folle, mais une morte.

Une autre circonstance encore, cependant, doit me protéger contre eux; je ne puis bien la définir, mais j'en ai conscience : il y a de l'hésitation, peut-être de la dissension; le colonel est vieux et semble très-malade.

Il ne faut pas croire que je sois sans cesse entourée comme je l'étais tout à l'heure, lors de votre venue. On vous attendait, et en outre, on joue cette comédie pour la marquise. Quand la marquise est là, tout le monde se rassemble autour de mon lit, et il semble que je sois l'enfant chérie d'une nombreuse famille; mais dès que la marquise est partie, je reste seule, bien souvent et bien longtemps, Dieu merci! Il n'y a guère que Francesca Corona pour me tenir compagnie le soir; dans la journée, je n'ai personne.

Vous ne pouvez avoir oublié cela : le jour même où je devins la plus misérable des créatures, le jour où Maurice fut dénoncé par moi, arrêté devant moi, j'avais donné rendez-vous à celui que nous appelions le Marchef. Vous m'aviez appris ce que vous saviez de Coyatier et vous m'aviez dit : « Prends garde! »

Mais en ce qui me concernait, je ne croyais pas au danger. Tout cela me paraissait impossible comme les mensonges des légendes, et je me reprochais presque d'avoir frayeur pour ceux que j'aimais.

Cependant il y avait eu des entrevues entre ce Coyatier et Remy d'Arx, pour qui je m'étonnais de ressentir une tendresse croissante. Je l'admirais, celui-là, poursuivant dans l'ombre et tout seul un juste châtiment, une grande et légitime vengeance.

Je me disais : Je suis forte précisément parce que ce drame est étranger à moi.

Je voulais voir Coyatier pour me mettre entre lui et Remy; mon idée était que je ne risquais rien, moi, en m'approchant d'un pareil homme, tandis qu'à ce même jeu Remy d'Arx risquait sa vie.

La mort lui est venue par une autre voie; c'est moi qui ai été son malheur.

Mon frère! mon pauvre noble frère!

Valentine s'arrêta un instant, suffoquée par un spasme. Ses yeux restaient secs, mais maman Léo pleurait pour deux.

— Quand on m'a amenée ici, reprit la jeune fille après un silence, c'était le surlendemain de la catastrophe. J'étais bien malade et ma raison chancelait réellement, car j'avais toujours devant les yeux le pâle visage de Remy, apparaissant entre Maurice et moi. Je m'évanouis en descendant de voiture.

Ce fut Coyatier qui m'apporta jusqu'ici dans ses bras.

J'ai su depuis que cette maison lui sert de refuge.

Il resta seul à me garder au salon, pendant qu'on préparait mon lit; j'avais repris mes sens, mais il croyait que je dormais, et à travers mes paupières demi-closes je voyais son rude visage penché jusque sur moi.

XIII

COYATIER, DIT LE MARCHEF

Valentine continua :

— Je n'ai jamais vu de visage plus effrayant que celui de cet homme; son regard parle de sang, on dirait qu'il y a du sang sur sa joue, du sang sur ses lèvres! et pourtant je croyais deviner en lui je ne sais quelle douloureuse compassion.

Il disait, croyant sans doute que je ne pouvais l'entendre :

— C'est un beau gaillard, et tout jeune, et déjà lieutenant après deux ans d'Afrique! Ils s'aiment bien ces deux enfants-là, puisqu'ils voulaient mourir ensemble...

Sa main rude fit bruire ses cheveux hérissés comme les crins d'une brosse.

— Moi aussi j'étais un soldat, murmura-t-il d'une voix sourde, un brave soldat, et les journaux parlaient de moi comme de lui, et peut-être qu'on se souvient encore de mon nom en Afrique. C'est une femme qui a fait de moi un assassin : Je hais les femmes !

Dans sa prunelle un feu sinistre s'alluma.

Mais, tandis qu'il me regardait, sa paupière battit tout à coup et il reprit comme malgré lui :

— Celle-ci est bien belle, et je lui ai fait tant de mal !

Il s'agenouilla pour border ma robe autour de mes jambes qui frissonnaient.

— Un mot, un seul mot, dit-il encore, et je pourrais lui rendre celui qu'elle aime !

Il haussa les épaules en riant lugubrement.

J'avais compris, et vous comprenez aussi, n'est-ce pas ? Quand on aime bien, on devine. Je savais ce qu'était Coyatier, je devinais que Coyatier avait commis le crime dont Maurice est accusé : j'entends le premier crime, le meurtre de Hans Spiegel...

La dompteuse poussa un grand soupir de détresse, arraché par l'effort épuisant qu'elle faisait pour garder son calme.

— Ne bougez pas, maman Léo, murmura Valentine, qui n'avait pas quitté un seul instant son attitude de dormeuse : toutes ces choses, il faut que vous les sachiez. J'ouvris les yeux, et comme le Marchef me demanda en fronçant le sourcil. « Avez-vous entendu ? » Je le lui répondis : « Oui, » et j'ajoutai : « J'ai fait plus que vous entendre, j'ai deviné. »

Nos regards se croisèrent. Ni lui ni moi nous ne baissâmes les yeux.

— Ah! ah! fit-il, et à quoi ça vous servira-t-il de m'avoir deviné?

— Je ne sais, répondis-je, mais j'ai deviné aussi que vous aviez pitié de moi.

Il secoua sa tête farouche et fit un mouvement comme pour s'éloigner.

Cependant il resta.

Et après un instant de silence il gronda entre ses dents serrées :

— Il y avait une femme dans tout cela, une femme qui voulait une robe neuve, un châle, des plumes et des fleurs. Elle m'avait dit le matin : « Si tu ne m'apportes pas cinquante louis, je te chasse! »

Il me regarda, frémissante que j'étais, et un sourire terrible vint à ses lèvres.

— Je lui apportai les mille francs, ajouta-t-il tout bas; mais c'est moi qui l'ai chassée.

— Ah! reprit-il en s'interrompant, ma vie ne vaut pas cher! Je sais bien que je mourrai par une femme. Autant par vous que par une autre! j'ai fantaisie de vous entendre dire : « Merci, Marchef! » C'est drôle. Demandez, on vous répondra.

Je demandai, il me répondit.

Quand on vint me chercher pour me porter dans mon lit... tenez-vous ferme, Léo!... je savais que cette maison appartenait aux Habits-Noirs.

— Ma fille, prononça tout bas la dompteuse sans bouger ni presque remuer les lèvres, ce n'est pas pour moi que j'ai peur.

— Je le sais bien, répliqua Valentine, et comme je voudrais me jeter à votre cou pour vous serrer bien fort sur mon cœur ! C'est pour moi que vous craignez, c'est pour lui, et vous voudriez me crier encore : « Prends garde !... Hélas ! bonne Léo, il n'est plus temps de prendre garde, il fallait risquer le tout pour le tout. J'ai tout risqué. Coyatier jusqu'ici a tenu sa parole; non-seulement il ne m'a rien caché, mais encore je n'ai eu qu'à parler pour être aussitôt obéie.

C'est par lui que j'ai vu Maurice; il m'a fait sortir d'ici en plein jour par la porte qui est en reconstruction; grâce à lui, j'ai pu être introduite à la prison de la Force, grâce à lui encore j'ai pu me procurer du poison.

Dans la maison, en apparence du moins, personne ne s'est aperçu ni de ma sortie ni de mon absence, qui a duré deux grandes heures, ni de ma rentrée.

Est-ce là une chose possible? Coyatier avait-il prévenu ses maîtres et ceux-ci ont-ils favorisé eux-mêmes mon entreprise?

En d'autres termes, Coyatier a-t-il trahi les Habits-Noirs pour moi, ou Coyatier m'a-t-il trahie pour les Habits-Noirs? Je ne sais, et que m'importe? Maurice a le poison, Maurice m'a juré sur notre amour qu'il m'attendrait pour en faire usage.

En entrant dans sa cellule et quand mon regard a rencontré le sien, j'ai cru que mon pauvre cœur allait se briser. C'était à la fois trop de douleur et trop de joie. Il m'a tendu sa main qui brûlait, je me suis jeté à son cou et j'ai voulu lui dire : « Maurice, Maurice, je te sauverai ! »

Mais ses lèvres m'ont fermé la bouche, et je crois l'entendre encore prononcer cette parole qui me poursuit partout : « L'espoir fait mal, n'espère pas, Fleurette, fais comme moi, résigne-toi. »

La veuve luttait contre les sanglots qui l'étouffaient.

— Il m'a demandé, poursuivit Valentine : « Pourquoi maman Léo n'est-elle pas venue? »

— Oh! le cher enfant a-t-il douté de moi!

— Non, pas plus que moi; nous avons cherché ensemble les raisons de votre absence.

— Je ne savais pas, balbutia la veuve. Comment dire cela, moi qui vous aime tant! je fermais les yeux pour ne pas vous voir trop heureux...

— Trop heureux! répéta Valentine, dont le regard se leva vers le ciel. Mais le temps passe et je n'ai plus beaucoup de force. Ce n'est pas moi qui m'oppose à tout projet d'évasion, c'est lui. Il m'a dit : « Je n'ai fui qu'une fois en ma vie, c'est trop, je subirai mon sort. »

Et tout ce que Maurice veut, je le veux...

Elle s'arrêta encore.

— Est-il bien changé? demanda la veuve.

— Non, il est très-pâle; mais il y a dans son regard une sérénité presque divine, et j'ai retrouvé son beau sourire quand il m'a dit :

« Si tu étais ma femme, je mourrais content. »

J'ai répondu :

« Quoi qu'il arrive, je serai ta femme. »

Le regard de la dompteuse exprima son étonnement.

Valentine reprit avec un calme étrange :

— Ils ne s'opposeront pas à cela, j'en suis sûre. Ce qu'il leur faut, c'est notre mort prochaine, car si nous vivions, la main de fer qui étouffe notre voix finirait par se relâcher; nos paroles, que personne ne voudrait entendre aujourd'hui, seraient écoutées demain peut-être; pourvu que nous disparaissions tous les deux, ils seront cléments comme les bourreaux qui se prêtent au dernier caprice des condamnés...

Sa tête pesa plus lourde sur l'épaule de la veuve, qui sentit en même temps sa main devenir froide et qui dit :

— Il faut te remettre au lit, fillette !

— Oui, répliqua Valentine, désormais vous en savez assez, bonne Léo. Le papier que je vous ai remis et que vous lirez attentivement vous dira ce qui vous reste à faire... Encore un mot, pourtant : quand vous me quitterez, ils vont vous reprendre en sous-œuvre pour l'évasion de Maurice. Promettez tout ce qu'on vous demandera, dites que vous m'avez à demi-persuadée et que vous êtes bien sûre de persuader tout à fait le pauvre prisonnier; ajoutez que vous voulez aller à la Force dès demain. Je ne vous cache pas que nous entamons ici la plus terrible de toutes les parties. Leur intérêt est de mener à bien cet évasion, mais je n'ai pas besoin de vous expliquer à quoi, dans leur pensée, cette évasion doit aboutir. Ne craignez rien, allez droit votre route; vous ne resterez jamais sans instructions, et vous me verrez désormais plus souvent que vous ne croyez.

Elle s'interrompit presque gaiement pour ajouter :

— Maintenant, Léo, nous n'avons plus qu'à tromper l'espion qui nous guette. Vous êtes juste ce qu'il faut pour cela, et, en vérité, quand même aucun regard ne serait fixé sur vous, je suis morte de fatigue, et je ne sais pas si je pourrais regagner mon lit sans votre aide.

Elle sourit et ajouta encore :

— Vous avez vu les nourrices endormir les petits enfants entre leurs bras. Quand le sommeil est enfin venu, elles emportent doucement le nourrisson dans son berceau, et quelles précautions elles prennent ! Faites comme elles, bonne Léo, emportez-moi, et surtout prenez garde de m'éveiller !

Son sourire était contagieux; il y eut comme un reflet sur le visage désolé de la dompteuse, qui avait compris.

Ce fut une scène si bien jouée que Lecoq y fut aux trois quart pris, derrière son rideau.

Avec une délicatesse infinie, maman Léo dégagea son épaule qui soutenait la tête de la jeune fille, puis elle se pencha sur elle comme pour bien constater qu'elle était endormie, puis encore elle la souleva aussi aisément que si c'eût été en effet une enfant et la reporta sur le lit, où Valentine demeura immobile.

Mme Samayoux s'essuya les yeux avant de border la couverture; quand la couverture fut bordée, elle joignit les mains et dit avec tristesse :

— Est-ce qu'il n'aurait pas mieux valu, pour cette pauvre biche-là, rester chez moi à la baraque !

— Ah çà ! ah çà ! se dit Lecoq en quittant sa cachette, j'ai perdu une grosse demi-heure ici, moi. Est-ce qu'elles se mettent à jouer la comédie, en foire, aussi parfaitement qu'au Théâtre-Français ?

Au moment où il s'éloignait sans bruit, mais pas assez légèrement, pourtant, pour que l'oreille aux aguets de la dompteuse ne perçut vaguement l'écho de son pas, la porte par où Mme la marquise d'Ornans et son cercle étaient sortis s'ouvrit.

— Eh bien ! demanda la comtesse Corona sur le seuil, avons-nous dit tous nos grands secrets ?

— Chut ! fit Mme Samayoux, qui se retourna, elle s'est endormie en parlant de lui.

La comtesse traversa la chambre sur la pointe des pieds et vint jusqu'au lit.

Elle baisa la main de Valentine, qui était glacée, et fixa sur la dompteuse un regard triste et doux.

— Ils s'aiment bien, murmura-t-elle, et celui qui est mort l'adorait. Sa folie est de penser que Remy d'Arx était son frère : vous a-t-elle parlé de cela?

— Oui, répondit la dompteuse.

— Vous qui la connaissez depuis longtemps, pensez-vous qu'elle puisse être vraiment la sœur de Remy d'Arx?

— Quand je la connaissais, répartit la dompteuse, elle s'appelait Fleurette. Je ne me doutais pas qu'elle eût un frère, mais je ne me doutais pas non plus qu'elle fût la parente d'une noble marquise et d'un colonel.

— C'est juste, fit la comtesse.

Elle ajouta comme malgré elle.

— On vous a payée, n'est-ce pas. en ce temps-là?

La veuve lui saisit les deux mains brusquement; ses joues étaient en feu.

— Elle a confiance en vous, dit-elle, et c'est une belle âme qui est dans vos yeux. Écoutez je suis une pauvre femme, une misérable créature qui a peut-être fait le mal : oui, on m'a donné de l'argent, et je ne l'avais pas gagné ! oui, on est venu la chercher chez moi et j'ai peut-être eu tort de croire trop vite... mais elle avait si bien l'air de la fille d'une grande maison ! et comment penser que des gens comme cela auraient voulu me tromper? Si vous savez quelque chose qui puisse m'aider à réparer ma faute, je vous en prie, je vous en prie, dites-le moi !

La comtesse avait baissé les yeux; elle répondit froidement :

— Je ne sais rien, bonne dame; quand Valentine vint à la maison, voici deux ans, on me dit qu'elle était ma cousine et je l'aimai comme une sœur. Remy d'Arx était pour moi un ami, presque un frère; il y a une énigme au fond du deuil que nous portons, je n'en ai pas le mot. Il y a une énigme aussi, une énigme inexplicable dans la position de ce jeune homme auquel tous nos amis semblent s'intéresser, malgré son crime.

— Oh! s'écria la dompteuse, celui-là est innocent, je vous le jure devant Dieu.

— C'est ainsi que parla Valentine, dit la comtesse d'un air pensif, le jour même où on arrêta Maurice Pagès, tout sanglant encore, à quelques pas de la maison où le meurtre avait été commis. Je ne suis pas juge, madame, et, depuis mon enfance, je vis au milieu de mystères encore plus insondables que celui-là.

— Au nom du ciel! commença la veuve, qui la regardait avidement, dites-moi...

Francesca Corona secoua sa tête charmante avec lenteur.

— Ne m'interrogez pas, répliqua-t-elle, ce serait inutile. Je n'ai rien compris, je n'ai rien deviné, sinon mon propre malheur, qui m'accable et dont je ne dois compte à personne. Si ce jeune homme est innocent, que Dieu le sauve; puisqu'ils s'aiment, qu'ils soient heureux! Venez, madame, on vous attend au salon, et chacun semble espérer en votre entremise pour atteindre un résultat favorable. Je vais vous conduire, et je reviendrai garder Valentine, que j'aime mieux depuis qu'elle souffre.

Elle se dirigea vers la porte.

Un mot vint jusqu'aux lèvres de la dompteuse, qui allait parler, lorsqu'elle sentit une main glacée qui touchait la sienne.

Elle se retourna vers le lit et rencontra les yeux grands ouverts de Valentine qui avait un doigt sur ses lèvres.

XIV

LE SALON

Maman Léo n'eut garde de désobéir à l'ordre muet que lui donnait Valentine; elle suivit la comtesse Corona sans ajouter une parole.

Celle-ci la conduisit jusqu'à la porte du salon situé à l'étage inférieur.

Maman Léo aurait voulu la route plus longue, car elle avait grand besoin de se recueillir.

Pour comprendre ce qui était en elle, il faut entrer dans sa situation morale, et ne point oublier le milieu où se passait sa vie ordinaire.

Elle venait d'éprouver, sans secousse apparente, puisqu'elle avait été forcée de supprimer toute marque extérieure d'émotion, un des chocs les plus violents que puisse subir une créature humaine.

D'autres à sa place auraient eu pour sauvegarde, dans le premier moment du moins, le doute ou l'incrédulité; mais nous l'avons dit bien souvent, au fond de cette pauvre bohême de la foire où Mme veuve Samayoux tenait un rang considérable, les légendes du crime sont connues et en quelque sorte honorées comme pouvaient l'être chez les payens les légendes de la mythologie.

Ces sombres poëmes du crime impossible courent non-seulement les établissements forains, mais encore toutes les mansardes et toutes les masures d'où sort le public qui fait vivre la foire.

Dans les veillées de ces campagnes bizarres qui sont dans Paris, mais qui sont en même temps si loin et si fort au-dessous de Paris, il y a des bardes comme en Irlande, des improvisateurs comme à Naples, des troubadours comme il y en avait dans toute l'Europe au moyen âge.

Et de même que les bardes chantent l'épée, les trouvères la lance, c'est toujours le couteau qui est au fond de la sauvage *Iliade* des rapsodes de la misère.

En Basse-Bretagne, vous pouvez parler des *korigans* sans expliquer le mot, en Irlande des *âmes-doubles* et par tout le pays scandinave des *elfes* et des *goblins;* sous le règne de Louis-Philippe, dans aucun hallier de la forêt parisienne, on ne vous aurait fait répéter deux fois le nom des Habits-Noirs.

Chacun savait ce que cette alliance de mots voulait dire, chacun du moins croyait le savoir, car il y avait ici de nombreuses variantes comme dans toutes les mythologies.

Mais au-dessus des variantes une chose surnageait,

qui était le fond de la superstition populaire : chacun croyait à une sorte de franc-maçonnerie, constituée selon l'échelle même de la société humaine, c'est-à-dire ayant sa noblesse, sa bourgeoisie, son peuple.

Chacun croyait que les soldats de cette fantastique armée étaient innombrables, que les officiers en étaient nombreux, et que les généraux s'asseyaient, paisibles, aux plus hauts sommets de nos inégalités sociales, abrités qu'ils étaient contre les clairvoyances de la loi par je ne quel nuage magique.

Voilà pourquoi Valentine, s'adressant à maman Léo, avait parlé des Habits-Noirs sans souligner l'expression et avec la certitude d'être comprise.

Voilà pourquoi aussi maman Léo, par-dessus la grande émotion provoquée en elle par le scène qui venait d'avoir lieu et dans laquelle son pauvre bon cœur avait été remué dans ses fibres les plus profondes, gardait cependant un trouble qui n'avait trait immédiatement ni à sa chère Fleurette ni à son adoré Maurice.

Les Habits-Noirs ! les hommes de la puissance inconnue et du crime éternellement impuni ! les Habits-Noirs, ces fantômes homicides que tant de récits à faire peur lui avaient montrés rôdant parmi le silence des nuits parisiennes !

Elle avait vu les Habits-Noirs ! elle était dans la maison des Habits-Noirs !

La foi est une étrange chose ! il est certain qu'on peut croire et ne pas croire en même temps, puisque les plus crédules sont stupéfaits souvent quand ils se trouvent, à l'improviste, en face de l'objet de leur crédulité.

En descendant l'escalier qui menait de la chambre

occupée par Valentine au salon du docteur Samuel, maman Léo se disait :

— M. Constant en est, et ça ne m'étonne pas, car il a une figure qui ressemble à un masque, mais ces vieux messieurs qui ont l'air si respectable ! un colonel ! un prince ! et que penser de Mme la marquise elle-même ? car Fleurette a beau dire, qui se ressemble s'assemble et je me méfie de tout le monde ici !

Elle essayait de se faire une règle de conduite ; mais tout tournait dans son cerveau.

Et voyez le trait caractéristique ! à un certain moment, ne sachant à quel saint se vouer, elle eut l'idée de s'adresser à la justice.

Mais ce fut pour elle le symptôme du découragement poussé jusqu'à la folie ; elle haussa les épaules avec colère et se dit :

— Puisque je patauge comme cela, nous sommes donc perdus tout à fait !

Car ils ne croient pas à la justice, et de lugubres exceptions que leur ignorance érige en règles leur font craindre les juges.

Quand ils regardent en haut le bien leur échappe, ils ne voient que le mal grandir outre mesure.

C'est la vengeance des vaincus.

On doit leur savoir gré peut-être de ne pas écraser sous le poids de leur multitude cette infime minorité d'heureux à laquelle ils attribuent, faussement il est vrai, l'incurable maladie de leur misère.

La comtesse Corona ouvrit la porte du salon et dit :

— Voici la bonne Mme Samayoux. Notre Valentine dort.

Maman Léo passa le seuil et entendit qu'on refermait

la porte. Elle était comme ivre. Autour d'elle tous les objets dansaient en tournoyant.

Mais ce fut l'affaire d'un instant, car elle était la vaillance même, et malgré la simplicité de sa nature elle avait, à l'heure du péril, le sang-froid, l'adresse, la présence d'esprit d'une vraie femme.

Elle reconnut autour de la cheminée du salon toutes les figures qui naguère étaient rassemblées dans la chambre de la malade.

Il y avait en plus un personnage qui lui était inconnu et qui causait tout bas avec le colonel Bozzo.

En entrant, elle put entendre la marquise reprocher un retard ou une absence à ce nouveau-venu, qu'elle appela : M. le baron de la Périère.

A cet instant, maman Léo avait déjà dompté en grande partie son horreur et sa frayeur ; comme il arrive à tout bon soldat, la présence de l'ennemi lui rendait son courage.

En outre, le sentiment de curiosité si vif dans les classes populaires, où il y a toujours de l'enfant, s'éveilla en elle brusquement ; aussitôt qu'elle cessa d'avoir peur, elle eut envie de voir et de savoir.

Son regard fit le tour de l'assemblée, et certes, chaque visage fut jugé par elle tout autrement que la première fois.

Rien ne perçait au dehors de ce qui l'agitait intérieurement ; il y avait un pied de rouge sur ses bonnes grosses joues, mais c'était assez l'habitude, et d'ailleurs, chacun pouvait faire la part du trouble tout naturel éprouvé par une femme de sa sorte, admise dans un monde si fort au-dessus d'elle.

Un peu de crainte et beaucoup de respect étaient assurément de mise.

Mme la marquise d'Ornans vint la prendre par la main et tout le monde l'entoura, excepté le colonel Bozzo, qui garda sa place, continuant de causer à voix basse avec M. le baron de la Périère.

Mais s'il ne se dérangea pas, il envoya du moins un signe protecteur et amical à la veuve, qui se dit :

— C'est bon, vieux gredin, fais tes manières ! Si on peut te servir comme tu le mérites, n'aie pas d'inquiétude, ce sera de bon cœur !

— Nous pouvons causer ici librement, bonne madame, dit la marquise ; vous savez l'épouvantable malheur qui est tombé sur ma maison ; tout le monde dans ce salon m'est dévoué, tout le monde chérit la pauvre enfant qui est en haut.

— Dans son infortune, répondit la veuve, la petite est encore bien heureuse d'avoir tant de puissants protecteurs.

— Elle s'exprime très bien, murmura M. de Saint-Louis ; trouvez donc ailleurs qu'en France un pareil niveau intellectuel dans les rangs du peuple !

— Ah ! fit la marquise, si ce peuple dont vous parlez si bien pouvait vous connaître et vous entendre !

Samuel, le maître de la maison, et M. Portal-Girard, le docteur en droit, approuvèrent du bonnet et se rapprochèrent du groupe, formé par le colonel causant avec M. de la Périère.

En les regardant s'éloigner, maman Léo pensait :

— En voilà deux que je reconnaîtrai ! Mais où donc est passé le Constant ?

— Voyons, fit la marquise, qui lui présenta un siége, racontez-nous tout ce que vous avez fait.

Maman Léo avait eu le temps de réfléchir, et son instinct lui disait qu'il fallait se rapprocher le plus possible de la vérité, à cause de l'espion caché derrière le rideau et qui pouvait bien être M. le baron de la Périère.

— J'ai d'abord été dans tous mes états, répondit-elle, et vous allez juger pourquoi. N'a-t-elle pas eu fantaisie de se lever aussitôt que vous avez été partis ! J'ai voulu vous rappeler, mais pas moyen ; elle m'a mis ses deux petites mains sur la bouche comme un démon, et il a fallu l'envelopper pour l'emporter vers le foyer. Elle disait : « J'ai froid, j'ai froid ! »

Son regard glissa vers l'autre coin de la cheminée et se rencontra avec celui de M. le baron.

— Tiens, tiens, pensa-t-elle, j'ai déjà vu ces yeux-là ! Mais c'est pire qu'au théâtre, ici, ils doivent se grimer à volonté.

— Est-ce vrai ce qu'elle dit là, mons Lecoq ? demanda tout bas le colonel au baron.

— Vrai de point en point, papa, répondit M de la Périère. Si la petite n'a pas parlé, je vous garantis que la bonne femme marchera droit, car je n'ai pas perdu mon temps avec elle à la baraque. Vous savez si j'endoctrine mon monde comme il faut, quand je m'y mets !

— Tu es une perle, l'Amitié, murmura le vieillard, et quand je vais te laisser mon héritage, je n'aurai pas d'inquiétude sur l'avenir de l'association,

Il eut une quinte de toux pénible à entendre.

Le docteur, qui arrivait justement, lui tapota le dos en disant :

— Cela sonne mieux, nous n'en avons pas désormais pour une semaine.

Pendant que le vieillard essuyait son front en sueur, les deux docteurs et Lecoq échangèrent un sourire d'intelligence, qui donnait à ces mots : « Nous n'en avons pas pour une semaine, » une signification très accentuée.

XV

EMBAUCHAGE DE MAMAN LÉO

Maman Léo cependant continuait, parlant à la marquise et à M. de Saint-Louis :

— Elle m'embrassait comme pour du pain, et le nom de Maurice venait à chaque instant sur ses lèvres ; moi, je ne savais plus où j'en étais ; car ça me déchire le cœur de voir ces deux enfants-là dans la peine.

— Vous a-t-elle parlé de Remy d'Arx ? interrompit la marquise.

— Ah ! je crois bien ! son frère, comme elle l'appelle maintenant ! Pour folle, c'est bien certain qu'elle est folle.

— Non, pas tout à fait, rectifia M. de Saint-Louis ; le docteur Samuel nous a expliqué les différents degrés de l'aliénation mentale, et à cet égard, il est la première autorité de Paris; il y a chez notre chère enfant un trouble cérébral dont la cause est connue et déterminée.

— Et la cause cessant, ajouta la marquise avec vivacité, le trouble disparaîtra de même.

— Que Dieu vous entende, madame! dit maman Léo, et ça me console bien de voir comme elle est aimée. Aussi, il n'y a plus de métier qui tienne, allez! je suis désormais à vos ordres du matin jusqu'au soir et du soir jusqu'au matin.

Mme d'Ornans lui prit la main de nouveau.

— Vous serez récompensée... voulut-elle dire.

— Ah! pas de ça Lisette! s'écria la veuve. Si vous parlez latin, je ne vous comprends plus.

— Excellente femme! murmura la marquise.

— Magnifique peuple! soupira M. de Saint-Louis.

— Il y a donc, reprit maman Léo, en vous demandant bien pardon de ce qui vient de m'échapper, que je voulais la prêcher comme vous me l'aviez ordonné et que je ne savais pas par où commencer mon sermon. Elle était si gentille entre mes bras! Je perdais mon temps à l'admirer, comme un vieil enfant que je suis, et je me disais : Si Dieu avait voulu, comme ils seraient heureux! Et vous pensez bien que ça m'a ramenée à mon ouvrage, car il faut que Dieu le veuille, pas vrai? il faut qu'ils soient heureux.

J'ai donc pris la chose de longueur, disant que la liberté est le premier de tous les biens sur la terre et que si on laisse les juges faire leur boniment, numéroter leurs paperasses, entortiller leur jury, bernique! le diable lui-même ne peut pas y revenir.

Et tous les exemples à l'appui, qui sont nombreux et où je n'avais qu'à choisir.

Elle m'écoutait en fixant sur moi ses grands yeux mouillés.

Elle répétait toujours : « Il est innocent, il est innocent ! »

— Parbleure ! ai-je fait, Jésus aussi était innocent, et il a été pas moins crucifié entre les deux larrons.

— Bonne âme ! dit encore la marquise sincèrement émue.

Et M. de Saint-Louis.

— L'éloquence populaire, en France, a de ces ressources-là !

— En un mot comme en mille, poursuivit la dompteuse, ça ne ne lui faisait pas autant d'effet que je l'aurais voulu. La pauvre Minette est comme engourdie à force d'avoir souffert et pleuré toutes les larmes de son corps.

Alors l'idée m'est venue d'aller dans le sens de sa fêlure et je lui ai dit :

— S'il meurt, tu mourras, pas vrai ?

— Ah ! qu'elle m'a répondu, j'en suis bien sûre et c'est là mon seul espoir !

— Eh bien ! alors, qui vengera ton frère ?

Ses yeux se sont allumés pendant qu'elle disait :

« Remy ! mon pauvre cher Remy ! »

La marquise écoutait avec une attention passionnée ; M. de Saint-Louis hocha la tête en manière d'approbation, mais une nuance de pâleur éteignit le vermillon de son teint.

Les deux docteurs, le colonel et M. de la Périère, qui

étaient toujours à l'autre coin de la cheminée, cessèrent tout à coup de causer pour prêter l'oreille.

— Elle était prise, poursuivit la dompteuse, je l'ai vu tout de suite ; quand je suis revenue à son Maurice, elle a pleuré à chaudes larmes, et moi aussi, comme vous pensez.

— Je veux être pendu, dit tout bas Lecoq à ses voisins, si j'ai rien vu, rien entendu de tout cela.

La veuve continuait :

— Elle est si faible et si brisée ! De pleurer ça l'a endormie tout de suite. Elle a renversé sa chère belle tête sur mon épaule...

— Voilà le vrai, dit encore Lecoq.

— ... Et ses paupières ont battu, acheva maman Léo, mais avant de fermer les yeux, elle m'a dit : « J'ai confiance en toi, tu as été ma mère, et tu l'aimes comme s'il était ton fils. Si je lui dis : « Je veux que tu vives, » il se laissera sauver... et il faut qu'il vive pour notre amour comme pour notre vengeance. »

La voix faible et douce du colonel Bozzo se fit entendre à l'autre bout de la cheminée disant :

— Drôle de filette !

Ce fut un regard de colère que la bonne marquise lui jeta.

Mais le vieillard lui renvoya un sourire.

Il était assis commodément dans sa bergère, caressant de sa main blanchette et ridée une petite boîte d'or sur laquelle était le portrait émaillé de l'empereur de Russie.

— Bonne amie, murmura-t-il, en adressant à la marquise un signe de tête caressant, vous vous fâchiez déjà autrefois quand je radotais ce mot « drôle de fillette, » mais sous mon radotage il y a souvent bien des choses. Cette enfant-là a trompé des calculs supérieurement faits, et dès qu'il s'agit d'elle, je dis cela pour nos amis comme pour vous, il ne faut pas se fier aux apparences.

Il s'interrompit pour ajouter en regardant paternellement ses trois voisins, qui éprouvèrent une sorte de malaise :

— C'est comme moi, mes enfants, je suis aussi un drôle de bonhomme.

Il ouvrit sa boîte d'or, prit quelques grains de tabac au bout de son index et les flaira à distance d'un air content.

La dompteuse n'était pas très-forte en diplomatie et pourtant ce petit bout de scène ne passa point inaperçu pour elle.

— Monsieur le colonel a bien raison, dit-elle, d'autant qu'il n'a rien voulu dire contre l'enfant, j'en suis bien sûre. Elle a toujours eu un drôle de caractère, et il m'est arrivé plus d'une fois dans le temps de jeter ma langue aux chiens quand j'essayais de la comprendre.

Pour revenir à nos moutons, elle s'est donc endormie comme un bel ange du bon Dieu, et à mesure qu'elle s'endormait, un sourire de chérubin naissait sur ses lèvres, qui se mirent à remuer et qui dirent comme en rêve : « Nous serons heureux, nous nous marierons tout de suite... tout de suite !... »

Maman Léo s'arrêta et regarda la marquise en face.

— Voilà, ma bonne dame, acheva-t-elle, j'ai fait ce que j'ai pu.

— Et vous avez bien fait, répondit la marquise, vous

nous avez rendu l'espoir, et tous ceux qui sont ici vous remercient.

— Alors, demanda la veuve en baissant la voix, le rêve de la chérie pourrait se réaliser? Ils seraient heureux ensemble? Vous consentiriez à ce mariage?

La marquise hésita, puis elle répondit avec gravité :

— Je n'ai plus d'enfant, elle est tout mon cœur, je ne sais pas jusqu'où peut descendre ma faiblesse pour elle, mais je crois que, si elle l'exige, j'irai jusqu'à ne point m'opposer à ce mariage.

— Ah! saquedié! s'écria maman Léo, qui sauta sur ses pieds, les nobles ne passent pas pour des braves gens chez nous, mais vous êtes un cœur, vous, ou que le diable m'emporte!

Elle avait jeté ses deux bras autour du cou de la marquise un peu effrayée pour planter sur ses joues deux retentissants baisers.

— Bien des pardons, murmura-t-elle en se reculant confuse, mais il a fallu que ça parte; je n'ai pas pu m'en empêcher.

Mme la marquise d'Ornans riait en rajustant sa coiffure.

Samuel, le docteur en droit, et M. le baron de la Périère s'étaient rapprochés du prince, qui regardait cette scène avec attendrissement et murmurait :

— Le peuple! ah! le peuple français!

Le colonel Bozzo restait seul au coin de la cheminée.

— Il y a donc, reprit maman Léo, que je suis à vous, quoi! corps et âme, et que je me jetterai au feu, s'il le faut, pour vous être agréable.

Comme elle achevait, son regard, en quittant la marquise, rencontra les quatre paires d'yeux des Habits-Noirs qui la guettaient fixement.

Elle ne broncha pas et fit la révérence en ajoutant :

— Comme de juste, je suis aussi toute au service de la compagnie. Voyons, usez de moi, que faut-il faire?

On entendit derrière le cercle la petite toux du bon vieux colonel et ceux qui le masquaient s'écartèrent aussitôt avec respect.

— Merci, mes amis, dit-il, j'aime à voir ceux à qui je parle, et vous me gêniez, car je n'ai plus ma voix de vingt ans. C'est moi qui ai eu la première idée de faire venir cette excellente Mme Samayoux, c'est moi, si vous le permettez, qui lui donnerai ses instructions.

Tous les hommes s'inclinèrent en silence, et la marquise dit dans la sincérité de sa foi :

— J'allais vous en prier, bon ami, car vous êtes notre meilleur conseil.

— Désormais, reprit le colonel Bozzo, il faut que les choses marchent vite, car la session des assises va s'ouvrir cette semaine. Pouvez-vous être à notre disposition toute la journée de demain, chère madame?

— Toute la journée de demain, répliqua la veuve, et toutes les autres journées, tant qu'on aura besoin de moi.

— C'est parfait, et nous trouverons bien moyen de vous témoigner notre reconnaissance sans blesser votre honorable fierté... Demain donc, à la première heure, vous vous rendrez au cabinet de M. le juge d'instruction, Perrin-Champein, qui est très-matinal, et vous lui demanderez un permis pour voir le lieutenant Maurice Pagès, à la prison de la Force.

— Mais si le juge d'instruction me refuse...

— Soyez tranquille, on aura fait le nécessaire pour que le juge d'instruction ne vous refuse pas. Il passe pour un homme singulièrement habile, et je m'étonne que vous n'ayez pas encore été interrogée.

— Je ferais bien des lieues en temps ordinaire, dit la dompteuse, pour éviter cette opération-là ; je n'aime ni les juges ni les huissiers, moi, c'est pas ma faute ; mais j'irai tout de même, et si on m'interroge, je parlerai la bouche ouverte ; quand j'aurai le permis, bien entendu, j'irai voir Maurice. Que faudra-t-il faire chez Maurice ?

— A peu près ce que vous venez de faire chez Valentine. Vous parlerez au nom de Valentine, vous direz... Mais pourquoi vous faire la leçon ? Nous avons pu vous apprécier ; nous savons quelle affection délicate et profonde vous portez à ce malheureux jeune homme. Vous ne nous croiriez pas, madame, si nous prétendions partager cette tendresse ; c'est un inconnu pour nous et un indifférent ; il y a plus, s'il ne nous était pas nécessaire comme moyen de salut pour Mlle de Villanove, notre intérêt, notre devoir peut-être serait de l'écarter ; mais nous aimons Valentine comme vous aimez Maurice ; Valentine est le dernier espoir de notre bien-aimée marquise, cela suffit pour que rien ne nous coûte.

La dompteuse le regarda bonnement et dit :

— Ça fait plaisir de voir la franchise que vous avez, et le pauvre gars doit tout de même une belle chandelle au bon Dieu, qui lui a laissé des protections pareilles dans son malheur.

— Vous serez éloquente, poursuivit le colonel, nous n'avons aucune crainte à cet égard ; mais appuyez bien sur cet argument tiré de l'arrêt prononcé par le docteur Samuel : « La vie de Valentine est entre les mains de Maurice ; il peut à son gré la ressusciter ou la tuer. »

— Je l'ai dit, déclara solennellement Samuel, et je le répète, c'est ma conviction intime.

— Soyez tranquille, dit la veuve, je n'oublierai pas votre argument, mais il y en a un autre que je préfère pour ma part, c'est celui qui m'a été fourni par Mme la marquise. Quand Maurice va savoir qu'il peut espérer la main de Valentine...

Elle s'interrompit, et son regard interrogea Mme d'Ornans, qui murmura :

— Quand je devrais quitter la France et m'établir en pays étranger, je ne me dédis pas : je n'ai plus qu'elle sur la terre.

— Alors, s'écria maman Léo, tout est convenu ; vous savez où me trouver pour que je vous rende compte de ma mission. A demain ! et bonsoir la compagnie !

La marquise se leva et lui tendit la main.

— Où donc est M. Constant ? demanda-t elle.

— Il a repris son service, répondit le docteur Samuel.

— Je puis très-bien, dit le baron de la Périère en s'avançant, reconduire la bonne Mme Samaoyux.

— Bah ! bah ! fit la veuve, M. Constant, encore passe, mais un baron ! Craignez-vous que je me perde ? Voilà ! si vous voulez que nous soyons tout à fait amis, il faut garder chacun notre place. Menez-moi seulement jusqu'à la porte du dehors, parce que je ne saurais pas retrouver ma route, mais une fois dans le chemin des Batailles, ne vous inquiétez pas de moi. Quand les rôdeurs et moi nous nous rencontrons, c'est moi qui fais peur aux rôdeurs.

Elle refusa le bras que le baron lui offrit galamment et sortit la première.

— Bonne amie, dit le colonel quand elle fut dehors, je crois que nous avons fait ce soir d'excellente besogne. Voulez-vous que je vous remette à votre hôtel en passant? Je tombe de sommeil.

Mme d'Ornans avait appuyé sa tête sur sa main.

— Vous êtes un des hommes les plus véritablement sages que j'aie rencontrés en ma vie, murmura-t-elle d'un air pensif; si vous n'étiez pas là, si je ne vous voyais mêlé à toutes ces aventures impossibles, je croirais que je rêve.

— Il me semble, dit M. de Saint-Louis, que je ne suis pas non plus un petit fou, madame.

— C'est vrai... pardonnez-moi, cher prince... Venez-vous avec nous?

— Non, répondit M. de Saint-Louis, qui évita le regard du colonel, j'ai à causer avec M. de la Périère.

— Moi, dit Portal-Girard, le docteur en droit, je suis comme un médecin qui, à bout de remèdes, aurait conseillé une fontaine miraculeuse ou des reliques : Mme la marquise ne me regarde plus depuis que j'ai ouvert l'avis de l'évasion.

— Puisque c'est l'unique ressource..... commença Mme d'Ornans.

Le colonel l'interrompit pour dire avec dignité :

— Le médecin qui avoue son impuissance est un honnête homme, monsieur Portal-Girard; on ne peut jamais rien reprocher de pareil aux charlatans. Vous nous avez mis dans la vérité de la situation et Mme la marquise vous en remercie.

Il voulut offrir son bras à cette dernière, mais comme ses pauvres jambes flageolaient terriblement, ce fut la marquise elle-même qui le soutint pour gagner la porte.

— Je vous recommande bien la chère enfant, dit-elle avant de passer le seuil.

— Et gare à vous, prince ! ajouta le colonel avec l'espièglerie d'un enfant. M. de la Périère me dira les petits secrets que vous avez ensemble.

Ils sortirent tous deux.

M. de Saint-Louis, Portal-Girard et le docteur Samuel se regardèrent.

Ils étaient pâles tous les trois.

— Lecoq est-il convoqué ? demanda M. de Saint-Louis.

— Oui, répondit Portal-Girard, pour ce soir, dans une heure, au boulevard du Temple.

— C'est chanceux ! murmura Samuel.

— Comme toutes les parties, répliqua le docteur en droit d'un ton calme et résolu. C'est un coup de dés, il s'agit de savoir si nous mourrons misérables comme des mendiants ou si nous vivrons plus riches que des rois !

XVI

LE BILLET DE VALENTINE

Pendant cela, Mme veuve Samayoux, prenant à rebours le chemin qu'elle avait suivi pour arriver au pavillon, traversait de nouveau tout l'établissement du docteur Samuel.

Si elle n'avait pas su à qui elle avait affaire, elle aurait très-certainement jugé M. le baron pour un des hommes les plus aimables du monde; celui-ci, en effet, employant un tout autre style que M. Constant, mais également communicatif, reprit en sous œuvre le thème de reconnaissance et d'affection qu'on avait déjà développé au salon, et déclara très-franchement que la dompteuse était une providence pour le groupe de parents et d'amis intéressés au bonheur de Valentine.

Nous devons avouer que M. le baron perdait un peu sa peine.

Maman Léo subissait avec énergie le contre-coup des émotions qu'elle venait d'éprouver.

Pendant qu'elle traversait les cours, blanches de neige, il y avait un mot qui tintait dans sa cervelle comme un son de cloche.

Tout son corps frissonnait à la pensée de ces hommes en apparence semblables aux autres hommes, supérieurs même à la plupart des hommes que la dompteuse avait pu voir en sa vie, et qui étaient de vils, d'implacables assassins.

Elle avait été là au milieu d'eux, elle avait touché la main d'une créature humaine, désignée d'avance à leurs coups, car c'est ainsi qu'elle jugeait la position de Mme la marquise d'Ornans, elle avait laissé dans leur caverne une jeune fille qu'elle affectionnait tendrement.

Et elle savait que d'eux seuls dépendait le sort d'un jeune homme qu'elle aimait plus qu'une mère.

M. le baron pouvait causer et se rendre agréable, elle écoutait peu et son esprit s'efforçait laborieusement.

En passant devant la loge du concierge, elle y jeta un regard pour chercher ce Roblot dont la vue avait excité ses premiers soupçons lors de son arrivée.

La loge était vide.

Mais après avoir demandé le cordon et au moment même où il allait prendre congé, M. le baron s'écria :

— Voici justement notre affaire! Roblot, mon vieux, tu vas conduire cette dame jusqu'à l'omnibus.

Maman Léo venait de reconnaître les larges épaules et la tête hérissée du Marchef, qui se promenait de long en large, les mains dans ses poches, en fumant sa pipe devant la porte.

Maman Léo voulut refuser, mais le baron dit en riant :

— Pas de compliment, c'est un dogue et il est de bonne garde. Bonsoir, chère madame ! à demain !

La porte donnant sur le chemin des Batailles se referma brusquement.

Désormais, la veuve se trouvait seule avec Coyatier, qui resta d'abord immobile à la regarder par-dessous la visière de sa casquette.

Entre la maison de santé et la grande usine qui bordait le quai, il n'y avait qu'un terrain vague. Un réverbère unique brillait tout en bas de la descente, comme ces phares qu'on voit de loin, mais qui n'éclairent pas.

Il pouvait être dix heures du soir.

La solitude la plus complète régnait dans la promenade de Chaillot et aux alentours. Les seuls bruits qu'on entendit dénonçant la vie de Paris venaient d'en bas, où de rares passants et quelques voitures suivaient le quai pour gagner la barrière de Passy ou en revenir.

Or, la route que maman Léo avait à prendre ne tournait point de ce côté, et quand le marchef s'ébranla, ce fut pour monter la rampe abrupte et déserte aboutissant au chemin qui allait d'une part à la rue de Chaillot, de l'autre à la barrière des Batailles.

Nous avons dit que maman Léo était la vaillance même, mais nous devons avouer qu'en ce moment sa première idée fut de dévaler la côte et de se sauver à toutes jambes.

Elle avait, pour le coup, véritablement peur, et la

chair de poule passa comme un frisson sur tout son corps.

Coyatier était l'épouvantail qu'il fallait pour secouer cette nature sans nerfs, épaisse et solide comme du bois de chêne, parce que Coyatier était fait comme elle.

Les Habits-Noirs, si redoutables qu'elle les vit dans les brouillards de sa pensée, menaçaient surtout son imagination; ils tuaient par la ruse et de loin; leurs mains blanches, qu'elle venait de voir, répugnaient à la besogne rouge.

Coyatier, au contraire, en fait de crime, était un manœuvre et travaillait de ses bras.

Les autres pouvaient passer pour les juges prononçant l'arrêt; Coyatier était le bourreau, Coyatier était le couteau.

Les jambes de maman Léo, pour la première fois de sa vie peut-être, flageolèrent franchement sous le poids de son robuste corps.

Quand le Marchef eut monté une douzaine de pas, il se retourna, et voyant que la veuve restait immobile comme une borne, il dit :

— Allons-nous coucher ici ?

Maman Léo se mit à marcher vers lui péniblement.

En voyant sa répugnance, le Marchef ajouta avec un gros rire qui sonnait d'une façon lugubre :

— On ne vous mangera pas, la vieille !

Il reprit sa route.

Maman Léo le suivait de loin. En tournant l'angle de la maison de santé, elle reconnut le coupé qui l'avait amenée, stationnant auprès de la muraille avec son cocher endormi.

Elle avait déjà honte de sa faiblesse et se gourmandait elle-même, pensant :

— Cette bête-là n'est pas plus forte qu'un ours, et je ne craindrais pas un ours, c'est sûr! et mon défunt Jean-Paul Samayoux avait des épaules encore plus carrées. D'ailleurs, à quoi ça leur servirait-il de faire la fin de moi ce soir, puisqu'ils m'ont commandé de l'ouvrage pour demain?... et puis, si l'animal s'est vraiment intéressé à la petite, il doit bien savoir que je suis du même bord.

— Holà! l'homme! cria-t-elle, j'aurais idée de causer avec vous un petit peu.

Ils longeaient la façade principale de la maison de santé, garnie de ses échafaudages à cause des réparations.

Au lieu de répondre, Coyatier pressa le pas.

— Sauvage! grommela la veuve, c'est pourtant certain qu'on raconte de toi des histoires où il y a du cœur, du moins ça paraît comme ça; mais je connais trop bien les lions et les tigres pour me laisser prendre à de pareilles couleurs.

Une centaine de pas plus loin, le Marchef s'arrêta court, dans un endroit découvert qui séparait l'établissement du docteur des premières maisons de la rue de Chaillot.

De là on apercevait la station des voitures à lanternes jaunes, connues sous le nom de *Constantines,* et qui allaient au faubourg Saint-Martin.

Coyatier attendit la veuve en secouant les cendres de sa pipe, qu'il rechargea, toute brûlante qu'elle était.

— Je n'irai pas plus loin, dit-il; là-bas, il y a trop de monde et trop de lanternes.

— Pourquoi n'avez-vous pas voulu me parler, demanda la veuve, qui avait maintenant la voix gaillarde.

— Vous, répondit Coyatier, la lumière et les gens vous rassurent, tant mieux pour vous. Je n'ai pas voulu parler à cause des murailles. Partout où il y a des murailles, il y a des oreilles.

La veuve se rapprocha de lui tout à fait.

— Personne n'écoute ici, dit-elle à voix basse, avez-vous à me causer?

— Causer! répéta le Marchef, qui haussa les épaules en battant le briquet, c'est pour avoir causé avec les femmes que je crains les hommes et la chandelle. J'en ai gros contre les femmes! N'empêche qu'elles auront ma peau c'est certain. J'en ai déjà sauvé comme ça plus d'une, et ça me fait rire quand j'y pense. Chacun a ses manies, pas vrai? On a beau se faire une raison, quand le pli est pris, c'est fini.

— Est-ce que vous seriez tout de même un brave scélérat? balbutia la veuve : comme qui dirait l'Honnête Criminel que j'ai pleuré en le lisant toutes les larmes de mes yeux?

— Une manie, que je vous dis! gronda Coyatier, une chienne d'habitude, quoi, des bêtises! Ça m'a mis dans l'embarras plutôt dix fois qu'une, mais je pense à la petite demoiselle quand je suis tout seul; j'ai eu sa main douce comme de la soie entre mes pattes, et c'est moi qui suis cause qu'elle pleure.

— C'est donc bien vrai! s'écria la veuve, le coupable, c'est vous!

— La paix, vieille folle! gronda le Marchef, qui leva la main comme pour l'écraser.

Mais changeant de ton tout à coup, il ajouta :

— Assez bavardé ! si vous connaissiez celui qui vous tuera, vous ne l'aimeriez pas, je pense? Moi, c'est les femmes qui me tueront et je les abomine. La demoiselle n'est pas dans de beaux draps, ni son amoureux non plus. Tout ce qu'il faudra faire pour eux, je le ferai, entendez-vous, et c'est déjà commencé. S'il faut que la mécanique du *Fera-t-il jour* demain saute, elle sautera et moi avec, c'est décidé. Vous, regardez bien où vous mettrez le pied ! ils sont malins, ouvrez l'œil, bonsoir !

Sa pipe était allumée, il tourna le dos et redescendit la rue lentement.

La veuve, qui était restée tout étourdie, gagna la station en essayant de remettre de l'ordre parmi ses pensées !

Au moment où elle s'asseyait dans la voiture en partance, elle vit passer au grand trot l'équipage qui emportait Mme la marquise d'Ornans et le colonel.

Ce fut longtemps seulement après le départ de l'omnibus, et quand la confusion de son esprit fut un peu calmée, qu'elle songea au papier qui avait été glissé dans sa main par Valentine.

Elle prit le papier, qu'elle déplia, et se rapprocha du fond de l'omnibus, où la lumière de la lanterne lui permit de lire.

Le papier ne contenait que ces mots :

« Vous demanderez au juge d'instruction, qui vous l'accordera, la permission d'amener avec vous votre fils pour rendre visite à Maurice. »

Maman Léo crut avoir mal lu et se demanda dans

l'excès de sa surprise si quelque chose n'était point dérangé au fond de sa cervelle.

Elle se frotta les yeux et lut de nouveau.

— Mon fils! dit-elle; il y a bien « mon fils. » Ces gens-là diraient-ils vrai? et la pauvre chère créature aurait-elle un coup de marteau? Je n'ai pas d'autre fils que Maurice, et je ne peux pas mener Maurice rendre visite à Maurice!

Elle quitta la voiture à la station de l'église Saint-Laurent et descendit à pied le faubourg Saint-Martin. La marche lui fit du bien, mais ne lui fournit point le mot de l'énigme.

Elle allait toujours répétant :

— Mon fils! mon fils! où diable la minette prend-elle ce fils-là? Il est sûr pourtant qu'elle m'a parlé bien raisonnablement, mais les toqués sont ainsi et quand ils ne touchent pas à l'endroit de leur fêlure, on dirait des philosophes. Sa fêlure, à ce qu'il paraît, est de me donner un garçon et de se croire la sœur de son ancien promis. Son frère et mon fils se valent, les deux font la paire.

Plus de dix fois en chemin, elle s'approcha des boutiques pour lire encore le mystérieux papier.

Elle le tourna, elle le retourna, cherchant une indication qui pût lui donner le mot de la charade.

Car derrière la pensée que Valentine était folle, une autre pensée s'obstinait qui lui montrait, au bout de tout cela, je ne sais quel espoir confus.

Comme elle arrivait aux démolitions qui masquaient la percée de la rue Rambuteau, une idée lui traversa l'esprit tout à coup et l'arrêta comme un choc.

— Mon fils ! répéta-t-elle pour la vingtième fois, mais sur un tout autre ton et en frappant ses mains l'une contre l'autre, saquedié ! c'est cela ! Il faut que je sois bien bête pour ne pas l'avoir deviné tout de suite, quoique la minette aurait bien pu me mettre un mot d'explication.

Dans son triomphe et malgré le superbe poids marqué par sa dernière pesée à la foire de Saint-Cloud, elle fit un saut de cabri et s'élança en courant vers sa baraque, qui était désormais tout proche.

— Avec ce fils-là, disait-elle, je suis sûre d'être bien reçue. Ah ! le cher cœur va-t-il être centent !

A la porte de la baraque, elle trouva le fidèle Échalot qui dormait en dépit du froid, adossé contre le montant et réchauffant le petit Saladin dans son giron.

— Pourquoi ne t'es-tu pas couché, toi, l'enflé? demanda-t-elle.

Échalot s'éveilla en sursaut et répondit :

— Ah ! patronne, vous voilà ! Dieu soit loué ! je n'espérais plus guère vous revoir en vie.

— Pourquoi ça, ma vieille?

— Parce que, dans l'homme qui est venu tantôt, j'ai reconnu Toulonnais-l'Amitié.

— Bah ! fit la dompteuse, moi qui croyais que c'était M. de la Périère !

— Je n'ai jamais entendu prononcer ce nom-là, répondit Échalot.

— Pourquoi ne m'avoir pas avertie tout de suite ?

— Parce que, patronne, quand ils se voient découverts c'est là le plus dur du danger.

La dompteuse lui tapa sur l'épaule amicalement.

— Tu as plus de jugeotte que je ne croyais, dit-elle, et tu as agi comme un garçon qui voit plus loin que le bout de son nez.

— Ah ! fit Échalot, quand il s'agit de vous, patronne.... mais vous pensez, l'idée de vous voir partie avec un pareil bandit...

— J'en ai vu des bandits, ma vieille ! s'écria la dompteuse, chez qui la réaction se faisait, amenant une sorte de fièvre. Ah ! tonnerre de Brest ! comme ils disent à Saint-Brieuc, il y en avait de toutes les couleurs. Si je deviens vieille, je pourrai raconter jusqu'à la fin de mes jours que j'ai pénétré au fond de la caverne des Habits-Noirs, toute seule, comme Daniel dans la fosse aux lions !

Échalot l'écoutait bouche béante.

— Des princes, des colonels, des barons, poursuivit la dompteuse, qu'on les prendrait pour la crême de l'aristocratie, quoi ! des avocats, des médecins...

— Et vous avez pu vous échapper de leurs griffes, balbutia Échalot.

La dompteuse mit ses deux poings sur ses hanches.

— Nous sommes des camarades, moi et eux, dit-elle, je les ai trompés en grand par l'adresse de ma ruse, quoiqu'ils soient plus astucieux que des démons. Ferme la porte et va te coucher, ma vieille ! Il fera jour demain, puisque c'est leur mot d'ordre, et j'ai idée que nous en verrons de grises !

XVII

SOIRÉE A « L'ÉPI-SCIÉ »

Ce même soir, vers onze heures, deux coupés de maîtres qui se suivaient montèrent le boulevard du Temple au milieu de la bruyante cohue qui encombrait les abords des théâtres.

Les deux coupés s'arrêtèrent à l'endroit dit « la Galliote, » non loin des terrains, alors couverts de masures, où s'élève maintenant le Cirque Napoléon.

De chaque coupé, deux hommes descendirent; ils traversèrent le trottoir, puis la rue Basse, pour aller dans la ruelle connue sous le nom du « Chemin des Amoureux, » qui conduisait à l'estaminet de « l'Épi-Scié. »

Ces quatre hommes, cependant, n'allaient point jouer la poule, car ils passèrent franc devant les rideaux de cotonnade rouge qui masquaient la porte vitrée du café borgne, et continuèrent de suivre la ruelle dans le coude qu'elle faisait sur la gauche.

Tout de suite après le coude, il y avait une porte basse, donnant accès dans une allée plus noire qu'un four. Ce fut dans cette allée que nos quatre compagnons disparurent, en hommes qui connaissent les localités.

Pendant cela, il se faisait joyeux tapage dans la salle basse de « l'Épi-Scié, où les habitués étaient nombreux.

La reine Lampion, rouge et rogue, sommeillait à son comptoir, auprès d'un grand verre vide et troublé par l'eau-de-vie sucrée.

Autour du billard à blouses dont le tapis luisant comme une toile cirée avait quelques taches de plus que lors de notre dernière visite, les joueurs étaient en belle humeur.

Cocotte, le radieux gamin de Paris, monté en graine, toujours gagnant, toujours vainqueur et comparable aux ténors les plus célèbres par ses succès auprès des dames, avait fait des blocs superbes; Piquepuce, son ami, plus grave par l'âge, plus distingué par l'éducation, tenait le dé dans un groupe de causeurs où quelques lionnes, favorites de la mode, buvaient en fumant du caporal comme des duchesses.

Ces demoiselles étaient un peu comme leurs cavaliers, parmi lesquels le paletot fraternisait volontiers avec le bourgeron; il y avait parmi elles des élégances prétentieuses et fanées et des toilettes franchement sans gêne; il y avait de la soie et de l'indienne, des chapeaux flambants et des bonnets sales.

Quelques unes étaient jeunes et jolies, malgré l'effronterie uniforme qui déparait ici tous les visages; mais la plupart avaient derrière elles tout un long passé de cabrioles, et la série des aventures qui les avaient plongées de chutes en décadences jusqu'à ces ténébreuses profondeurs, était écrite sur leurs fronts en lisibles caractères.

Peut-être y a-t-il dans Paris des caves plus profondes encore, car nous aurions pu reconnaître, dans le groupe présidé par Piquepuce, un brave garçon à la laideur naïve et vaniteuse, coiffant ses cheveux jaunes d'un chapeau gris pelé qui semblait être là en cérémonie, comme un petit bourgeois qu'on introduirait par hasard dans le plus pur salon du faubourg Saint-Germain.

Amédée Similor, entraîné par sa nature frivole et son goût pour les plaisirs, oubliait ainsi ses devoirs de famille. Il avait réussi à se faufiler dans ce grand monde, où il se tenait sur la réserve, choisissant ses paroles avec soin et ne se départant jamais des règles du beau langage.

Les deux rougeaudes de l'établissement Samayoux l'avaient abandonné, sans doute, ou bien il les avait lâchées, car nous le retrouvons lancé dans une nouvelle intrigue d'amour avec une énorme gaillarde qui n'avait qu'un bras et qui portait une emplâtre sur l'œil.

— J'en ai tous les brevets, lui disait-il, depuis ma plus tendre jeunesse : danse des salons, pointe, contre-pointe et caractères, dont M. Piquepuce, par suite de nos relations d'amitié, m'a dit qu'un jeune homme comme moi ne pouvait pas moisir dans la débine, malgré ses talents et ses connaissances, au moyen desquels s'il y a une affaire, je peux m'y distinguer et monter au premier rang pour faire le bonheur de celle qui a su attirer mon regard.

Il scandait ces phrases fleuries avec le respect qu'on met à déclamer de beaux vers.

— Ce qu'il y a, je n'en sais rien, répondait en ce moment Piquepuce à la question d'un paletot tout neuf qui n'avait pas de chemise : l'ordre est venu, je l'ai exécuté. Si c'est cette nuit ou demain qu'*il fera jour*, on vous le dira, mais la chose sûre, c'est que nous ne couperons pas dans le drap noir cette fois-ci, car le Coyatier n'est pas à sa place.

Chacun tourna les yeux vers le coin où le Marchef s'asseyait d'ordinaire, sombre et seul.

Sa table était vide.

— Je vends ma bille quatre francs, s'écria Cocotte, et c'est à moi la main : personne n'en veut? adjugé!

Il se pencha sur le billard et *fit* son adversaire *au doublé* en allant coller sa propre bille sous bande, à égale distance de deux blouses.

La galerie applaudit.

Cocotte prit cette pause du billardier triomphant qui rappelle vaguement l'attitude des chevaliers appuyés sur leur lance.

— Vous ne savez donc pas, dit-il, que le Marchef a été envoyé là-bas, au vert, après l'affaire de la canne à pomme d'ivoire? C'était monté un peu joliment cette histoire-là, et le camarade qui avait démoli la serrure de Hans Spiegel savait son état. L'imbécile qui paie la loi en ce moment demeurait de l'autre côté de la serrure, et le Marchef se chauffe au soleil maintenant dans les propriétés de la compagnie, pendant que nous avons l'onglée à Paris.

— La loi n'est pas encore payée, répliqua Piquepuce, et je connais quelqu'un qui voudrait bien trouver un bâton pour le jeter dans nos roues.

Il montra du doigt Similor et ajouta :

— Voilà un bon garçon que j'ai embauché pour savoir un peu ce qui se passe chez Mme veuve Samayoux, qui vendrait sa baraque et mettrait par-dessus le marché le feu au quatre coins de Paris pour sauver le petit lieutenant.

Similor remonta le lambeau qui lui servait de cravate et mouilla son doigt pour lisser ses cheveux.

— Ce n'est pas mon habitude, dit-il, de fréquenter la basse classe, mais par suite de circonstances et pour utiliser dans le malheur des brevets, acquis lorsque je fréquentais une autre catégorie d'artistes, Porte-Saint-Martin, Opéra et autres, j'ai pu abaisser mon orgueil jusqu'à un théâtre en plein vent. Il n'y a pas de sot métier, mais on ne s'affectionne qu'avec les gens de son propre rang, et la veuve Samayoux ne m'étant de rien, je dévoilerai ses mystères avec plaisir.

Certes Échalot était une douce créature, mais s'il avait entendu son Pylade parler ainsi, il y aurait eu une tête cassée, et pour le coup Saladin aurait été orphelin.

Personne ne répondit à Similor, parce qu'un timbre placé derrière le comptoir tinta un coup unique et retentissant. La reine Lampion, éveillée en sursaut, ouvrit ses yeux sanglants, qui clignotèrent, blessés par le gaz.

Les joueurs de billard arrêtèrent leur partie, et un grand silence régna dans l'estaminet.

Un garçon, la serviette sur le bras, s'était élancé vers l'escalier en colimaçon qui conduisait au cabinet particulier, situé à l'entresol, et connu sous le nom du *confessionnal*, mais il fut arrêté au passage par Cocotte, qui se tourna vers la dame de comptoir et lui dit :

— A vous, maman Rogome, et plus vite que ça !

On vit alors la reine Lampion quitter le siége où elle semblait rivée depuis le matin jusqu'au soir et gagner l'escalier à vis, qu'elle monta en geignant.

Quand elle était hors de son trône, la reine Lampion perdait cent pour cent. C'était un hideux paquet de graisse rhumatisée, et nous ne saurions mieux la comparer qu'au vieux lion de Léocadie Samayoux.

Elle parvint enfin au haut de l'escalier, et disparut derrière la porte fermée.

— C'est drôle que M. l'Amitié n'a pas passé par l'estaminet comme à son ordinaire, dit Cocotte.

— Ça veut dire qu'il est venu avec des gens qui ne sont pas pressés de se montrer, répliqua Piquepuce en baissant la voix : on va savoir la chose tout de suite, attendons.

Similor était impressionné profondément.

Il murmura :

— Ça fait quelque chose de se trouver sous le mêm toit que les grands de la terre.

La reine Lampion reparut au haut de l'escalier. L'écarlate de sa joue passait au violet.

Ce fut d'une voix un peu tremblante qu'elle commanda :

— Du punch en haut et en bas, allume, Polyte !

Polyte était le garçon de confiance qui tirait les numéros à la poule.

— Bravo ! cria Similor dont l'enthousiasme n'eut point d'écho. Vive le punch !

Cocotte avait monté trois ou quatre marches de l'escalier à la rencontre de la grosse femme.

— Il y a du tabac ? demanda-t-il.

— Oui, et prends garde d'éternuer ! répliqua la reine Lampion d'un air rogue.

Piquepuce s'approcha pour demander à son tour :

— Combien sont-ils ?

— Ils sont quatre.

— Les connais-tu ?

— Ils ont le voile.

La reine Lampion ajouta tout à haut :

— Quatre verres pour le confessionnal, Polyte !

L'aspect général de l'estaminet avait entièrement changé : hommes et femmes semblaient pris d'une anxiété pareille, et l'on entendait dans les groupes ces mots qui couraient :

— Quatre voiles à la fois ! à quelle diable de besogne va-t-on nous envoyer cette nuit ?

Similor seul avait pris une pose de matamore pour dire à sa voisine :

— Le punch est la boisson que je préfère, bien chaud et pas trop baptisé. Si l'occasion est venue d'affronter les bourgeois ou la force armée, vous pourrez voir le caractère de celui qui se propose de vous fréquenter, et dont rien n'est capable d'étonner son courage ni son amour !

La reine Lampion n'avait pas regagné son comptoir ; elle s'était assise sur la dernière marche de l'escalier pour attendre Polyte, qui lui remit en main le plateau supportant le bol et les quatre verres.

Elle prit le tout et remonta. Quand elle revint pour la seconde fois, on trinquait déjà autour de deux énormes bassins qui flambaient.

Elle fit signe à Polyte. Le garçon vint à elle et lui dit :

— Il n'y a d'étranger que l'oiseau, là-bas, avec son chapeau gris ; c'est M. Piquepuce qui l'a amené.

Similor, en proie à l'exaltation du zèle, levait justement son verre et s'écriait :

— A la santé de mes supérieurs ! pour leur être agréable, je marcherais jusqu'à la mort !

La manchotte de ses rêves lui répondit :

— C'est permis d'être bêtasse, mais pas tant que ça, à moins que vous ne soyez ici de la part du gouvernement.

La reine Lampion, à cet instant, se replongeait tout au fond de son trône avec un grognement voluptueux et tendait son grand verre à Polyte, qui l'emplissait jusqu'au bord.

— On va éteindre et fermer, dit-elle ; tout un chacun aura la bonté de rester jusqu'à ce qu'on lui donne la clef des champs. *Il fait jour !*

— Vive la ligne ! s'écria Similor, les ténèbres est favorable à la sensibilité, je vas taquiner les dames !

Il en aurait dit plus long, sans le poing de Cocotte qui, d'un seul coup, lui enfonça son chapeau gris jusqu'au menton.

Quand il parvint à se débarrasser de son couvre-chef, bandeau et bâillon à la fois, la scène avait encore changé. Polyte achevait de barrer la devanture, le gaz était éteint partout ; la flamme du punch seule éclairait de ses lueurs livides toutes ces faces de bandits, anxieuses et sombres.

XIII

LES CONJURÉS

A l'étage supérieur, autour d'un autre bol de punch, les quatre voiles, comme la reine Lampion les appelait, étaient réunis.

Chacun d'eux avait encore devant soi sur la table le carré de soie noire qui naguère couvrait son visage.

Les verres étaient remplis, mais nul n'y avait encore porté ses lèvres.

Ils étaient tous les quatre de notre vieille connaissance et nous les nommerons par rang d'âge : M. de Saint-Louis, le médecin Samuel, le docteur en droit Portal-Girard et M. Lecoq dans son costume de Toulonnais-l'Amitié.

Le confessionnal était exactement tel que nous le

vimes, le soir où fut réglée la lugubre comédie qui se termina par l'assassinat de Hans Spiegel dans son garni de la rue de l'Oratoire, et par l'arrestation de Maurice Pagès à l'hôtel d'Ornans.

Au moment où nous entrons, nos quatre compagnons avaient dû causer déjà de leurs affaires, car la discussion était fort animée.

La présidence semblait appartenir au prince, mais Portal-Girard tenait le haut bout comme orateur, et M. Lecoq, contre son habitude, affectait une sorte de modération indifférente.

Le docteur Samuel, encore plus calme, se bornait à juger les coups.

La parole était à Lecoq, qui disait en haussant les épaules :

— Que voulez-vous, c'est peut-être de la superstition, mais voilà vingt-ans que je regarde ce bonhomme-là dans le blanc des yeux : chaque matin je crois enfin le connaître, et chaque soir je m'aperçois que je ne suis pas seulement au milieu du rouleau.

— Quand les rouleaux sont trop longs, dit sèchement Portal-Girard, il y a un moyen : on les coupe.

— Pour couper celui-là, murmura Lecoq, faites bien attention à ce que je vous dis, il faudra de fameux ciseaux.

— Combien de temps lui donnez-vous, encore à vivre, Samuel ? demanda le prince dans un but évident de conciliation.

— Je ne sais plus, répliqua le médecin, ces corps où il n'y a pas de sang et dont la chair s'est transformée en parchemin peuvent végéter des mois et des années.

— S'il dure seulement deux semaines ; s'écria le docteur en droit, dont le poing fermé frappa la table avec violence, nous sommes tordus, mes camarades ! Cette affaire du petit lieutenant est mauvaise, mal prise, absurdement conduite...

— Ta, ta, ta ! fit Lecoq, ce qui était vraiment dangereux, c'était l'histoire de ce Remy d'Arx. Ne soyons pas injustes non plus, le père a débrouillé cet écheveau-là comme un ange et nous lui devons une belle chandelle.

— Ma parole, fit Porte-Girard, c'est curieux comme il vous tient, ce vieux coquin-là ! toutes ses vessies vous les prenez pour des lanternes ! Remy d'Arx est fini, c'est vrai, mais il reste une queue à cette affaire-là. Notre ami Samuel est un savant praticien qui mérite toute notre confiance, et cependant le Remy d'Arx, après avoir été déclaré mort par notre ami Samuel, a encore vécu deux fois vingt-quatre heures.

— Entendons-nous ! riposta le médecin ; son agonie a duré deux jours, c'est vrai, mais il n'a recouvré ni le mouvement ni la parole.

— Qu'en savez-vous ? êtes-vous resté près de son lit ? la justice n'a rien pu obtenir, voilà tout ce que vous pouvez affirmer. Mais il y avait à son chevet un vieux serviteur...

— Parbleu ! si le bonhomme Germain vous gêne... interrompit Lecoq.

Il n'acheva pas, mais son geste fut suffisamment expressif.

Le docteur en droit fixa sur lui son regard clair et tout brillant d'intelligence.

— Voilà ce que vous appelez débrouiller un écheveau,

mon bon, c'est mettre à la place d'un écheveau brouillé, deux, trois, quatre écheveaux. Comptons sur nos doigts, car les pires sourds sont ceux qui ne veulent pas entendre, et je m'étonne beaucoup, mais beaucoup, que vous ayez besoin de tant d'arguments pour vous rendre à l'évidence :

A la place de l'écheveau qui s'appelait Remy d'Arx, nous avons Valentine de Villanove, ou plutôt Valentine d'Arx, car mieux que personne vous savez qu'elle est véritablement la sœur du mort ; nous avons Maurice Pagès, et il y a cent à parier contre un que ces deux-là connaissent notre secret.

Nous avons, en outre, Mme veuve Samayoux, qui connaîtra notre secret demain si on ne lui a pas dit aujourd'hui.

Nous avons enfin le vieux Germain, dont vous parlez fort à votre aise et que vous m'engagez à supprimer, s'il me gêne.

Ce n'est pas moi qu'il gêne, mon bon, c'est vous, c'est nous, c'est l'association tout entière. A force de jouer au fin, cet esprit qui était véritablement fort autrefois, et lucide, et plein de ressources, je n'ai pas l'intention de le rabaisser, en est arrivé à des subtilités enfantines, à des complications séniles. Il s'amuse, ce vieux diable, avec le crime, comme un calculateur hors d'âge se donne encore la migraine à tourmenter les jeux de casse-tête. La ligne droite lui déplaît ; il fait mille tours et mille détours futiles, sous prétexte de cacher la piste de ses pas, sans comprendre que chaque tour et chaque détour produit une piste nouvelle.

Écoutez un apologue : J'avais un oncle qui était voiturier dans le Quercy, un pays terrible pour les essieux.

Mon oncle avait commandé un essieu en acier fondu à la forge de Cahors, et l'essieu dura très longtemps, malgré les roches et les ornières ; mais un beau jour, son valet lui dit : « L'essieu s'en va, il faudrait le changer. »

Mon oncle se fâcha. Un si bon essieu ! qui avait résisté à tant de cahots ! Je crois même que mon oncle renvoya son valet.

Mais un beau jour, l'essieu, qui avait trop servi, se rompit et mon oncle eut les reins brisés.

Vous pouvez me renvoyer si vous voulez, comme le valet de mon oncle, mais je vous dis que votre colonel, fût-il en acier fondu, a servi de trop et qu'il est temps de le remplacer.

— Par qui ? demanda Lecoq.

Il regarda tour à tour ses trois compagnons, qui détournèrent les yeux.

— Si c'est par moi, reprit-il avec la rondeur effrontée qu'il affectait en certaines occasions, je veux bien ; si c'est par l'un de vous, je demande le temps de la réflexion.

Le premier qui releva les yeux sur lui fut Portal-Girard.

— L'Amitié, dit-il, mon brave, réfléchis d'abord sur ceci : tu n'es pas en force contre nous.

— Ah ! ah ! fit Lecoq, vous m'avez donc appelé à donner mon avis quand vous étiez décidés d'avance ?

— Pour ce qui me regarde, oui, répliqua Portal-Girard ; tu vois je te parle franchement. Pour ce qui regarde nos amis, interroge-les et ils te répondront.

— A vous, sire, dit Lecoq sans rien perdre de sa

bonne humeur ironique, je serai heureux de connaître à fond l'opinion de votre majesté.

— Il y a du bon dans ce qu'a dit Portal-Girard, repartit M. de Saint-Louis ; le colonel cherche beaucoup la petite bête, et je penche à croire que la parabole de l'essieu vient à point, mais ce n'est pas cela qui me détermine.

— Ah ! ah ! fit encore Lecoq, alors vous êtes déterminé ?

— A peu près, et voici pourquoi. Le Père a plus d'esprit dans son petit doigt que nous dans toutes nos personnes, mais enfin nous ne sommes pas des cruches non plus, et s'il nous espionne depuis le matin jusqu'au soir avec un soin qui fait son éloge, nous avons bien le droit aussi de regarder un petit peu, de temps en temps, par le trou de sa serrure. J'ai regardé ou j'ai fait regarder, cela importe peu, et j'ai acquis la conviction que la dernière marotte de notre bien-aimé maître, qui a promis à chacun de nous en particulier sa succession entière, plutôt dix fois qu'une...

— Pas mal, pas mal ! interrompit Lecoq en souriant, le prince est plus observateur que je ne le croyais.

— Voyons ! fit Samuel, cette misérable comédie de son héritage n'est-elle pas une preuve manifeste de décadence ?

— Vous en êtes donc aussi, docteur ? demanda Lecoq visiblement ébranlé.

— Nous en sommes tous ! s'écria Portal-Girard ; nous avons assez de ce bric-à-brac ! Si ce n'était qu'un vieux coquin, à la bonne heure ! mais c'est un vieil idiot. Nous voulons un autre essieu.

— Bigre ! bigre ! murmura Lecoq, les choses me paraissent fort avancées. Seulement le prince ne nous a pas dit ce qu'il a vu par la serrure de notre vénéré père.

— J'ai vu, répondit M. de Saint-Louis, que notre vénéré père, soit qu'il compte vivre éternellement, soit qu'il s'abonne à mourir comme tout le monde, veut emporter avec lui le tresor des Habits-Noirs, que j'évalue à plus de vingt millions, en nous laissant nus comme des petits Saint-Jean, en face de la justice charitablement avertie.

— Il doit y avoir en effet plus de vingt millions, dit Samuel.

— Pourquoi pas un milliard, pendant que nous y sommes ? grommela Lecoq.

Le docteur en droit fit un geste de colère, mais M. de Saint-Louis prit la parole tranquillement et dit :

— Toulonnais, mon vieux, tu es le plus ancien dans la maison et nous aurions voulu t'avoir avec nous. Tu peux bien remarquer qu'on ne s'est embarrassé ici ni de Corona, ni de l'abbé, ni de la comtesse de Clare. Toi seul as été convoqué. Mais il ne faudrait pas te mettre en tête, que tu es un homme nécessaire : nous nous passerons de toi parfaitement. Voilà trois semaines que nous travaillons l'association comme on brasse de la pâte ; nous nous sommes mis en rapport avec ceux du second degré, et nous tenons les simples dans notre main.

— Pas possible ! gronda Lecoq ; alors ça brûle ?

— Tu peux en juger : *il fait jour* en bas, cette nuit ; est-ce toi qui as battu le rappel ?

— Non... Mais êtes-vous bien sûrs que le Père n'a pas entendu le tambour ?

Personne ne répondit, et il y eut comme un malaise parmi les membres du conseil, tout à l'heure si résolus.

Lecoq avait une figure à peindre. On eut dit d'un inventeur qui, au moment de prendre son brevet, trouve son concurrent arrivé avant lui au ministère.

— La première fois que j'ai eu cette idée-là, prononça-t-il enfin à voix basse, j'entends l'idée que vous avez, il n'était pas encore question de vous, mes braves, et cette idée-là, d'autres l'avaient eue avant moi. On rit quand on parle de la corde de pendu que le bonhomme a dans sa poche ; on rit quand on dit que le bonhomme est le diable, moi tout comme les autres, mais à l'exception de moi, qui n'ai jamais dit mon secret à personne, tous ceux qui ont eu cette idée-là sont morts !

— Bah ! fit Portal-Girard, ceux qui sont morts s'étaient attaqués à un homme plein de force, et il n'y a plus qu'un agonisant en face de nous.

— Alors, pourquoi ne pas attendre ?

— Parce qu'il mourra comme il a vécu, et que sa dernière plaisanterie sera de faire sauter l'association comme une poudrière.

Lecoq avait pris un air sérieux et ses sourcils étaient froncés profondément.

— S'il a eu cette fantaisie-là, dit-il, et je l'en crois bien capable, l'association sautera, j'en réponds. Il ne reste pas grand'chose de lui, j'en conviens, mais tant qu'il y aura de lui un petit morceau gros comme le doigt, prenez garde !...

Vous souriez ? les autres souriaient aussi... ceux qui sont morts.

Si j'étais avec vous contre lui, ce serait une curieuse

bataille, car je sais peut-être où est le défaut de sa cuirasse; si je suis avec lui contre vous, ou seulement neutre, je ne donne pas deux sous de votre peau. Nos intérêts sont communs, voilà le vrai; ne nous fâchons donc pas, si c'est possible, et discutons amicalement.

Le vrai, c'est encore qu'il y a beaucoup d'argent, non point en caisse, mais dans quelque trou : dix millions, vingt millions, trente millions; je n'en sais pas le compte.

Le vrai, c'est enfin que le Père a pu avoir l'intention d'enterrer le trésor et l'association du même coup. Il est de ceux qui disent : « Après moi, la fin du monde! »

— Vous avouez cela et vous hésitez! s'écria Portal-Girard.

— J'hésite parce que je ne sais pas.

— Nous savons, nous...

— Alors parlez au lieu de menacer, parlez, je vous écoute.

Portal-Girard et le prince regardèrent Samuel, qui dit avec une répugnance visible :

— Entre gens comme nous, il n'y a pas d'écrit possible. A quoi servent les pactes, quand même ils sont signés avec du sang? Je ne connais pas le moyen de lier l'Amitié, et si l'Amitié ne joue pas franc jeu, nous sommes perdus!

Lecoq se mit à rire et lui tendit la main au travers de la table.

— Toi, docteur, dit-il, tu commences à comprendre le néant des pilules, comme nos braves amis reconnaissent l'inutilité du couteau.... vis à vis de certains gaillards, bien entendu, car le commun des mortels restera toujours vulnérable. Je joue franc jeu, puisque je discute. N'aurais-je pas pu, dès le premier coup, vous dire : « Tope ! je suis avec vous ? » Je joue franc jeu, puisque j'ajoute : Ne comptez pas trop, mes bons frères, sur le troupeau qui s'abreuve de punch en bas, car ni vous ni moi nous ne savons pour qui *il fait jour* en ce moment sous nos pieds.

Son talon frappa le carreau, et comme si c'eût été un signal, une sourde clameur monta de l'étage inférieur.

XIX

LE SCAPULAIRE, LE SECRET, LE TRÉSOR

Tous les verres restaient pleins, excepté celui de Lecoq, qu'il avait déjà vidé trois fois. Au début de la réunion, ses compagnons croyaient le tenir sur la sellette ; mais les choses avaient tourné au cours de l'entretien, et maintenant Lecoq était le seul qui ne montrât ni embarras ni défiance.

— Chacun est ici pour soi, dit-il en remplissant pour la quatrième fois son verre ; en nous pilant dans un mortier, le docteur, qui est pourtant un habile chimiste, ne trouverait pas un atome de préjugé. On nous appelle des coquins, je connais assez mon Paris pour savoir que les dix-neuf vingtièmes de ceux qui s'intitulent honnêtes gens sont exactement dans la même position que nous.

Je ne cache pas que j'avais une frayeur; l'homme est un animal vaniteux et ambitieux, je me disais : Ce vieux farceur de colonel a glissé à l'oreille de Portal-Girard : « Tu seras mon successeur; » à l'oreille de M. de Saint-Louis aussi, à l'oreille de ce bon Samuel de même; si cette idée a germé dans leur cervelle, comme elle aurait pu germer dans la mienne, le gâchis est complet, et notre vénérable papa n'aura qu'à nous enfermer ensemble pour que nous nous entre-dévorions.

Or, nous étions ici enfermés ensemble et j'ai cru que la dînette allait commencer, mais pas du tout! au lieu d'enfants gourmands, je trouve des gens raisonnables.

A ma question nettement posée : Qui sera le maître, on m'a nettement répondu : Il n'y aura plus de maître.

A cette autre demande : Que deviendra l'association? Réponse : Nous nous en moquons comme du roi de Prusse! L'association était destinée à gagner de l'argent, il y a de l'argent, nous partageons le magot entre quatre, et puis nous nous souhaitons mutuellement bonne chance. Est-ce bien cela?

— C'est bien cela, répondirent en même temps les trois autres associés.

— Mes braves amis, reprit Lecoq, car nous sommes véritablement des amis, depuis cinq minutes, le magot est assez lourd pour contenter l'appétit de chacun de nous, et le monde est assez vaste pour que nous y puissions trouver un endroit où nos anciens camarades ne viendront point nous chercher. Parlons donc sérieusement, désormais, et mettons de côté les petites découvertes que chacun de vous a cru faire. Le colonel laisse traîner comme cela des mystères mignons pour éveiller la curiosité de ceux qui l'entourent; mais moi je suis de sa maison, il y a vingt ans que je suis de sa maison. Vous connaissez le proverbe qui dit : « Il n'est point de grand homme pour son valet de chambre ? » Le proverbe a menti cette fois ; j'ai été le valet, puis le secrétaire du colonel Bozzo-Corona, et je déclare que c'est un grand homme, un très-grand homme, un plus grand homme que les grands hommes qui découvrent par hasard l'imprimerie, l'Amérique ou la vapeur : il a trouvé par le calcul des probabilités un truc qui garantit le meurtre et le vol contre les chances du châtiment, il a inventé l'*assurance en cas de scélératesse.*

— Nous savons tous cela, murmura Portal-Girard avec impatience.

— Savez-vous aussi le secret des Habits-Noirs? demanda Lecoq, dont les lèvres se relevèrent en un sourire ironique.

Tous les regards exprimèrent une avide curiosité.

— Non, n'est-ce pas? poursuivit Lecoq. Le colonel Bozzo n'avait pas seulement à défendre son œuvre contre les chiens myopes et enrhumés du cerveau que nos gouvernements paient très cher sous le nom de justice, de police, etc., il avait à défendre son œuvre contre ses propres ouvriers. L'univers a bien vieilli depuis quatre mille ans, mais l'homme est resté enfant, et les solennelles momeries qui étaient le fond des mystères de l'antiquité se sont perpétuées à travers les âges, de telle sorte que les mauvais plaisants du sanctuaire d'Éleusis, et des temples d'Isis ont eu des héritiers directs au fond des forteresses où radotaient les francs juges d'Allemagne, comme dans les cavernes où les *Camorre* de l'Italie du Sud bourraient leurs trabuccos en aiguisant leurs poignards. Le colonel n'est pas encore assez vieux pour avoir fréquenté les Saintes-Wehme, mais il a commandé en chef les bandes calabraises à la fin du siècle dernier, et l'Europe entière l'a connu sous le nom de Fra Diavolo.

— Fra Diavolo! répétèrent avec le même accent d'incrédulité les trois maîtres. Quel conte!

— On dit cela, poursuivit Lecoq froidement, moi je ne connais que le *Fra Diavolo* de l'Opéra-Comique, et les biographies prétendent que ce célèbre chef des *Camorre* fut exécuté à Naples, en 1799; mais en Corse, où j'ai passé ma jeunesse, il y avait de vieux bandits qui frottaient encore leur chapelet contre la manche du colonel, quand ils voulaient avoir une amulette bénie par le démon, et ils l'appelaient entre eux Michel Pozza, qui est le nom historique de Fra Diavolo.

Quoi qu'il en soit, il apporta parmi les Habits-Noirs le secret, le grand secret des prêtres égyptiens, des hiérophantes, des druides, des francs-chevaliers et des libres-soldats de l'Apennin.

Ce fut pendant de longues années son prestige qui dure encore. Il était le seul à connaître le secret gravé à l'intérieur des deux médaillons qui forment le scapulaire des maîtres de la Merci.

Je l'ai eu entre les mains, le scapulaire de la Merci. Je suis curieux, je l'ai ouvert, et je connais le secret. Je ne demande pas mieux que de vous le dire.

C'est un mot, un seul mot, répété en une très-grande quantité de langues dont la plupart me sont inconnues, et quand mes yeux tombèrent sur les lettres hébraïques qui commençaient la série, je crus qu'elles exprimaient le nom de Dieu.

Cependant les lettres arabes qui suivaient ne disaient point *Allah;* je me souviens des caractères grecs disposés ainsi : Ουδεν; le latin que je compris déjà disait *nihil;* puis venait l'allemand *nichts*, l'anglais *nothing*, l'italien *niente*, l'espagnol *nada*, et pour vous épargner les autres langues, le français : RIEN !

— Et c'est là le secret des Habits-Noirs! s'écria M. de Saint-Louis.

— Néant est le contraire de Dieu, murmura Samuel; je ne déteste pas cette idée-là, mais elle ne nous rapportera pas grand'chose!

— Je le pensai ainsi, répliqua M. Lecoq, puisque je remis fidèlement le scapulaire à sa place; mais n'ayant plus de secret à chercher, tout mon flair se reporta sur le trésor. Ici je vais vous intéresser davantage : le trésor n'est pas, comme vous l'avez cru, un amas d'or et d'argent déposé ici ou là, et probablement, selon mon opinion première, dans les caves du couvent de Sartène, où le maître fait son pèlerinage une fois l'an; le trésor est dans une petite cassette que chacun de vous pourrait porter sous son bras.

— Ce sont des diamants! dit Samuel, dont les yeux brillèrent.

— Non, répliqua Lecoq.

— Ce sont des titres de dépôt? demanda Portal-Girard.

— Non, répliqua encore Lecoq.

— Un pareil coffret, objecta M. de Saint-Louis, ne peut pourtant pas contenir une bien grosse somme en billets de banque.

— Le Royal-Exchange d'Angleterre, repartit Lecoq, a des banknotes depuis cinq livres jusqu'à un million sterling. On en connaît trois de cette somme, et feu le prince de Galles, qui possédait, dit-on, un exemplaire de cette glorieuse estampe, pouvait emporter avec lui vingt-cinq millions de francs dans le tuyau de plume qui lui servait de cure-dent.

— Ces Anglais ! dit Portal-Girard, quel grand peuple !

— Je ne pense pas, poursuivit Lecoq, que notre cassette, car elle est bien à nous, contienne des billets de banque de vingt-cinq millions, mais je sais qu'elle renferme des valeurs anglaises pou une somrme énorme. A supposer même que le Père ait fait plusieurs parts du trésor, ce qui est assez dans son caractère, tous les œufs d'un finaud tel que lui ne pouvant pas être mis dans le même panier, c'est encore ici que doit être le bon tas. Je vais vous en dire la raison. J'ai cru longtemps que le colonel était au-dessus de la nature humaine par ce seul fait qu'il n'avait point en lui cette chose agréable mais compromettante qu'on appelle un cœur.

— Il n'en a pas ! s'écria Samuel.

— Il n'en a jamais eu ! appuyèrent les deux autres.

— Vous vous trompez, nul n'est parfait ici bas. Depuis près de cent ans, notre vénéré maître a trahi tous s.s amis, dévalisé toutes ses connaissances, et envoyé dans un monde meilleur la plupart de ceux qui l'ont servi ; mais il y a néanmoins, dans un petit coin de son antique carcasse, un objet quelconque qui lui tient lieu de cœur. Je l'ai vu pleurer une fois qu'il se croyait seul, pleurer de vraies larmes au chevet d'une enfant que les médecins avaient condamnée.

— Fanchette, parbleu! fit le docteur en droit, qui haussa les épaules; il aime sa Fanchette comme ma portière caresse son chat!

— Et il l'a donnée au plus lâche coquin de la bande! ajouta Samuel.

— C'est elle qui le voulut, répartit Lecoq. En ce temps, le comte Corona était beau comme un astre, et il chantait le rôle d'Almaviva dans *le Barbier* avec une voix qui valait cent mille écus de rentes. Mais ne nous égarons pas dans les détails. Que le Père aime sa Fanchette comme une perruche ou comme un bichon, peu importe, le fait est qu'il l'aime et qu'il lui a préparé un splendide avenir. Moi, qu'il n'aime pas, mais dont il a besoin sans cesse, je suis un peu l'esprit familier de sa maison; il hésite à m'étrangler, parce que je le tiens comme une habitude, et il en est venu à ne pas faire plus d'attention à moi qu'aux meubles de son hôtel. J'ai en outre quelques petites intelligences dans la place, et la femme de chambre de ma belle ennemie, la comtesse Corona, me fait son rapport quotidien.

Voici ce que j'ai appris avant-hier. La veille, vers huit heures du soir, le Père avait eu une crise terrible. Son médecin, appelé en toute hâte...

— Comment! son médecin? interrompit Samuel.

— Ah çà, bonhomme, répliqua Lecoq, as-tu jamais cru que le Père avalait tes drogues?

— Je l'ai toujours soigné en toute honnêteté, répondit sérieusement Samuel.

— Mais tu as toujours nourri l'espoir que, dans un cas pressant, il te suffirait d'une bonne potion pour en finir, et tu as fait partager ton espoir aux autres : il faut rayer cela de tes papiers.

Je continue. Le médecin a eu toutes les peines du monde à dominer la crise, et je crois qu'il a conseillé à son malade de mettre ordre à ses affaires.

Quand le médecin a été parti, on a renvoyé tout le monde, et le Père est resté seul avec Fanchette.

Vous savez qu'elle couche, depuis quelque temps, dans le grand cabinet voisin de la chambre du colonel.

Vous ne tenez pas absolument, n'est-ce pas, à savoir par quelle fente de boiserie ou par quel trou de serrure j'ai surpris ce qui va suivre ? L'important, c'est que je l'aie surpris et que j'en garantisse l'exacte vérité.

XX

LE ROMAN DU COLONEL

Lecoq avala son cinquième verre de punch et reprit :

— L'idée que vous avez d'ouvrir la succession de notre bien-aimé maître, je l'avais avant vous, mes chers collègues. Je ne vous accuse pas de me l'avoir volée, les beaux esprits se rencontrent, voilà tout !

Le Père est bien éloigné d'avoir baissé autant que vous le croyez ; mais il y a en lui de l'enfant, c'est certain, comme chez tous les hommes de génie.

Il a toujours été enfant, cherchant le roman dans ses combinaisons les plus sérieuses, et j'ajoute que ses combinaisons ont presque toujours réussi par leur côté enfantin.

C'est la loi du succès. Les imaginations trop ingénieuses sont comme les livres trop bien faits : elles ne réussissent pas.

Le dernier roman du Père-à-Tous, ou plutôt sa dernière affaire, pour parler son langage, a dû être l'objet de tous ses soins. Il y avait en lui deux mobiles également passionnés : l'envie d'assurer à sa Fanchette un brillant, un paisible avenir, et le besoin de nous jouer un tour suprême.

C'était arrangé depuis des mois, depuis des années peut-être.

Donc, il y a trois jours, le colonel fit asseoir la comtesse Corona auprès de son lit et lui traça, comme on raconte une anecdote, le tableau de son existence future.

Il existe à la Nouvelle-Orléans une famille, française d'origine, qui occupe une position énorme ; le fils aîné de cette maison faisait, l'an dernier, son tour d'Europe. Le colonel Bozzo et sa petite fille Francesca Corona passaient à Rome le mois le plus rude de l'hiver. Le colonel a des précautions à garder en Italie, non-seulement par suite de son passé, mais encore à cause de certains hauts faits, plus modernes, accomplis par le comte Corona, son gendre. Sous prétexte d'incognito, il était à Rome M. le marquis de Saint-Pierre, et Fanchette était Mlle de Saint-Pierre.

L'Américain la vit et en devint éperdument amoureux. Fanchette a le cœur sensible, elle allait voguer à pleines voiles sur le fleuve de Tendre, lorsque le Maître, qui avait son dessein, l'arrêta net et l'enleva pour la ramener en France.

Avant de partir néanmoins, il avait eu, lui, le colonel,

une conférence avec le jeune Américain, qui s'était déclaré et avait demandé la main de Mlle de Saint-Pierre.

Depuis lors, le colonel et lui sont en correspondance. C'est un mariage arrêté entre les deux familles.

— Du vivant de Corona? demanda Samuel.

— Sous la main du Père, répondit Lecoq, Corona est comme nous tous un brin de paille qu'on peut briser au premier caprice.

Ce que je viens de vous dire est de l'histoire; passons au roman.

Dans le petit poëme récité à Fanchette, il y a trois jours, Corona était mort d'une fièvre cérébrale ou d'une fluxion de poitrine.

Le colonel n'a même pas pris la peine de choisir la maladie qui tuera ce comparse.

Faites comme le colonel, supposez que Fanchette est veuve, puisqu'elle le sera quand le colonel voudra.

Il y a une dame anglaise, toute prête, convenable au plus haut point, joli nom, possédant les façons du meilleur monde et qui conduirait Fanchette à la Nouvelle-Orléans avec tous les papiers constatant l'état civil de Mlle de Saint-Pierre, y compris l'acte de décès de son vénérable aïeul.

Le reste va de soi : le mariage fait, voile impénétrable jeté sur le passé, existence princière au sein d'une des plus riches et des plus honorables familles du monde entier.

Avez-vous quelque chose à dire contre cette combinaison?

Quand le Père eut achevé de raconter cette anecdote, que j'appellerai préventive, il remit entre les mains de la comtesse le fameux coffret et lui ordonna de le serrer dans sa chambre.

— Et cet ange de Fauchette accepta? demandèrent à la fois les trois Habits-Noirs.

— Le rôle virginal de Mlle de Saint-Pierre? je n'en sais rien, répondit Lecoq, mais le coffret, assurément oui. Et c'est là, veuillez le remarquer, le seul côté de la question qui nous intéresse. Vous savez désormais où trouver le trésor de la Merci, qui est notre patrimoine. Laissons à l'écart tout le reste, et délibérons sur la question de savoir comment nous nous emparerons du trésor de la Merci.

Le docteur en droit se frotta les mains et dit :

— Pour la première fois, depuis bien longtemps, nous voilà en face d'une opération nette et claire. L'Amitié vient de nous rendre un grand service, je propose qu'il ait sa part, plus une prime.

— Accordé! firent les deux autres.

L'Amitié salua.

— J'accepte la prime, dit-il, mais ce que je voudrais surtout, c'est ma part. Ne vendons pas trop vite la peau de l'ours; l'affaire est nette et claire, c'est vrai, mais elle n'est pas encore dans le sac. Cette fois, songez-y bien, il ne faut rien laisser derrière nous.

— C'est un compte à établir, dit tranquillement M. de Saint-Louis; du moment que nous ne nous embarrasserons plus dans les subtilités dont abusait le Maître, on verra ce qu'il faut et on taillera dans le vif. Le lieutenant mourra en prison, Valentine mourra dans son lit, et cette maman Léo, comme on l'appelle, au coin d'une borne.

— Restent nos quatre associés, dit Samuel.

— Chacun de nous se chargera de l'un d'eux, répliqua le docteur en droit. Je prends Corona, choisissez les vôtres.

— Et Fanchette? demanda Lecoq.

— Je prends Fanchette par-dessus le marché! dit Portal-Girard en proie à une fiévreuse exaltation. C'est un dernier coup de collier à donner, après quoi nous sommes riches, puissants... et honnêtes!

— Et le colonel? demanda encore Lecoq, qui baissa la voix malgré lui.

Personne ne répondit.

Aucun bruit ne montait plus de l'étage inférieur.

Au milieu du silence, qui avait quelque chose de solennel, on put entendre trois petits coups frappés avec précaution, mais distinctement, à la double porte qui défendait l'entrée du cabinet dit le Confessionnal.

Les quatre conjurés se regardèrent : ils étaient pâles et des gouttes de sueur perlaient à leurs fronts.

Portal-Girard dit le premier :

— C'est un maître!

On frappa encore, et cette fois d'une façon plus distincte.

Involontairement, M. de Saint-Louis, Samuel et le docteur en droit se mirent debout.

Lecoq seul resta assis et rectifia de cette sorte la dernière parole de Portal-Girard.

— Ce n'est pas un maître, dit-il d'une voix basse mais ferme : c'est le MAITRE!

— N'ouvrons pas! opina Samuel.

M. de Saint-Louis et le docteur en droit répétèrent :

— N'ouvrons pas !

Mais Lecoq, se levant à son tour, fit un pas vers la porte et dit :

— Tous ceux qui sont en bas appartiennent au Père avant de nous appartenir. Nous sommes pris au piége, mes camarades; si le Maître a un doute, aucun de nous sortira d'ici !

Pour la troisième fois on frappa à la porte extérieure avec une certaine impatience.

Les trois Habits-Noirs retombèrent sur leurs siéges.

— Vous avez donc bien peur de lui? demanda Lecoq en se redressant. Vous avez raison, et moi aussi, j'ai peur. Mais nous nous demandions tout à l'heure « qui se chargera de lui? » Nous sommes quatre et il est seul; il est mourant, nous sommes forts... allons, souriez mes frères, si vous pouvez : l'occasion est belle, il s'agit de bien jouer notre jeu !

XXI

OU IL EST PARLÉ POUR LA PREMIÈRE FOIS DE LA NOCE

Les trois Habits-Noirs ne prenaient point la peine de cacher leur trouble et les regards qu'ils échangeaient témoignaient de leur profonde indécision.

Pendant que Lecoq ouvrait la première porte, Samuel dit à voix basse :

— Lecoq doit être de son bord.

— Non, répondit Portal, car Lecoq vient de trahir un trop gros secret.

— Lecoq a-t-il dit la vérité? murmura M. de Saint-Louis.

La main de Portal-Girard s'était glissée sous le revers de sa redingote.

— A vous deux, murmura-t-il rapidement, tenez l'Amitié, mais tenez ferme! et nous allons voir un peu à jouer le jeu qu'il conseille.

— Hé bien! hé bien! disait cependant au dehors la voix frêle et flûtée du colonel Bozzo, vous me laissez prendre froid et je suis capable d'y gagner la coqueluche.

— C'est donc bien vous, papa? répartit Lecoq; du diable si on avait l'idée de vous attendre! il est plus de minuit, et vous vous couchez toujours avec les poules.

— Je suis allé te chercher chez toi, dit le vieillard, au moment où la seconde porte tournait sur ses gonds, mais j'ai trouvé nez de bois, et comme j'avais besoin de causer affaires, je suis venu te relancer jusqu'ici.

Lecoq s'effaça pour livrer passage. Ce fut en vérité un spectre qui entra : quelque chose de si tremblant et de si cassé qu'on eût dit le squelette même de la caducité, grelottant sous les plis à demi vides de la douillette ouatée.

Cela faisait pitié, mais c'était drôle à cause des efforts qu'essayait le spectre pour paraître ingambe et guilleret.

Mais cela était terrible aussi, car Portal-Girard baissa les yeux en serrant le manche de son couteau.

Il y avait au milieu de ce visage have et couleur de terre deux prunelles qui roulaient étrangement, laissant sourdre par intervalles des rayons verts comme ceux qui passent entre les paupières demi-closes des chats.

D'un seul regard, le fantôme avait vu et traduit le geste du docteur en droit. A cette sorte d'escrime, il n'avait jamais trouvé son maître, et avant même d'avoir franchi le seuil, il dit :

— Cette grosse coquine de Lampion n'est donc pas encore montée, hé?

Ces mots, prononcés avec la mauvaise humeur d'un enfant maussade, étaient le résultat d'un calcul précis.

Ces mots lui sauvèrent la vie comme aurait pu faire la plus vigoureuse et la plus adroite de toutes les parades.

En effet, Portal-Girard, poussé par l'excès même de sa terreur, allait l'abattre d'un seul coup.

Au lieu de cela, il retira sa main vide et dit d'un air bourru :

— Salut, père! vous avez donc averti en bas?

Les deux autres se levèrent disant comme lui :

— Salut, père!

Le colonel eut son sourire de casse-noisette agréable, et entra appuyé sur l'épaule de Lecoq.

Vous eussiez cherché en vain sur ses traits l'ombre d'une inquiétude. Chez lui, tout restait toujours en dedans.

— Bonsoir, bonsoir, mes mignons bien aimés, dit-il en leur adressant à chacun le même signe de caresse paternelle; j'ai eu ma grosse fièvre ce soir, cent dix pulsations, Samuel, ma chatte! Mais il ne faut pas s'écouter; si je restais tranquille, je m'engourdirais. Quand je suis arrivé en bas, l'estaminet était déjà fermé; j'ai fait toc-toc à la fenêtre de la cuisine, et Lampion a voulu m'ouvrir, mais je lui ai dit : « Bobonne, je crois que tu as du monde, quoiqu'on n'entende rien; je vais à l'entre-sol; monte-moi de la limonade à l'anis, car j'étrangle de soif... »

Il s'interrompit pour ajouter du ton le plus naturel :

— Timbre donc, l'Amitié, cette Lampion va me laisser étouffer.

Lecoq toucha le timbre, mais il pensa :

— Le vieux drôle nous a roulés encore une fois. Lampion n'était pas prévenue.

— Ah! mes pauvres bibis, soupira le colonel en se laissant tomber dans le siége que Samuel et le prince lui avancèrent, ne devenez jamais si vieux que moi! C'est honteux de mourir ainsi par petits morceaux! Je suis bien content de te voir, Portal; j'ai justement une contrariété de chicane qui m'a agacé les nerfs au moment où j'allais me mettre au lit, en quittant cette bonne marquise, Elle ne veut pas en démordre, vous savez? Elle ne consentira jamais à laisser partir les deux enfants sans qu'ils soient bel et bien mariés. La morale, la religion... enfin, vous comprenez, je lui ai promis tout ce qu'elle a voulu. On les mariera, et je vous invite à la noce... Mais chut! voici Lampion, nous allons recauser de tout cela.

La face rubiconde de la dame de comptoir parut, en effet, à la porte entre-bâillée.

Elle ne vit rien, selon la coutume, sinon cinq voiles noirs sur autant de visages.

— On a appelé? dit-elle.

— Ne m'apportes-tu pas ma limonade à l'anis? demanda le colonel, qui souriait narquoisement.

La grosse femme répéta d'un air idiot :

— Votre limonade à l'anis?

— Sac à l'absinthe! s'écria le colonel, feignant une colère soudaine, je te mettrai à pied, tu bois trop, l'eau-de-vie te sort par les yeux! Va-t'en, je ne veux rien de toi, je n'ai plus soif. Que personne ne bouge en bas! *Il fait jour*, jusqu'à nouvel ordre.

La grosse femme s'enfuit.

Il n'y avait personne désormais dans le Confessionnal pour ne point comprendre la ruse du vieillard, qui venait d'élever une muraille solide entre lui et toute tentative de violence.

Le colonel, du reste, ne se gêna pas pour triompher ouvertement. Il se frotta les mains en regardant Lecoq, qui lui adressa un sourire de flatterie.

Les trois autres, malgré leurs efforts, ne réussissaient point à dissimuler leur embarras.

— Eh bien! oui! eh bien! oui! reprit le colonel après un silence, vous avez deviné juste, mes trésors; j'ai eu un petit peu défiance de vous, dans le premier moment, parce qu'on serait très-bien ici pour assassiner le vieux père. Certes, personne ne viendrait chercher au fond de ce bouge les quelques gouttes de sang refroidi qui se trouvent peut-être encore dans les veines du colonel Bozzo-Corona. J'ai eu tort d'avoir peur, je vous connais, vous me défendriez tous au péril de votre vie; mais je ne me repens pas du petit tour que je vous ai joué, parce que cela entretient la main. Il n'est jamais mauvais d'avoir peur quand la peur n'empêche pas de combattre.

— Je disais donc, poursuivit-il en changeant de ton, que je comptais trouver l'Amitié tout seul et causer avec lui de notre situation, car les choses s'embrouillent, voyez-vous, mes chéris. Je ne me souviens plus très-bien de l'histoire de ce Cadmus, roi de Thèbes, qui tua un dragon dont les dents piquées en terre produisaient d'autres monstres, comme les glands font pousser des chênes, mais il nous arrive quelque chose de semblable. Chaque fois que nous tuons un ennemi, trois ou quatre ennemis nouveaux surgissent; cela me donne du tintouin, je pense, je rêvasse, je me creuse la cervelle et ma pauvre santé s'en ressent.

Il avait courbé sa tête sur sa poitrine et ses pouces tournaient lentement.

— Et mes locataires qui s'en mêlent! s'écria-t-il tout à coup avec un vif sentiment de colère; tire-moi de là, Portal, si tu veux que nous restions bons amis. Tu vas me dire que ce sont des misères? Il n'y a pas de misères dans une maison bien tenue, et je suis sûr que cet histoire-là va me coûter encore dans les trois ou quatre cents francs.

Il parlait désormais d'un ton saccadé, avec une extrême volubilité. On pouvait voir que le sujet l'intéressait puissamment et qu'il ne jouait plus la comédie. Les regards curieux de ses compagnons étaient fixés sur lui.

— Y a-t-il une loi? continua-t-il, en frappant contre le bras de son fauteuil sa main qui rendit un bruit sec; la loi est-elle la même pour tout le monde? et parce qu'on a le malheur d'avoir fait sa pelote, doit-on être à la merci du premier va-nu-pieds qui monte sur les toits pour crier contre les riches et contre les propriétaires? Voilà le fait : j'ai acheté la maison voisine de mon hôtel, et entre parenthèses, je l'ai payée trop cher; mon notaire est un filou que nous réglerons un jour ou l'autre, il en vaut la peine. Au cinquième étage de cette maison, il y a un ménage d'employés, mauvaise engeance, toujours en retard pour leur loyer et en avance pour demander des réparations. Ce soir, à l'instant où j'allais me coucher, j'ai reçu une lettre de la femme, qui dépense au moins six mille francs pour sa toilette avec les cent louis d'appointements de son mari. Ah! le siècle va bien! et ceux qui sont jeunes en verront de drôles! Ce que je veux savoir, c'est si je suis forcé de remettre à neuf le fourneau que ces gens-là ont brûlé à force d'y cuisiner toute sorte de friandises.

— Le fourneau est-il d'attache? demanda le docteur en droit.

— Sangodémi! s'écria le colonel, jamais il ne répondrait oui ou non du premier coup! Il y a toujours des si, toujours des mais! La raison dit cependant que dans un logement de 600 francs on ne doit pas faire pour 1,000 écus de cuisine! Les fournaux sont en rapport avec le taux de la location, quand le diable y serait! Mais laissons cela, tu me donnerais tort, et je veux avoir raison; je plaiderai, et j'ai bien assez d'aisance, n'est-ce pas, pour flanquer mon locataire sur la paille avec les frais de procédure! moi, d'abord, l'injustice me met hors des gonds.

Ses paupières baissées battirent, pendant qu'il faisait effort pour reprendre son calme. Autour de lui, personne ne parlait plus.

Il reprit en baissant la voix comme s'il avait eu honte de son émotion :

— Les personnes trop vieilles sont comme les enfants, elles s'imaginent toujours que leurs amis font attention à ce qui les intéresse.

Il eut un petit rire court et sec, puis il reprit d'un ton dégagé :

— Excusez-moi, bijoux, nous allons parler de vos propres affaires. Nous allons en parler pour la dernière fois, moi du moins, car aussitôt que je vous aurai tirés du guêpier où le diable vous a mis, je donnerai ma démission, cette fois, irrévocablement. N'essayez pas d'aller contre cela, ce serait inutile...

— Et d'ailleurs, ajouta-t-il avec mélancolie, mes heures sont comptées. Mes chéris, si je ne consulte plus notre bon Samuel, c'est que je n'ai plus besoin de lui pour connaître mon sort.

Allons! vous voilà tout attristés! Mais soyez tranquilles : je laisserai derrière moi quelque chose qui vous consolera.

L'arme invisible est une jolie machinette, et d'ailleurs nous n'avions pas le choix pour ce bon Remy d'Arx; les autres armes ne pouvaient rien contre lui; mais l'arme invisible comme tout ce qui est de ce monde a ses inconvénients et ses défauts : elle ne tue pas raide comme un coup de couteau piqué en plein cœur. Remy d'Arx a traîné deux jours, et c'est beaucoup trop. Ce qui s'est passé pendant ces deux jours, je crois le savoir, mais il se peut que j'ignore encore quelque chose.

Voyons, trésors, voulez-vous être bien gentils, et m'obéir encore une fois aveuglément?

Il n'y eut qu'une seule voix pour répondre :

— Nous vous obéirons toujours aveuglément.

Les yeux vitreux du maître eurent cet éclat bizarre que nous avons déjà dépeint tant de fois.

— C'est une idée que j'ai, reprit-il, je la trouve charmante, mais il suffirait d'un faux mouvement, d'une maladresse grosse comme le doigt, pour me la gâter de fond en comble! C'est pourquoi je vous demande de rester complètement passifs. Je dis : complètement.

Vous savez, avant de s'éteindre, on dit que les lampes jettent une flamme plus brillante. J'ai vraiment eu un grain de génie ce soir.

Cela m'est venu par l'insistance même que cette bonne marquise mettait à exiger le mariage préalable de nos deux jeunes gens.

Étant donnée cette nécessité absolue où la connaissance qu'ils ont de notre secret nous place vis-à-vis d'eux, ma première idée de les faire disparaître dans une tentative d'évasion était simple comme bonjour.

Mais voici qu'il y a maintenant sous jeu cette bonne femme, la veuve Samayoux, qui en sait plus long que je ne voudrais. Notre ami Lecoq n'a pas entendu, ce soir, tout ce qui s'est dit entre elle et Mlle de Villanove. Elle joue serré, la chère enfant! Prenons garde à elle.

Il y a, en outre, le Marchef qui a refusé tout net d'aller prendre le vert dans nos pâturages de Sartènes.

Il y a enfin un certain Germain, le vieux domestique de Remy d'Arx, qui ne l'a pas abandonné un seul instant pendant son agonie. Ah! mais cela fait bien du monde, dites donc?

La noce aura lieu, mes mignons, elle aura lieu chez moi; la cérémonie religieuse, bien entendu, car je ne peux pas procurer aux deux fiancés la bénédiction de monsieur le maire... Commencez-vous à me comprendre?

Il s'était redressé dans son fauteuil, et sa respiration devenait haletante.

Le docteur Samuel fit un mouvement pour s'approcher de lui, mais il l'écarta du geste.

— Je me vois finir, dit-il, en se retenant des deux mains au bras de son fauteuil; je n'ai aucune illusion et je pourrais faire le compte exact des heures qui me restent, ce ne sera pas encore pour cette nuit. Je vous promets d'ailleurs de vous avertir; soyez tranquilles, je serai de la noce.

Il ajouta avec un sourire véritablement diabolique.

— Mme la marquise d'Ornans en sera aussi pour me remercier d'avoir accompli ma promesse; nous y inviterons également la veuve Samayoux, notre bon serviteur le Marchef, et même le vieux Germain, domestique de Remy d'Arx..., et vous y viendrez vous-mêmes, mes enfants, pour voir votre maître expirant gagner sa dernière bataille!

XXII

MAMAN LÉO ENTRE EN CAMPAGNE

Il était environ deux heures de nuit quand ce prodigieux comédien, le colonel Bozzo-Corona, sortit sain et sauf du coupe-gorge où il s'était engagé avec une intrépidité si hasardeuse.

Certes, on ne peut pas dire qu'il réussissait à tromper ses compagnons, mais entre gens qui se livrent la bataille de la vie, il ne s'agit pas toujours de se tromper mutuellement; il est vrai de dire même que les cas où l'on parvient à tromper dans toute la rigueur du mot sont assez rares : les habiles dédaignent ce but, juché trop haut; toute leur ambition est d'imposer le rôle effronté qu'ils ont choisi à leurs amis comme à leurs ennemis.

Ne connaissons-nous pas dans d'autres sphères et très-loin des ténébreux ateliers où les Habits-Noirs travaillent nombre de probités avérées appartenant à d'illustres escrocs ? quantité de vaillances dites notoires, mais masquant la colique des trembleurs émérites? et jusqu'à des talents même, ce qui semble impossible, des talents très-adulés, très-tapageurs, très-exigeants, qui crèveraient comme des vessies gonflées de vent si la critique complice ne se promenait pas l'arme au bras devant la porte de leur salle à manger?

Tous ceux-là ont le don ou la force de se cramponner à la place qu'ils ont conquise, de manière ou d'autre, avec de l'argent, avec de l'amour, avec de la ruse, avec de la cuisine ou tout uniment par hasard.

Ils ne trompent ni vous, ni moi, ni personne, mais pour ne pas faire monter trop de rouge au front des naïfs et par pure décence, ils continuent de jouer la comédie qui fit leur succès.

Ainsi en était-il du colonel Bozzo-Corona vis-à-vis de ceux qui le haïssaient mortellement et pourtant qui lui obéissaient en esclaves.

Sa main était sur eux, sa main tremblante, mais si lourde! La diplomatie qu'il employait à leur égard, usée jusqu'à la corde, était, comme toutes les diplomaties du reste, une simple mise en scène destinée à pallier le fait brutal.

A savoir, la force de l'un et la faiblesse des autres.

Il y avait cependant un atome de vérité parmi cet amas de vieux mensonges qui avaient tant et tant servi.

Le colonel avait été sincère en parlant du chagrin que

lui causait la réparation de fourneau demandée par son locataire.

Cela est si vrai qu'au lieu de prendre avec lui, comme d'habitude, Lecoq, son inséparable, il avait fait monter Portal-Girard dans son coupé.

Il y a loin du boulevard des Filles-du-Calvaire à la rue Thérèse.

Pendant tout le temps que dura le voyage, le colonel Bozzo, parlant avec une animation extraordinaire, traita la question du fourneau, se faisant expliquer plutôt dix fois qu'une la théorie des immeubles par destination et taxant d'absurdité la loi qu'on n'avait pas faite à sa fantaisie.

— Si j'étais plus jeune, dit-il, je serais capable, moi, de faire des barricades contre une énormité pareille ! Je ne suis pas maître de cela, l'injustice m'exaspère ! Comment ! pour un misérable loyer de 600 francs, cent écus de dépense ! le législateur n'a jamais eu d'autre but que de caresser le prolétariat, c'est évident.

Ce fut seulement aux environs du Palais-Royal que, son caractère sarcastique reprenant le dessus, il dit en frappant sur le genou de Portal :

— Figure-toi que quand je suis entré tout à l'heure là-bas, à l'entre-sol, tu avais ta main sous ton gilet, il m'a passé une idée ridicule. Ah ! dame, je n'ai plus la cervelle bien solide, et si j'ai fait semblant d'avoir prévenu Lampion...

— C'est donc que vous aviez défiance de moi ! interrompit Portal d'un ton pénétré.

— C'est idiot ! dit le colonel. Tu n'aurais pas eu besoin d'un couteau, il eut suffi d'une chiquenaude.

En ce moment le coupé s'arrêta et le cocher demanda la porte.

— A te revoir, ma brebis, reprit le colonel, et merci de tes bons conseils. La noce dont je vous ai parlé aura lieu plus tôt que vous ne croyez, car je n'ai plus le temps de traiter mes affaires à long terme. Je n'ai jamais rien imaginé de si curieux; tu sais, ce sera mon chef-d'œuvre. Vous recevrez des invitations.

Son domestique le prit sur le marche-pied et l'emporta comme un enfant.

— Encore un mot, dit-il avant de passer la porte cochère, si tu trouves un biais pour le fourneau, viens me voir. C'est une question de principe; je ne regarderais pas a une centaine de louis pour souffler ces 300 francs-là à mon scélérat de locataire.

La porte cochère se referma et le docteur en droit descendit la rue la tête basse.

Vers le même moment, dans cette ruelle tortueuse qui conduisait de la Galiotte au faubourg du Temple et qu'on appelait le chemin des Amoureux, trois hommes allaient, la tête basse aussi, et les mains derrière le dos. Vous eussiez dit des joueurs décavés, tant leur contenance était morne.

On eût pu les suivre pendant plus de cent pas sans surprendre deux paroles échangées.

— Je vais me coucher, dit enfin Lecoq, qui s'arrêta tout à coup. Voulez-vous un conseil? faites les morts et ne bougez plus!

— Savais-tu qu'il devait venir, l'Amitié? demanda M. de Saint-Louis d'un ton plaintif.

— Es-tu avec lui? demanda en même temps Samuel.

— Je ne savais rien, répondit Lecoq, mais quand il s'agit de papa, je m'attends à tout.

— Penses-tu qu'il nous ait devinés ? demanda encore le prince.

Lecoq eut son gros rire.

— Il n'a rien deviné ce soir, répliqua-t-il, parce qu'il savait tout d'avance, et c'est ce qui vous sauve, mes biens bons. Il n'a pas plus de raison pour vous supprimer aujourd'hui qu'il n'en avait hier.

— Quand le diable y serait, s'écria Samuel en frappant du pied, c'est un cadavre ambulant, il n'a plus que le souffle !

— N'a-t-il plus que le souffle ? murmura Lecoq. La première fois que je le vis, c'était en Corse, dans les souterrains du monastère de la Merci. Ecoutez cette histoire-là, elle est drôle. Il y avait révolte, car il y a toujours eu révolte chez nous ; on avait garrotté le Père, qui était déjà vieux comme Hérode, et les Maîtres jouaient aux cartes pour savoir qui le poignarderait. Le sort tomba au médecin, un habile homme, comme toi, Samuel, et le médecin dit :

— A quoi bon frapper un agonisant ? laissez le garrotté sur sa paille et je vous garantis que demain matin il n'y aura plus personne.

On le crut, et, par le fait, sa prédiction se réalisa : le lendemain matin, il n'y avait plus personne sur la paille. L'agonisant avait brisé ses liens et s'était échappé par le trou de la serrure.

Et pendant que les sept Maîtres étaient là, s'étonnant d'une aventure si bizarre, il y eut un grand fracas à la porte, quelque chose comme un feu de peloton.

Et les sept Maîtres ne s'étonnèrent plus, à moins qu'on ne s'étonne encore dans l'autre monde.

— On les avait assassinés ! balbutia M. de Saint-Louis.

— Tous les sept ! ajouta Samuel.

— Il y a juste trente-cinq ans de cela, reprit Lecoq ; qui sait si dans trente-cinq autres années le Maître ne continuera pas d'agoniser ? Qui vivra verra ; je vous souhaite une bonne nuit.

Plus d'une heure avant le jour, maman Léo sauta hors de son lit et alluma sa chandelle. Elle avait passé toute sa nuit à se tourner et à se retourner entre ses draps, dormant quelques minutes d'un sommeil fiévreux et plein de rêves, puis s'éveillant en sursaut, la poitrine oppressée par une indicible terreur.

Elle voyait toujours la même chose dès que ses yeux se fermaient ; son bien-aimé Maurice aux prises avec les Habits-Noirs, c'est-à-dire un pauvre beau jeune homme sans armes, entouré de démons qui brandissaient des poignards.

— Ce n'est pas tout ça, dit-elle en commençant sa toilette, qui n'était jamais bien longue ; quand on rêve, la peur vous prend, et il n'y a pas de mal ; mais dès qu'on est éveillée, défense de trembler ! Il s'agit d'avoir des idées, et des bonnes ; de se manier en double et de ne pas aller comme une corneille qui abat des noix !

Par prévision des démarches qu'elle allait être obligée de faire dans cette journée solennelle, maman Léo chercha parmi ses nippes ce qu'il y avait de plus décent et de moins voyant.

A cet égard, le choix n'était pas très grand, car la

veuve de Jean-Paul Samayoux avait un goût terrible. En musique, elle aimait la grosse caisse et le fifre ; en fait de couleurs, elle adorait ces mariages hardis qui fiancent l'écarlate au vert tendre et le jaune d'or au bleu de Prusse.

Elle parvint pourtant à se composer un costume de coupe à peu près raisonnable et de nuances relativement neutres qui ne devaient pas convier les gamins des divers quartiers de Paris à lui faire dans la rue une escorte triomphale.

Quand elle eut regardé dans son miroir cassé l'ensemble de cette toilette sévère, elle se dit avec complaisance :

— Ça n'avantage pas une femme jeune encore, mais ça lui fiche l'air d'une ouvreuse des grands théâtres ou de la dame d'un président !

Il y avait sous son lit une boîte de sapin assez épaisse et cerclée de fer qu'elle retira pour l'ouvrir à l'aide d'une petite clé pendue à son cou.

Cette boîte contenait à la fois les archives et la fortune de Mme veuve Samayoux, première dompteuse des capitales de l'Europe. Il lui arrivait assez souvent d'en étaler le contenu sur son lit à ses heures de loisir, car ceux qui ont acquis en ce monde quelque gloire aiment à feuilleter les pages de leur passé.

Maman Léo se croyait de bonne foi une personne célèbre, et peut-être ne se trompait-elle pas tout à fait. Aux Loges, à la fête de Saint-Cloud et à la foire au pain d'épices, peu de réputations pouvaient contrebalancer la sienne.

Vous souvenez-vous que nous la comparâmes une fois à la Sémiramis du Nord ? On dit que la grande Catherine faisait collection des portraits de ses favoris, et cela devait encombrer tout un Louvre ! Maman Léo, moins bien placée pour jeter le mouchoir aux princes et aux feld-maréchaux, avait une douzaine de miniatures à quinze francs auxquelles la boîte de sapin servait de galerie.

Pour donner une idée de la bonté de son cœur, nous dirons que le portrait de feu Samayoux était là comme les autres et avait le plus beau cadre.

Celui de maman Léo elle-même ne manquait point à la collection, mais il était sur une affiche enluminée que la dompteuse ne dépliait jamais sans un sentiment mélangé de fierté et de mélancolie.

— On ne peut pas être et avoir été, se disait-elle en regardant l'estampe qui la montrait à elle-même dans un maillot collant couleur orange et entourée de ses bêtes féroces, lesquelles semblaient admirer sa pose à la fois gracieuse et intrépide.

Sous l'affiche se trouvait un brevet d'armes, délivré, par galanterie peut-être, à Léocadie, « l'amour des braves, » par les maîtres et prévôts de la ville de Strasbourg.

Il y avait encore des feuilles volantes nombreuses chargées d'une écriture lourde et incorrecte qui formaient le recueil complet des poésies fugitives de la dompteuse.

Vous eussiez retrouvé là l'ode si vigoureusement imprégnée de sensibilité que Mme Samayoux, en s'accompagnant sur la guitare, avait chantée à Maurice, le soir de leur première entrevue.

Ce fut celle-là que son regard chercha d'abord, et ses

yeux se mouillèrent pendant qu'elle lisait cette strophe exprimant si bien les angoisses de sa pauvre âme :

Ah ! puissent mes bêtes féroces un jour me dévorer
Plutôt que de continuer dans un pareil supplice ;
On ne souffre pas longtemps à être mangé,
Et c'est pour toujours que mon bourreau est Maurice !

— C'est fini ces bêtises-là, murmura-t-elle, et c'est remplacé chez moi par le cœur d'une mère !

Sous la poésie enfin et tout au fond de la boîte, il y avait un paquet ficelé, composé de titres de rentes et de quelques autres bonnes valeurs.

Maman Léo prit le paquet, remit toutes les autres paperasses dans le coffre et le replaça sous le lit, après l'avoir fermé.

— Ça, pensa-t-elle tout haut d'un air triste mais résolu, je croyais bien que c'était le repos de mes vieux jours, mais ça va sauter comme un cabri sans faire ni une ni deux. Pour évader un quelqu'un, il faut de l'argent, c'est connu, afin de séduire les diverses racailles qui font dans la prison le métier de mes gardiens à la ménagerie. Il est peut-être bien tard pour recommencer sa fortune à l'âge que j'ai... Allons ! c'est bon, pas de raisons ! Si on ne refait pas sa fortune on mourra dans la misère, voilà tout ! Il y en a eu bien d'autres, et mon garçon sera sauvé.

Elle sortit de sa maison roulante avec son paquet sous le bras et vint frapper à la porte de la baraque.

Échalot, probablement, n'avait pas dormi plus qu'elle, car il répondit au premier appel.

Le jour venait. Maman Léo se chargea de garder Saladin pendant qu'Echalot allait chercher le café au lait dans une de ces crêmeries qui avoisinent les halles et qui ne ferment jamais.

On déjeuna. Échalot et sa patronne étaient émus tous les deux comme le matin d'une bataille, mais cela ne leur ôtait point l'appétit.

— Voilà l'ordre et la marche, dit la dompteuse, qui juqu'alors avait mangé sans parler, on va fermer la boutique.

— Mais, objecta Échalot, M. Gondrequin et M. Baruque vont venir...

— Qu'ils aillent au diable voir si j'y suis ! je me moque de tout, moi, vois-tu ? Tu sais mon idée, il n'y a plus rien autre dans ma tête... J'en ai connu de plus fins que toi, dis donc, bonhomme, mais tu as du dévouement et ça suffira.

— S'il ne faut que risquer son existence... commença Échalot.

— La paix ! Il ne s'agit pas de jouer des mains, mais de traiter des affaires délicates. Tu vas mettre ton mioche dans sa gibecière et me suivre partout comme un chien.

— Et bien content, encore ! dit Échalot ; mais il y a le lion qui n'a pas passé une bonne nuit...

— Il peut crever s'il veut, et la baraque brûler ! et le ciel tomber ! Plie tes bagages, nous allons partir en guerre !

XXIII

LE RENDEZ-VOUS DE LA FORCE

Je ne suis pas du tout parmi ceux qui insultent le Paris neuf, dont les larges voies s'inondent d'air et de lumière. Il a coûté, dit-on, ce Paris, beaucoup trop d'argent, mais la santé publique vaut bien la peine de n'être point marchandée.

Je lui reprocherais plutôt, à cette ville blanche et nouvelle, d'avoir dissipé en passant tout un trésor de souvenirs.

Sans nier la beauté un peu trop bourgeoise des fameux boulevards qui ne sauraient être habités que par des riches, je songe malgré moi à cet autre Paris, moins esclave du cordeau, où les palais n'avaient pas honte de se laisser approcher par les masures.

C'était le Paris historique, celui-là, dont chaque maison racontait une légende ; et tenez ! là-bas, au fond de ce vieux Marais par-dessus lequel les embellissements Haussmann ont sauté pour arriver plus vite aux points stratégiques du faubourg Saint-Antoine, vous trouveriez encore tel écheveau de rues à la fois populaires et nobles dont le seul aspect vaut tout un volume de Dulaure ou de Saint-Victor.

Je me rappelle la mansarde où fut écrit mon premier livre : c'était en 1840, hélas ! De ma fenêtre, donnant sur les derrières de la rue Pavée, je voyais les croisées de Mme de Sévigné, à l'hôtel Carnavalet, ce bijou de pierre qui n'échappera pas à l'épidémie des restaurations municipales ; je voyais, dis-je, le logis de l'adorée marquise par-dessus le roulage qui remplaçait la maison de Charles de Lorraine où fut le berceau des Guise.

Je voyais aussi le grand hôtel de Lamoignon, bâti par Charles IX pour le duc d'Angoulême, fils de Marie Touchet, celui-là même dont Tallemant des Réaux, le roi des bonnes langues, disait : « Il aurait été le plus grand homme de son siècle s'il eût pu se défaire de l'humeur d'escroc que Dieu lui avait donnée. »

Quand ses gens lui demandaient leurs gages, il répondait : « Marauds, ne voyez-vous point ces quatre rues qui aboutissent à l'hôtel d'Angoulême ? Vous êtes en bon lieu, profitez des passants. »

Ce fut pourtant dans la chambre à coucher de ce brillant coquin que naquit l'austère avocat de Louis XVI, M. de Malesherbes.

Je voyais enfin les pignons confus, bizarrement pittoresques et toujours charmants malgré leur destination lugubre, de ces deux palais jumeaux, l'hôtel de Caumont et l'hôtel de Brienne, qui étaient devenus prison après avoir abrité tant d'élégances et tant de joies.

J'étais voisin de la Force, et ceci n'est pas tout à fait une digression oiseuse, car c'est à la Force que nous allons retrouver un de nos meilleurs amis, le lieutenant Maurice Pagès.

La barre qui me servait de balcon dominait les deux seigneuriales demeures qui, depuis l'an 1780, remplaçaient le Fort-l'Evêque et le Petit-Châtelet. Par-dessus le préau, dit la cour de Vit-au-Lait, parce qu'elle était jadis habitée seulement par les détenus condamnés *pour n'avoir point payé les mois de nourrices de leurs enfants,* j'apercevais le profil des trois grands salons où le père de M. le duc de Lauzun donnait à danser, ainsi que l'œil de-bœuf de l'hôtel de Brienne qui, par une matinée de septembre, montra pour la dernière fois le soleil des vivants à la malheureuse princesse de Lamballe.

Immédiatement au-dessous de ma lucarne était un mur tout neuf et qui semblait ne servir à rien.

On l'avait bâti à la suite de plusieurs évasions hardies qui avaient eu lieu par les jardins de la maison même que j'habitais et dont une aile en pavillon touchait les clôtures de la Petite-Force.

Un instant, les évasions avaient été fréquentes au point de tenir tout le quartier en éveil, et les loyers des étages inférieurs de ma maison en étaient tombés à vil prix.

Le mur neuf n'avait cependant fermé qu'une route. On s'évadait maintenant d'un autre côté.

Pour empêcher ce jeu, il fallut démolir la Force.

C'était le lendemain de notre visite à cette autre prison,

l'établissement du docteur Samuel. Il pouvait être neuf heures du matin.

Le temps continuait d'être sombre et froid ; la neige foulée couvrait les pavés comme un mastic brunâtre.

Dans la paisible rue du Roi-de-Sicile, qui était alors le meilleur chemin pour descendre de la place Royale à l'hôtel de ville, de rares passants allaient et venaient.

Le factionnaire de la porte basse de la Force, empaqueté dans son manteau gris, battait la semelle au fond de sa guérite.

Cette porte basse, qui s'ouvrait rue du Roi-de-Sicile, commençait la série des numéros pairs ; l'entrée principale était au n° 22 de la rue Pavée.

A l'angle des deux voies, du côté de la rue Saint-Antoine, il y avait une buvette borgne qui s'était donné bonnement pour enseigne le nom même de la sombre demeure. Au-dessus de ses trois fenêtres, masquées de cotonnade gros-bleu, on pouvait lire cette enseigne : « Au Rendez-Vous de la Force, LHEUREUX, limonadier, vend vins, eau-de-vie et liqueurs. »

Tous les rideaux tombaient droit, cachant l'intérieur de la buvette, excepté celui de la croisée qui se rapprochait le plus du coin de la maison et d'où il était possible d'apercevoir à la fois la porte basse de la rue du Roi-de-Sicile et la grand'porte de la rue Pavée.

Là, derrière le rideau relevé en angle, on pouvait distinguer, à travers le carreau troublé, la tête pâle et triste d'un très jeune garçon, coiffé d'une casquette et guettant le dehors d'un regard attentif.

Ce jeune garçon avait le costume ordinaire des ouvriers parisiens, en semaine, mais sa figure délicate et d'une blancheur maladive contrastait avec la grosse toile du bourgeron gris qu'il portait par-dessus sa veste.

Il était, en vérité, trop beau; aussi le petit homme replet qui répondait au nom de Joseph Lheureux et qui gouvernait le Rendez-vous de la Force dit-il, en apportant le verre de vin chaud que l'adolescent avait demandé :

— Le travail ne vous a pas fait du tort à votre peau, jeune homme. Si nous avions encore des détenus politiques ici près, je saurais quel martel vous avez en tête. Il en venait assez de votre poil, dans le temps, qui avaient l'air, comme vous, d'avoir logé dans des boîtes où il y a du coton.

— Je sors de l'hôpital, répondit l'adolescent avec calme.

Sa voix était douce, mais grave.

Lheureux essuya le coin de la table et grommela :

— Tiens ! c'est la voix d'un petit gars tout de même !

L'adolescent ajouta en soutenant le regard curieux du cabaretier :

— Et j'ai bien peur d'être obligé d'y rentrer.

— A l'hôpital ? fit Lheureux. Pour ma part, je n'y ai jamais fréquenté. Les bons vivants comme moi ne vont à l'Hôtel-Dieu que pour leur dernier coup de sang. Voilà des vrais tempéraments ! Buvez votre vin pendant qu'il est chaud, mon petit, et faites votre faction; par le temps que nous avons, pas de risque que les chalands vous dérangent avant midi.

Lheureux eut un sourire malin et s'en alla à ses affaires.

Notre jeune garçon voulut suivre son conseil et trempa

ses lèvres blêmies dans le vin ; mais son visage prit une expression de dégoût, et le verre plein fut reposé sur la table.

Son regard, qui exprimait à la fois une résolution très-arrêtée et une amère souffrance, se dirigea vers le coucou suspendu à la muraille.

Le coucou marquait neuf heures et un quart.

Les yeux de l'adolescent se reportèrent vers le dehors, interrogeant tantôt l'une, tantôt l'autre des deux rues.

— Ça ne vient donc pas? demanda au bout d'un quart d'heure Joseph Lheureux, qui se chauffait au poêle dans la salle voisine.

— A quelle heure, dit le jeune homme au lieu de répondre, commence-t-on à entrer pour voir les détenus?

— Ça dépend, répliqua Lheureux. Il y a toujours des passe-droits pour les banqueroutiers. Ah! les fins merles! Êtes-vous là pour un banqueroutier?

— Non, j'attends ma mère qui est allée au palais chercher le permis du juge d'instruction.

— Alors c'est un prévenu? Ça dépend encore de ceci, de cela, et puis de la coupe des cheveux. J'ai idée que votre maman ne doit pas être une comtesse, jeune homme, dites donc?

— Ma mère est maîtresse d'une ménagerie.

— Bon état! Et c'est vous qui soignez les petites souris blanches, farceur! Allons! vous ne pouvez pas avoir les mains d'un tailleur de pierres! Reste à savoir quelle est la position sociale du prévenu.

Le jeune garçon ouvrait la bouche pour répondre, mais tout à coup un rouge vif remplaça la pâleur de ses joues, et il bondit sur ses pieds.

— Bigre ! fit le père Lheureux, nous ne sommes pas si engourdi que je croyais !

Il n'eut pas le temps d'en dire davantage ; l'adolescent jeta une pièce de cinq francs sur la table et s'élança vers la porte.

Une voiture venait de s'arrêter, rue Pavée, devant l'entrée principale de la Force.

XXIV

LA FORCE

Le père Lheureux s'installa à la place encore chaude du jeune garçon et s'accouda tranquillement sur l'appui de la croisée.

— Voyons voir, dit-il, nous sommes aux premières loges. Paraît qu'il ne s'inquiète pas de sa monnaie, le blanc-bec. Sans la maman qui descend là-bas, j'aurais juré que ce garçonnet-là était un beau brin de mistette!

La maman descendait, en effet, et son poids sur le marchepied faisait pencher le fiacre comme un navire qui reçoit un grain dans ses hautes voiles.

Après elle, un homme de large carrure, mais d'aspect tout à fait débonnaire, sortit du fiacre. Il était vêtu de bon drap brun et paraissait mal à l'aise dans son costume tout neuf. Un vaste cabas attaché avec des courroies comme une gibecière pendait à son cou.

— Comment! comment! pensa le père Lheureux, c'est ce colosse de femme qui a pondu un enfant si mièvre!

A cet instant même, le jeune garçon aborda sa maman, qui fit un pas en arrière et parut le regarder avec une véritable stupéfaction.

Elle se remit pourtant et prit le bras qu'on lui tendait pour passer le seuil de la porte, après avoir parlé tout bas à l'homme porteur du cabas, qui s'éloigna aussitôt à grandes enjambées dans la direction de la rue des Francs-Bourgeois.

Le maître du Rendez-vous de la Force avait regardé tout cela curieusement.

— Il y a des choses qui n'ont l'air de rien pour les innocents, se dit-il en regagnant son poêle; mais pour un chacun qui voit plus loin que le bout de son nez, c'est différent. Il y a d'abord la pièce de cent sous, à moins que l'enfant ne vienne rechercher la monnaie, mais je parie qu'il ne viendra pas. *Il*, c'est *elle*, bien entendu, j'ai distingué la couleur. Il y a ensuite l'étonnement de la grosse dame, maîtresse d'animaux ou non, quoiqu'elle en possède assez la tournure. L'homme au cabas, nix! Ça peut être un mystère, mais je n'ai pas deviné le rébus. Quand MM. les employés vont venir à midi prendre le premier noir, je saurai un peu de quoi il retourne. Si c'était encore pour le lieutenant de spahis? Il y a déjà eu quelqu'un de mis à pied, rapport à cet olibrius-là. Le petit à la casquette me semble louche, et je vas avertir les camarades.

Au guichet de la grand'porte, pendant cela, le colloque suivant s'était établi entre la grosse maman et le concierge.

La bonne femme avait demandé le lieutenant Maurice Pagès.

— On n'entre pas, répondit le concierge, un peu moins bourru que les romans et les comédies ne le disent, mais néanmoins très-désagréable.

— J'ai le permis de M. Perrin-Champein, riposta Mme veuve Samayoux, reconnue dès longtemps par le lecteur.

Le concierge prit le permis, l'examina, puis le rendit en disant :

— Ce n'est pas l'heure.

Comme inconvénient burlesque, irritant, désespérant, impossible, l'administration française fait l'étonnement de l'univers entier.

Nous n'avons pas le temps de développer ici les actions de grâces qu'elle mérite. Mais nous déclarons que ces grognards sans chassepot, payés pour entraver les affaires et obstruer les passages, seraient, en dehors de toute cause politique, un motif suffisant de révolution.

Notez bien qu'ils sont presque toujours deux douzaines de diplomates pour ne pas faire l'ouvrage d'un seul innocent.

Si j'étais grand-turc de France, j'en empalerais dix-neuf sur vingt et je boucanerais le reste.

A ce mot-assommoir : « Ce n'est pas l'heure, » maman Léo, beaucoup plus calme que nous et qui d'ailleurs semblait possédée, ce matin, par une bonne humeur triomphante, répondit :

— S'il n'est pas l'heure, on peut l'attendre jusqu'à ce qu'elle sonne. On n'est pas dépourvue de ce qu'il faut pour payer la politesse des employés avec un peu de complaisance par-dessus le marché. Mettez-nous, mon garçon et moi, dans la salle d'attente.

— Il n'y a pas de salle d'attente, répondit le concierge. Repassez à onze heures.

Maman Léo ne se fâcha point encore, seulement ses yeux rougirent, tandis que la fraîcheur de ses bonnes joues, avivée déjà par le vent du matin, arrivait tout d'un coup à l'écarlate le plus riche.

— Mon geôlier, dit-elle, je sais la considération qu'est exigée par l'autorité compétente, mais n'empêche qu'elle n'a pas le droit de m'embêter d'une course de sapin et plus par le froid aux pieds qu'il fait dans la saison. J'ai des connaissances dans le gouvernement, moi et mon fils, destiné à ses études complètes dans les premiers colléges, en plus que j'ai rencontré un ami à moi en sortant de chez le juge : M. le baron de la Périère, qui m'a dit : « Madame Samayoux, si on vous fait du chagrin là-bas, à la Force, faites passer mon nom au sous-directeur. »

— M. le baron de la Périère ? fit le concierge, connais pas.

Le jeune garçon, qui n'avait point encore parlé, souleva son bourgeron et prit dans la poche de sa veste une carte qu'il tendit au concierge.

— Que vous connaissiez ou non les personnes qui ont la bonté de nous appuyer, dit-il, cela importe peu ; vous ne pouvez pas refuser de remettre cette carte au directeur de la prison.

— Au directeur ! se récria le concierge, rien que ça !

Mais son regard tomba sur la carte et il lut à demi-voix :

— « Le colonel Bozzo Corona !... » C'est une autre paire de manches ! Il vient dîner ici quelquefois, et quand j'étais garçon de bureau à l'intérieur, il entrait dans le cabinet du ministre comme chez lui. On a bien raison de dire qu'il ne faut pas juger les personnes par la mine ; asseyez-vous là, près du poêle, ma bonne dame, et le petit jeune homme aussi ; je vas envoyer quelqu'un à la direction et vous aurez réponse dans une minute.

Le concierge sortit emportant la carte du colonel, et maman Léo resta seule avec son prétendu fils.

— Ah ! chérie, s'écria-t-elle, je t'ai cherchée au palais et partout le long du chemin. Je regardais par la portière de la voiture, car j'avais deviné ton idée rapport à ce que tu m'avais dit qu'on avait déjà renvoyé un gardien pour t'avoir introduite dans la prison de Maurice. Va-t-il être content !... et fâché aussi, car tu n'as plus tes cheveux, tes beaux cheveux qu'il aimait tant !

— Mes cheveux repousseront, dit Valentine en souriant.

— C'est égal, faut que tu l'aimes crânement ; car il n'y avait pas dans tout Paris une pareille perruque ! C'est le Marchef qui t'a aidée ?

— Oui... et c'est lui qui m'a donné la carte du colonel.

— Celui-là me fait peur, tu sais, le Marchef, quoiqu'il y a sur son compte des histoires à gagner le prix Montyon.

— Bonne Léo, dit Valentine, mes craintes sont plus

grandes encore que les vôtres, car le dévouement de cet homme est inexplicable pour moi, et de plus, je ne comprends pas l'autorité qu'il exerce dans la maison du docteur Samuel. Je vous l'ai déjà dit, et cette pensée se fortifie en moi : Coyatier, dans tout ce qu'il fait pour nous, est soutenu par quelqu'un de plus puissant que lui. Est-ce nous qu'il sert ou bien ce quelqu'un-là ? Et nous-mêmes ne sommes-nous pas un instrument aveugle entre les mains de celui qui nous dirige lentement mais sûrement vers l'abîme ?

— Si tu crois cela... commença la dompteuse.

— Je ne crois rien, mais je crains tout, et je marche pourtant, parce que l'immobilité ce serait la mort : la mort pour Maurice !

— Tu as ton idée, cependant ?

— J'ai mon espoir, du moins. J'ai tant pleuré, tant prié, que Dieu aura pitié peut-être.

— Quant à ça, fit la dompteuse, Dieu est bon, c'est connu, mais quand on n'a pas quelque autre petite manivelle à tourner, dame !...

— Que vous a dit le juge ? demanda Valentine brusquement et comme si elle eût voulu rompre l'entretien.

— Un drôle de bonhomme ! répliqua maman Léo, tout chaud, tout bouillant, tout frétillant et qui ne vous laisse pas seulement le temps de parler. Il sait tout, il a tout vu, il est sûr de tout. Il était en train d'écrire et je m'amusais à le regarder avec son nez pointu et ses lunettes bleues. Sa plume grinçait sur le papier comme une scie dans du bois qui a des nœuds ; il déclamait tout bas ce qu'il écrivait. En voilà un qui ne doit pas être gêné pour e ntortiller le jury ! Il a enfin levé les yeux sur moi et j'ai vu en même temps qu'il était un petit peu louche, derrière ses lunettes. J'ai voulu parler, mais cherche ! il n'y en a que pour lui.

« Vous êtes madame veuve Samayoux, qu'il m'a dit, je sais que vous avez fait la fin de votre mari par accident, ça m'est égal. Vos affaires vont assez bien, et vous ne passez pas pour une méchante femme. J'aurais pu vous interroger, pas besoin ! Il est bien sûr que vous en savez long sur cette histoire-là, mais j'en sais plus long que vous, plus long que tout le monde, et vous m'auriez peut-être dit des choses qui auraient dérangé mon instruction. Non pas que je ne sois toujours prêt à accueillir la vérité, c'est mon état ; mais enfin vous n'avez pas reçu l'éducation nécessaire pour comprendre ce que je pourrais vous dire de concluant à cet égard : trop parler nuit. Vous voulez un permis pour visiter le lieutenant Pagès, vous êtes parfaitement appuyée, je vais vous donner votre permis. »

Tout ça d'une lampée et sans reprendre haleine. Ah ! quel robinet !

Pendant qu'il cherchait son papier imprimé pour le remplir, j'ai pris mon courage à deux mains et j'ai dit avec ma grosse voix :

— Le lieutenant Pagès est innocent comme l'enfant qui vient de naître. Il y a des brigands dans Paris qui sont associés comme les anciens élèves de Sainte-Barbe ou de la Polytechnique ; si monsieur le juge voulait m'écouter, je lui fournirais de fiers renseignements sur les Habits-Noirs.

— Vous avez fait cela ! s'écria Valentine avec inquiétude.

— N'aie pas peur, répartit maman Léo, celui-là *n'en mange pas;* il est bien trop simple et trop bavard. Il s'est mis à rire d'un air méprisant et m'a dit :

« Les classes peu éclairées ont besoin de croire à quelque chose qui ressemble au diable; je connais cette bourde des Habits-Noirs comme si je l'avais inventée, et je sais qu'à force de courir après des fantômes, mon infortuné prédécesseur, qui n'était pas un homme sans mérite du reste, avait fini par devenir fou à lier. Est-ce que le lieutenant Pagès était vraiment fort sur le trapèze? Je suis amateur. Si vous aviez fantaisie de témoigner à décharge, arrangez-vous avec l'avocat, je ne crains pas les contradictions, et nous avons un petit substitut qui vient chercher chez moi jusqu'aux virgules de son réquisitoire. Il ira bien, ce gamin-là! Voilà votre permis. Quand vous en voudrez d'autres, ne vous gênez pas, et dites au colonel Bozzo que je suis trop heureux de lui être agréable. »

— Toujours cet homme! murmura Valentine. Sans lui, nous serions arrêtées à chaque pas!

— Et j'ai peine à croire, ajouta la dompteuse, que son idée soit de nous mener sur la bonne route.

La petite minute demandée par le concierge avait duré une grande demi-heure. Il revint enfin, accompagné d'un guichetier. Au lieu de la morgue importante qui semble collée comme un masque sur tous les visages administratifs, depuis le chef de division assis dans son bureau d'acajou jusqu'à l'homme de peine qui se donne le malin plaisir d'arroser les passants en même temps que la rue, le concierge avait arboré un air affable et presque bienveillant.

— Fâché de vous avoir fait attendre, dit-il, mais le peloton des corridors est long à devider. Vous allez suivre M. Patrat, s'il vous plaît, madame et monsieur; moi je suis M. Ragon, et si vous vous en souveniez, vous pourriez témoigner au besoin que j'y ai mis, vis-à-vis de vous, tout l'empressement de la politesse, sans compter que je serai encore à votre service une autre fois.

— Monsieur Patrat, ajouta-t-il en se tournant vers le porte-clefs, vous allez conduire ces personnes à la cour des Mômes, escalier B, corridor Sainte-Madeleine, porte n° 5. On a accordé vingt minutes, vous resterez de faction, comme c'est nécessaire, surtout le prévenu ayant déjà été cause de la mise à pied d'un employé, mais vous y mettrez tous les égards, en gênant le moins possible les épanchements de l'amitié.

Le porte-clefs prit les devants, maman Léo et Valentine le suivirent, traversant d'abord la cour dite des Poules, qui était interdite aux détenus, parce qu'aucune barrière ne la séparait de la grande porte.

Après avoir passé sous la voûte du corps de logis principal, où les salons de Caumont étaient transformés en dortoir, le guichetier longea le cloître de la cour Sainte-Marie-l'Égyptienne, passa sous le petit hôtel portant alors le nom de Sainte-Anne, et aborda enfin la cour des Mômes, qui servait de promenade pour les détenus au secret, et en même temps de préau aux enfants après les heures des repas.

Un escalier tournant, étroit et voûté, menait au corridor Sainte-Madeleine, qui faisait partie de l'ancien hôtel de Brienne.

Le porte-clefs ouvrit la porte de la chambre marquée

n° 5, et laissa le battant entrebâillé après avoir introduit la veuve et son compagnon.

Afin d'exécuter de son mieux les prescriptions à lui transmises par le concierge, et qui venaient évidemment de plus haut, au lieu de rester à la porte, il se promena de long en large dans le corridor.

Quand nous aurons décrit la cellule de Maurice Pagès, le lecteur verra que cette tolérance était absolument sans danger.

XXV

LE PRISONNIER

Il y avait déjà plus de deux semaines que Maurice Pagès avait quitté la Conciergerie pour être transféré à la Force.

On l'avait laissé au secret pendant les trois premiers jours seulement, puis l'instruction ayant atteint, grâce à la haute opinion que M. Perrin-Champein avait de lui-même, sa complète maturité, l'ordre était venu de rendre Maurice à la vie commune des prisons.

Maurice excitait parmi ses compagnons de peine une très-grande curiosité, d'autant plus qu'il restait séparé d'eux, habitant toujours le quartier des hommes au secret, et soumis à la plupart des précautions spéciales qu'on prend vis-à-vis de ces derniers pour éviter toute tentative d'évasion.

Parmi les captifs de la Force, l'opinion la plus accréditée était que l'ex-lieutenant avait « buté contre un *carq,* » c'est-à-dire que, tombé de manière ou d'autre dans un piége habilement tendu, il payait la loi pour quelque malfaiteur de la haute.

La police suivrait moins souvent une fausse piste, la justice commettrait moins d'erreurs si elles pouvaient à leur aise prendre langue au fond des sombres promenoirs où les reclus viennent boire chaque jour quelques gorgées d'air libre.

Il se tient là une bourse d'informations qui trouve parfois le mot des plus difficiles énigmes et résout en se jouant des problèmes inextricables.

Aussi Canler, Peuchet et la plupart de ceux qui ont écrit sur la police secrète autre chose que d'idiotes déclamations appuient-ils sur le rôle du *mouton* ou prisonnier acheté dans les bureaux.

Les rapports du *mouton* seraient, à leur sens la meilleurs certitude si ce misérable, damné deux fois par son crime d'abord et ensuite par sa trahison, pouvait inspirer une ombre de confiance.

A la Force, on aurait lu avec passion le travail du malheureux Remy d'Arx, repoussé à l'unanimité par les dédains de l'administration et de la magistrature. Peut-être se trouvait-il à la Force quelqu'un qui aurait pu écrire un nom sur chaque masque d'Habit-Noir désigné dans ce travail.

La Force étant plongée bien plus bas encore que la foire dans les profondeurs de la vie parisienne, on y savait mieux la mythologie du brigandage, on y connaissait de plus près les demi-dieux du meurtre et du vol.

Le nom des Habits-Noirs avait été prononcé plus d'une fois à la Force à propos du lieutenant Maurice Pagès.

Mais l'innocence probable de ce dernier, loin de faire naître la sympathie, le plaçait en dehors de la ligne du mal. On guettait l'heure de son procès avec une malveillante impatience.

C'est fête pour les bandits quand une erreur judiciaire se prépare. Chaque faux pas de la justice est un témoignage à leur décharge.

La cellule de Maurice était située au troisième étage de l'ancien hôtel de Brienne et faisait partie des aménagements pratiqués à la fin du règne de Louis XVI pour transformer la noble demeure en prison. Le plan extérieur de la chambre qu'il occupait aurait présenté une surface convenable, mais l'épaisseur des murs en pierre de taille la rendait tout à fait exiguë.

Elle prenait jour au moyen d'une fenêtre étroite, profonde et défendue par un double système de barreaux en fer forgé sur une cour intérieure ayant fait partie autrefois des jardins de Caumont, et où restaient quelques grands arbres, tristes comme des prisonniers.

On apercevait leur cîme de la rue Culture-Sainte-Catherine, et ceux qui ne savaient point dans quelle terre maudite ces vieux troncs étaient plantés songeaient peut-être avec envie à ces heureux voisins, jouissant de feuillées si vertes et de si frais gazons.

Juste en face de la fenêtre, qui ressemblait à une meurtrière élargie, s'élevait le grand mur, bâti récemment pour prévenir le retour des évasions dont nous avons parlé.

Mais il faut ajouter bien vite que ces évasions n'avaient pas eu lieu à l'étage habité par Maurice et qui contenait une douzaine de cellules à l'épreuve, destinées aux criminels de la plus dangereuse catégorie.

Le porte-clés pouvait donc faire les cent pas dans le corridor en toute sécurité. Quand même Maurice aurait eu des ailes au lieu de ses pauvres mains chargées de menottes, il n'y aurait eu pour lui nul espoir de passer à travers les barreaux de sa terrible cage.

Il était assis auprès de sa couchette sur une chaise de paille, seul meuble qui fût dans la cellule, et ses mains liées reposaient sur ses genoux.

Il portait le costume des prisonniers, dont l'aspect suffit à serrer le cœur.

Le jour, qui arrivait plus blanc, après avoir frappé les toits couverts de neige, éclairait à revers sa tête rasée et la pâleur mate de son front.

Nous le vîmes une fois, joyeux jeune homme, soldat rieur, mais tout ému par les espérances qui lui emplissaient l'âme; nous le vîmes une fois, attendri et gai tout en même temps, faire honneur avec le vaillant appétit de son âge au pauvre mais cordial souper que maman Léo lui offrait avec une si enthousiaste allégresse.

Ce soir-là il apprit que Fleurette l'aimait toujours; il entendit prononcer pour la première fois le nom de Remy d'Arx; il pressentit la première atteinte de la fatalité qui pesait déjà sur lui.

C'était à cette soirée que sans cesse il pensait dans la solitude de la prison.

Sa vie entière était résumée pour lui par ces quelques heures qui lui semblaient radieuses et terribles.

Tout de suite après, la mort d'un inconnu commençait le drame en quelque sorte surnaturel qui l'avait enveloppé comme un suaire de plomb et contre lequel il n'y avait pas de résistance possible.

Son souvenir allait obstinément vers cette cabine de saltimbanque, encombrée d'objets misérables et ridicules, où il mettait, lui, tant de pure, tant d'adorable poésie.

Tout le roman bizarre, mais heureux, de sa jeunesse était là. Est-ce qu'il n'y avait pas le sourire enchanté de Fleurette pour jeter à pleines mains le prestige sur le côté bas et comique de la baraque?

Maurice revoyait dans un éblouissement l'humble théâtre de ses joies.

C'était là encore, c'était là, qu'après la longue absence il avait retrouvé l'espoir et le bonheur.

En ce monde, Maurice n'avait pour l'aimer bien que deux cœurs : Valentine et Léocadie.

Certes, Mlle de Villanove et la dompteuse étaient placées dans des situations fort différentes, mais au temps où Maurice les avaient connues, maman Léo était la protectrice et la patronne de celle qu'on nommait maintenant Mlle de Villanove.

Elles étaient en outre réunies par leur tendresse commune pour lui.

En dehors d'elles, Maurice n'avait ni attache ni espoir; non pas qu'il fût indifférent ou ingrat envers sa propre famille, composée de bonnes gens qui l'avaient bien traité dans son enfance, mais sa famille, représentée surtout par le brave père Pagès, l'avait retranché une première fois déjà deux ans auparavant, comme une branche gourmande.

Maurice, en son cœur, ne blâmait point cela; il savait bien qu'un homme de médiocre aisance et chargé d'enfants comme l'était son père ne doit jamais jouer avec la sécurité de sa maison.

Pendant sa brillante campagne d'Afrique, on lui avait presque pardonné, mais, depuis son malheur, il n'avait reçu qu'une dépêche brève et froide.

Ce n'était pas, à la vérité, une malédiction; mais la dépêche se terminait par cette phrase, résumé des sagesses provinciales : « Ceux qui méprisent les conseils de l'expérience et secouent l'autorité paternelle finissent toujours malheureusement. »

A Dieu ne plaise qu'il y ait en nous amertume ou sarcasme au sujet de cette phrase qui est, en somme, l'expression bourgeoise d'une vérité fondamentale!

Mais le vieux Lafontaine nous montre en riant ce que vaut la sagesse venant hors de propos, et mieux vaudrait peut-être la folie.

Je préfère ceux qui, loin d'accepter ainsi l'accomplissement de leur banale prédiction, se redressent, incrédules, devant la honte, ceux qui s'écrient, en dépit de toute apparence et même de tout bon sens : « Non! mon fils n'est pas coupable! »

C'est la famille, cela, c'est la vraie famille. La famille n'existe qu'à la condition de garder cette foi robuste et ces splendides aveuglements.

Maurice, depuis sa seconde arrestation, n'avait pas passé un seul jour sans attendre la visite de maman Léo.

Celle-là ne regorgeait point de sagesse, mais Maurice savait quel dévouement sans borne était au fond de ce brave cœur. A mesure que le temps passait, son étonnement de ne la point voir grandissait, et pourtant il ne songeait point à l'accuser d'oubli.

Il n'attendait plus d'autre visite que la sienne, parce que l'employé qui avait ouvert une fois la porte de sa prison à Valentine avait été congédié.

Quand il vit entrer la dompteuse, et d'abord il ne vit qu'elle, sa première parole fut celle-ci :

— Pauvre maman ! je parie que vous avez été malade ?

La veuve vint à lui impétueusement et les bras ouverts ; il ne put répondre à ce geste à cause des liens qui retenaient ses poignets.

La veuve le serra contre son cœur en pleurant et en balbutiant :

— Maurice ! mon chéri de Maurice ! comme te voilà changé ! comme tu as dû souffrir !

Elle avait oublié Valentine, que sa large carrure cachait aux yeux du prisonnier.

— Je ne souffrirai pas bien longtemps désormais, reprit celui-ci ; embrassez-moi encore, maman Léo, et puis nous parlerons d'elle, n'est-ce pas ? j'ai grand besoin de parler d'elle.

— Mais elle est là, dit la bonne femme à voix basse ; elle est avec moi.

Maurice la repoussa d'un mouvement si brusque qu'elle faillit tomber à la renverse, malgré sa vigueur.

— Saquédié ! dit elle toute contente, tu as encore de la force, mon cadet !

Maurice s'était levé à demi ; ses yeux se fixaient sur

Valentine, qui était debout et immobile au milieu de la chambre. Son premier regard hésita à la reconnaître sous le déguisement qu'elle avait pris.

Quand il la reconnut deux larmes roulèrent le long de ses joues, et il retomba sur son siége, répétant presque les paroles même de la dompteuse :

— Vous avez coupé vos cheveux ! vos beaux cheveux que j'aimais tant !

Le porte-clefs passait en ce moment devant le seuil.

— Bonjour, cousin, dit Valentine à haute voix; est-ce vrai qu'on ne vous laisse pas fumer votre cigare ? Voilà ce qui doit être dur.

Elle s'approcha et baisa Maurice au front.

— Chère ! chère Valentine ! murmura celui-ci. J'aurais été trop heureux. Est-ce que c'était possible d'avoir sur la terre un bonheur pareil !

Le porte-clefs en repassant jeta un regard à l'intérieur de la cellule. Il vit maman Léo assise sur le pied du grabat, les jambes balantes, le prisonnier toujours à la même place et le jeune garçon debout auprès de lui.

— Nous n'avons pas de temps à perdre, dit la dompteuse, et ce n'est pas pour nous amuser que nous sommes ici.

— Laissez-moi parler, maman, interrompit Valentine, je veux tout expliquer moi-même à Maurice.

— Alors, viens t'asseoir auprès de moi, fillette, car tes jambes flageollent.

Valentine avait, en effet, chancelé.

— Non, fit-elle, je veux rester là, je veux m'asseoir sur les genoux de mon mari.

Elle écarta elle-même les mains de Maurice, qui la regardait en extase, et s'assit, plus légère qu'une enfant, à la place qu'elle avait indiquée.

— Malgré tout, pensait la dompteuse, elle a un petit coup de mailloche, c'est bien sûr !

— Nous n'avons pas de temps à perdre, répéta Mlle de Villanove avec une singulière tranquillité ; il faut que tout soit expliqué, que tout soit convenu en quelques minutes, car les choses vont marcher très-vite, et nous ne nous reverrons peut-être plus avant le grand jour.

— Quel grand jour? demanda Maurice, qui avait échangé un regard avec la dompteuse.

Valentine sourit doucement.

— Cela nous retarderait, dit-elle, si vous vous mettiez en tête que je suis folle. Parmi les choses que je vais vous dire, il y en aura qui vous sembleront bizarres, mais j'ai toute ma raison, je vous l'affirme, et je suivrai ma route avec courage parce que je l'ai choisie avec réflexion.

Elle se tenait droite, et il y avait de l'orgueil dans le geste qui appuyait sa main charmante sur l'épaule de son fiancé.

— Vous êtes mon mari, Maurice, reprit-elle, et je suis votre femme par le fait de notre mutuelle volonté. Que nous devions vivre ou mourir, mon vœu est que cette union soit bénie par un prêtre, afin qu'il n'y ait qu'un seul nom sur la tombe où nous dormirons tous deux.

— Mais ce n'est pas tout cela... voulut interrompre la dompteuse.

— Laissez ! ordonna Valentine.

Et Maurice, qui baignait ses yeux dans le regard de la jeune fille, répéta :

— Laissez! oh! si fait, c'est bien cela!

Valentine pencha ses lèvres jusque sur le front du prisonnier pour murmurer :

— Nous ne pouvons avoir à nous deux qu'une volonté. Je ne vous redemande pas le poison que je vous ai donné, Maurice, mais j'ai changé d'avis et je ne veux plus m'en servir.

La prunelle du jeune homme exprima une inquiétude.

Mlle de Villanove sourit encore et ajouta :

— J'ai votre promesse, vous ne vous en servirez pas tout seul.

— Cependant.... commença Maurice.

On entendait à peine les pas du porte-clefs qui se promenait à l'autre bout du corridor.

Le doigt de Valentine se posa sur la bouche de son fiancé, mais ce ne fut pas elle qui parla, car maman Léo était en colère.

— Saquédié! s'écria-t-elle, il s'agit de préparer une évasion et je croyais que la petite avait au moins quelques limes et un ciseau à froid pour travailler ces doubles barreaux qui ne paraissent pas faciles à remuer. Est-ce que vous croyez qu'on s'en va de la Force en disant au gouvernement : Pardon excuse, j'ai besoin d'aller à la chapelle pour mon petit *conjungo?* J'ai déjà vendu mes rentes, moi, et j'ai un bon garçon, incapable d'inventer la vapeur, mais solide au poste comme le chien de Montargis, qui court la ville pour nous embaucher des hommes. Après quoi, il tentera de se ménager des intelligences ici dans l'intérieur de l'établissement... Mais vous ne m'écoutez pas, dites donc!

Maurice et Valentine se regardaient.

— Il se peut que nous ayons besoin de vos hommes, bonne Léo, dit la jeune fille, il se peut que nous ayons aussi besoin de votre argent, et pourtant je crois être très-riche. Dans une heure, désormais, nous serons fixés à cet égard. Ne m'interrompez plus et laissez-moi expliquer à Maurice ce qu'il a besoin de comprendre, car, dans notre situation, il est des choses que je ne saurais éclairer complètement et qui doivent être laissés à la grâce de Dieu comme le sort des malheureux menacés par un naufrage.

Elle se recueillit un instant. Quand elle parla de nouveau, ses beaux yeux brillaient d'une sérénité angélique.

— Aux yeux de la sagesse humaine, dit-elle, nous sommes si bien perdus que par deux fois nous avons cherché notre refuge dans la mort.

Au-delà de la mort, dans l'éternité à laquelle je crois plus fermement depuis que je souffre, le châtiment de ceux qui s'aimaient ardemment sur la terre et qui l'ont quittée par un crime doit être la séparation. Oh! ne m'objectez rien, le doute ne m'arrêterait pas; il suffit que la justice de Dieu puisse exister pour que ma résolution soit inébranlable. Je ne veux pas être séparée de Maurice; je veux que notre serment juré ici-bas s'accomplisse dans le ciel, et, pour cela, je ne demande pas à mon fiancé de subir le supplice d'infamie, je ne lui demande pas d'attendre l'échafaud, mais je lui dis : « Ami, nous étions déterminés à mourir; je vous apporte une espérance qui est peut-être chimérique, et je vous supplie, pour l'amour de moi, de ne point faire subir à cette espérance l'examen de raison. Elle est ce qu'elle est, extravagante ou sensée, que vous importe, en définitive, puisqu'hier encore notre dernière ressource était le partage d'une liqueur mortelle?

— Ah çà! ah çà! murmura la veuve, qui s'agitait sur le pied du lit, je ne rêve pas, car je viens de me pincer jusqu'au sang. Est-ce qu'on parle allemand ou grec? Je veux être pendue si je comprends un mot de ce que vous nous chantez-là, ma bergère!

— Et toi? fit Valentine en se penchant à l'oreille du prisonnier.

— Moi, je veux tout ce que tu veux, répondit Maurice, mais je ne comprends pas non plus.

Valentine continua, cherchant ses paroles, et avec une sorte de timidité :

— Ne me forcez pas à penser que mon effort ne tend qu'à me tromper moi-même; je n'ai pas beaucoup d'espoir, c'est vrai, car je suis obligée de m'appuyer sur quelque chose de terrible. Mais dussions-nous succomber, Maurice, ne vaudrait-il pas mieux mourir en combattant? et ne préférerais-tu pas, toi si brave, le martyre au suicide?

— Si fait! répondit vivement le prisonnier dont les yeux brillèrent.

Maman Léo, en même temps, frappa ses deux mains l'une contre l'autre et s'écria :

— C'est l'affaire du Coyatier, alors? Voilà que je comprends à demi! Eh bien! saquédié! je n'aime pas plus le martyre que le poison, et à moins qu'on ne me lie les pieds et les pattes, je ne vous laisserai pas vous jeter dans la gueule du loup, c'est moi qui vous le dis!

XXVI

LA MAISON DE REMY D'ARX

Le gardien s'arrêta devant la porte, au dehors, et dit fort poliment :

— Les vingt minutes sont mangées, il faudrait penser à s'en aller.

— Déjà ! firent à la fois Valentine et Maurice.

— Votre montre avance, l'homme, répondit la dompteuse, qui avait repris son air déterminé. Encore une petite seconde, s'il vous plaît, on est en train de prêcher le jeune homme pour qu'il se fasse une raison dans son infortune.

Le porte-clefs ayant accordé deux minutes de grâce, la dompteuse reprit tout bas en s'adressant à Valentine :

— Fillette, tu me fais l'effet comme si tu jouais avec le feu de l'enfer. Le diable et ces gens-là, vois-tu, c'est la même chose !

— Maurice n'a pas peur d'eux, murmura Valentine.

— Lui ! mon lieutenant, avoir peur ! s'écria maman Léo. S'il les tenait en Algérie, au champ d'honneur, il les avalerait comme de la soupe ! Ce n'est pas pour vous faire reculer que je parle, non, c'est bien la vérité que Fleurette a dit tout à l'heure : « Nous sommes tous ici comme au milieu d'un naufrage. » Quoi donc ! quand la perdition est là tout à l'entour et qu'on ne sait plus à quel saint se vouer, il faut bien donner quelque chose au hasard et même au diable ; seulement j'ai mon idée : pendant que le Coyatier travaillera, je n'aurai pas mes mains dans mes poches.

— Prenez garde, bonne Léo, fit Mlle de Villanove, la moindre marque de défiance anéantirait notre dernière chance de salut.

Elle s'était levée, et son geste imposa silence à la dompteuse, qui allait parler encore.

— Sur cette dernière chance, dit-elle, j'ai mis tout mon avenir, tout mon bonheur, tout mon cœur. Mes jours et mes nuits n'ont qu'une seule pensée, je travaille, je prie, et il me semble parfois que je réussirai, moi, pauvre fille, à tromper l'astuce de ces démons... Êtes-vous bien décidé, Maurice ?

— Qu'ai-je à perdre ? demanda le jeune prisonnier en souriant.

— Alors, tenez-vous prêt à toute heure. Il ne s'agit ni de liens brisés, ni de barreaux attaqués avec la lime, suivez seulement celui ou celle qui viendra et qui vous dira : *Il fait jour.*

— Leur mot d'ordre ! balbutia la veuve en pâlissant.

— Je vois que nous n'y allons pas par quatre chemins, dit Maurice avec une sorte de gaieté désespérée.

— Quand on prononcera ce mot à votre oreille, reprit Valentine, je serai là, bien près, et s'il y a péril, je le partagerai.

— Si c'est comme ça que tu le consoles... commença maman Léo.

— Un mot encore, interrompit Valentine ; pour se marier, il faut avoir un nom, et je n'en ai pas. Celui que je porte n'est pas à moi, j'en suis sûre.

— Saquédié ! saquédié ! s'écria la veuve, voilà ce qui me donne la chair de poule, c'est l'idée qu'on va perdre du temps à faire ce mariage, au lieu de filer au grand galop sur n'importe quelle route. Ces noces-là, moi, je les enverrais je sais bien où, et quant à l'histoire d'avoir ou de ne pas avoir un nom, dame ! quand il s'agit de la vie...

Les lèvres de Valentine touchaient en ce moment le front de Maurice.

— Je suis Mlle d'Arx, murmura-t-elle d'une voix si basse qu'on eut peine à l'entendre ; j'ai à venger mon père, j'ai à venger mon frère. Ils me croient folle, ils ont raison peut-être, car j'ai pris, moi, pauvre fille, un fardeau qui écraserait les épaules d'un homme. Ce n'est pas à une fuite que je vais, c'est à une bataille. Mon mari doit le souffle de sa poitrine à mon frère Remy d'Arx ; mon mari doit être de moitié dans ma vengeance, et c'est pour cela que je risque sa vie avec la mienne. J'aurai mon nom pour avoir mon mari, et ne craignez pas un trop long retard : avant une demi-heure, je saurai comment je m'appelle et je pourrai prouver la légitimité de ma vengeance.

Elle s'était redressée si belle et si fière que maman Léo et Maurice la regardaient avec admiration. Il leur semblait à tous deux qu'ils ne l'avaient jamais vue.

Mais tout à coup sa physionomie changea, parce que le gardien reparaissait à la porte.

Elle secoua rondement la main du prisonnier en disant tout haut :

— Bonsoir, cousin, à vous revoir ! je sais bien qui est-ce qui ne fera pas tort aux provisions de la maman ce matin. De vous trouver comme ça dans la peine, ça m'a ôté l'appétit pour toute la journée. Venez, la mère !

Et elle poussa dehors maman Léo tout étourdie, mais sur le seuil elle se retourna.

Sa main toucha sa poitrine et ses lèvres, comme si elle eût envoyé à Maurice tout son cœur dans un dernier baiser.

Le fiacre attendait devant la porte de la prison. D'un regard rapide, Valentine interrogea les deux côtés de la rue et ne vit rien de suspect.

Elle monta la première.

Maman Léo dit au cocher en haussant les épaules :

— Voilà pourtant les gamins d'aujourd'hui !

Elle ajouta tout haut en montant à son tour :

— Que tu mériterais bien une taloche pour te comporter avec l'impolitesse de laisser une dame en arrière !

— Et la taloche vaudrait de l'argent au marché des

giffles, pensa le cocher, qui avait déjà mesuré plusieurs fois avec admiration l'envergure de maman Léo.

— Vous avez raison, murmura Valentine, qui tendit la main à sa compagne; j'ai oublié un instant mon rôle; mais il est bien près de finir, et je ne le reprendrai plus.

Elle abaissa la glace qui fermait le devant de la voiture pour dire au cocher :

— Rue du Mail, n° 3, et brûlez le pavé, vous aurez un bon pourboire.

— Alors c'est toi qui commandes la manœuvre? fit la veuve.

— Oui, répondit Mlle de Villanove.

Ce fut tout. Deux ou trois fois pendant la route, maman Léo essaya de renouer l'entretien, mais Valentine resta silencieuse et absorbée.

Quand la voiture s'arrêta à l'entrée de la rue du Mail, devant la maison n° 3, Valentine sembla s'éveiller d'un sommeil.

— Tu connais quelqu'un ici, fillette? demanda la dompteuse.

Elle s'interrompit pour ajouter :

— Mais qu'as-tu donc? te voilà plus pâle qu'une morte!

Valentine répondit :

— Je ne suis jamais venue qu'une fois dans cette maison. J'y connaissais quelqu'un... quelqu'un de bien cher!

Elle se leva en même temps pour descendre. Maman Léo demanda encore :

— Faut-il rester ou te suivre? As-tu besoin de moi?

— Je suis bien faible, répliqua Valentine, ne m'abandonnez pas.

La veuve sauta la première sur le trottoir et reçut dans ses bras la jeune fille, qui pouvait à peine se soutenir.

Elles entrèrent toutes deux sous la voûte, où le concierge était en train de fendre du bois pour son poêle.

— Demandez-lui, prononça tout bas Valentine, s'il y a quelqu'un chez M. Remy d'Arx.

Ce mot valait toute une longue explication.

— Bon! bon! fit la dompteuse, je ne m'étonne plus alors si tu trembles la fièvre, mais tu peux te vanter de m'avoir fait peur!

Elle adressa au concierge la question que Valentine lui avait dictée. Le bonhomme, qui était courbé sur son ouvrage, se releva et les regarda avec mauvaise humeur :

— Là où demeure maintenant M. d'Arx, répondit-il brutalement, il n'y a où mettre personne avec lui.

— Et son domestique? murmura Valentine, Germain?...

— Monsieur Germain, rectifia le portier, c'est différent; son domestique vient de remonter... j'entends le domestique de M. Germain, et je pense bien qu'il doit être levé à cette heure : j'entends M. Germain. Il lui vient assez de visites, au brave monsieur, depuis l'histoire, mais il n'en est pas plus fier pour ça. Montez au premier et ne sonnez pas trop fort, parce qu'il n'aime pas le bruit.

Valentine et maman Léo montèrent. A leur coup de sonnette discret, un valet de bonne apparence, sans livrée, mais portant le grand deuil, vint ouvrir.

Elles n'eurent même pas besoin de parler. Aussitôt que le valet les eût aperçues, il s'écria :

— Entrez, entrez, ma bonne dame, et vous aussi, jeune homme, vous êtes en retard. Voici plus d'une heure que monsieur vous attend.

— Nous sommes bien ici chez M. Germain? dit Valentine, qui crut à une méprise.

— Vous êtes chez M. Remy d'Arx, répartit le valet, non sans emphase, mais c'est bien M. Germain qui vous attend.

Valentine et maman Léo entrèrent. Certaines maisons de la rue du Mail sont construites selon un assez grand style, et il y a telle d'entre elles qui ne déparerait point le faubourg Saint-Germain.

Après avoir traversé une salle à manger et un salon hauts d'étage, tous les deux vastes et meublés avec un goût sévère, mais où il régnait je ne sais quel arrière-goût de tristesse et d'abandon, la dompteuse et sa jeune compagne furent introduites dans le cabinet de travail de Remy d'Arx.

Le valet avait dit en les précédant :

— M. Germain, c'est la bonne dame et son pe it.

Le cabinet était une pièce de la même taille que le salon, et dont les deux hautes fenêtres donnaient sur une cour plantée d'arbres. Le bureau, les siéges et la bibliothèque régnante étaient en bois d'ébène, dont le poli austère ressortait sur le sombre velours des tentures.

Il y avait auprès du bureau, dans le fauteuil où sans doute Remy d'Arx avait coutume de s'asseoir autrefois, un homme à cheveux blancs qui portait la grande livrée de deuil.

Cet homme, dont la figure était triste et respectable, repoussa des papiers qu'il était en train de consulter et regarda les nouvelles venues.

Nous nous exprimons ainsi, parce que, paraîtrait-il, le sexe de Valentine n'était pas un mystère pour lui. En effet, il se leva et dit avec une sorte de pieuse émotion :

— Mademoiselle d'Arx, M. Remy, votre frère, mon maître bien-aimé, m'a laissé l'ordre de commander ici jusqu'à votre venue, afin de vous recevoir dans votre maison et de vous mettre en possession de ce qui vous appartient.

Maman Léo ouvrait de grands yeux. Les événements pour elle prenaient une allure féerique.

Son imagination était si violemment frappée que désormais aucune surprise ne pouvait lui arriver exempte d'inquiétude.

Elle voyait partout la menace mystérieuse, et il semblait que le souffle des Habits-Noirs empoisonnât l'air même qu'elle respirait.

Elle n'avait rien perdu de sa bravoure, en ce sens qu'elle était prête à affronter n'importe quel danger, mais sa bravoure ne paraissait plus au dehors.

Elle se tenait en arrière de Valentine et regardait avec une sorte de terreur superstitieuse cette chambre où était mort un soldat de la loi que la loi n'avait pas su défendre.

Valentine, au contraire, était calme, en apparence du moins.

Elle répondit au vieux Germain par un simple signe de tête, puis elle marcha droit à un portrait posé sur chevalet entre les deux fenêtres et que le jour frappait à revers.

Elle retourna le chevalet en silence pour mettre le portrait en lumière.

La mélancolique et belle figure de Remy sembla sortir de la toile.

Valentine le contempla longuement, pendant que maman Léo et Germain se taisaient tous les deux. On put voir ses mains tremblantes se chercher et se joindre ; sa paupière battit comme pour refouler des larmes.

Elle ne pleura point.

— Pourquoi m'avez-vous appelée mademoiselle d'Arx? demanda-t-elle en revenant vers le bureau.

Parmi la douleur profonde qui couvrait les traits de Germain, il y eut comme un sourire.

— Parce que je vous attendais, répondit-il ; il y a bien longtemps que je vous attends, et ce matin encore votre visite m'a été annoncée. Je vous ai reconnue tout de suite ; il m'a semblé voir M. Remy à l'âge de quinze ans. Il était le vivant portrait de sa mère, de votre mère aussi, mademoiselle, et je suis sûr qu'avec les habits de votre sexe vous ressembleriez trait pour trait à feu notre bonne dame.

Il avança le propre fauteuil de Remy, et son geste respectueux invita Valentine à s'asseoir.

Valentine prit le siége et dit :

— Faites comme moi, bonne Léo, nous resterons longtemps ici.

Germain, qui tout à l'heure encore, était le maître de cette maison, où il remplaçait avec une véritable dignité le jeune magistrat décédé, avait repris, sans affectation ni regret, l'attitude qui convient à un domestique, et il se fût offensé peut-être si Valentine l'eût traité autrement qu'en serviteur.

— Il y a eu, le mois passé, quarante-trois ans, fit-il, que j'entrai dans la maison de M. Mathieu d'Arx. C'était alors un tout jeune homme, il achevait ses études et me demandait parfois conseil. Quand il se maria, il me garda, et la jeune dame, qui était belle comme les anges, m'aima comme son mari m'aimait. Je les servais de mon mieux; il n'y a rien au monde que je n'eusse fait pour eux. Il y eut une grande joie quand l'enfant vint : M. Remy. Après le père et la mère, ce fut moi qui l'embrassai le premier. Ils sont morts maintenant tous, le père, la mère et l'enfant; vous êtes la seule en vie, mademoiselle d'Arx; vous êtes la seule aussi qui ne me deviez rien; mais j'espère que vous me garderez pour l'amour de ceux qui ne sont plus.

Valentine lui tendit sa main, qu'il baisa.

— Merci! fit-il. Je n'aurais pas été content de rester ici seulement parce que M. Remy vous le demande dans son testament.

— Mon frère a fait un testament? murmura Valentine.

— Il n'a pas pu en écrire bien long, répliqua Germain, et sa pauvre main, qui courait si vite autrefois sur le papier, a eu de la peine à tracer quelques lignes. Je vous les donnerai, ces lignes, elles sont à vous comme tout le reste; mais il y a un autre testament qui n'est pas écrit : ce sont toutes les paroles tombées de ses lèvres, et qui, toutes, depuis la première jusqu'à la dernière, étaient prononcées pour vous.

— Saquédié ! fit la dompteuse, qui atteignit son vaste mouchoir, tu te retiens pour ne pas pleurer, fillette, mais moi, j'ai beau faire, ne te fâche pas, ça va partir.

Germain la regarda, étonné de cette familiarité.

— J'ai vu M. Bouffé, une fois, au Gymnase, reprit la dompteuse, qui avait des larmes plein les yeux, dans un rôle de valet fidèle, même qu'on lui donna le prix Montyon au troisième acte, mais il n'était pas de moitié si bien que vous. Dévidez votre rouleau, vénérable Germain, je ne suis pas du grand monde, moi, et la filette me prend pour ce que je vaux.

D'une main elle s'essuya les yeux, de l'autre elle secoua celle du vieil homme en ajoutant :

— Voilà qui est fini, vous pouvez marcher.

— M. Remy, prononça Germain à voix basse, n'a pas eu la force de m'en dire bien long, mais il m'a parlé d'une bonne dame, montreuse d'animaux, je crois, à qui Mlle d'Arx doit beaucoup de reconnaissance.

— C'est moi, la montreuse, brave homme ; mais la fillette ne me doit rien de rien. Roulez votre bosse, voulez-vous ? car nous ne sommes pas ici pour flâner.

— Il y a, continua Germain, bien des choses que je ne comprends pas. M. Remy m'avait défendu de faire aucune démarche, pour vous joindre, avant un mois écoulé mais il avait ajouté : « Elle viendra d'elle-même ; je suis sûr qu'elle viendra. »

J'attendais. Ce matin on m'a annoncé un commissionnaire qui demandait Mlle d'Arx. Je l'ai fait introduire auprès de moi, il m'a dit que vous deviez venir et m'a dépeint le costume sous lequel vous vous présenteriez. Il ne m'a pas dit pourquoi vous portiez ce costume.

Maman Léo et Valentine échangèrent un regard.

— Il avait, continua le vieux valet, un besoin pressant de vous parler. Il est sorti en disant : « Priez Mlle d'Arx de m'attendre, car je reviendrai. »

Valentine demanda :

— Comment était fait ce commissionnaire ?

En quelques paroles, Germain dessina un portrait si frappant de ressemblance, qu'on ne le laissa pas achever, la dompteuse et Valentine prononcèrent en même temps le nom de Coyatier.

— Méfiance ! murmura maman Léo, dont les sourcils étaient froncés.

— Je n'en suis plus à la méfiance, répliqua Valentine avec son sourire triste, mais vaillant ; si vous aviez eu peur, maman, quand vous entriez dans la cage de vos bêtes féroces, vous auriez été perdue.

— C'est vrai, murmura la veuve ; mais c'est chanceux.

— Ce que je désire savoir, reprit la jeune fille, c'est ce qui regarde mon frère ; parlez, Germain, et soyez bref, car j'ai peu de temps pour vous entendre.

XXVII

LA VISITE DES HABITS-NOIRS

Germain demanda :

— Mademoiselle d'Arx désire-t-elle que je lui raconte passé ? elle a le droit de tout savoir, et parmi les dernières paroles de mon cher jeune maître, il y avait celle-ci : « Que ma sœur n'ignore rien... »

— Je sais tout, interrompit Valentine.

— Alors que Dieu vous donne le courage ou l'oubli ! c'est une sanglante histoire et il y a bien des douleurs dans l'héritage que vous allez recueillir. Jusqu'à ces derniers temps, M. Remy vous cherchait encore, malgré le grand travail qui prenait toutes ses heures ; j'entends : il cherchait toujours sa sœur, la pauvre enfant disparue lors la terrible catastrophe de Toulouse. Quand il ne chercha plus, c'est que le hasard vous avait envoyée sur son chemin, trompant sa tendresse et le condamnant à ce supplice atroce dont il est mort... car ce n'est pas le poison qui l'a tué.

— C'est moi qui l'ai tué, murmura Valentine. Je sais aussi cela.

Elle était plus pâle qu'une agonisante, mais elle se tenait ferme et droite sur son siége.

Maman Léo suait à grosses gouttes.

Germain courba la tête et dit tout bas :

— Il y a des familles qui sont condamnées.

— M. Remy se cachait de moi, poursuivit-il, comme s'il eût craint un conseil ; je ne connaissais la fiancée de mon maître que pour l'avoir entrevue à travers un voile, le soir où il revint du palais, évanoui, et ce n'est pas à cause de cette rencontre que je vous ai reconnue tout à l'heure. J'ignorais aussi la guerre implacable où mon maître était engagé. Je savais seulement, ou plutôt je voyais qu'il devenait sombre, inquiet, malade d'esprit et de corps ; il y avait un signe funeste sur son front, et je devinais peut-être la nature du péril qui le menaçait, car la fièvre de ses nuits parlait dans son sommeil. Mais que faire ? Il était magistrat comme son père, et son père était tombé en faisant son devoir. Le jour même de la signature du contrat, vers quatre heures du soir, on le rapporta ici. Il n'était pas mort, mais il ne bougeait ni ne parlait, et ses yeux semblaient ne plus me voir.

Il resta ainsi toute la soirée. J'avais fait appeler plusieurs médecins qui vinrent et se consultèrent longuement.

Quand ils se retirèrent, l'un d'eux me dit :

— Si les opinions que M. d'Arx professait ne s'y opposent pas, il faudrait lui avoir un prêtre.

Jusqu'à ce moment-là, j'avais espéré en sa jeunesse et en la force de sa constitution.

Un autre docteur me demanda :

— N'a-t-il donc point de famille ? Il faudrait prévenir ses parents ou du moins ses amis.

J'envoyai chercher le curé de Notre-Dame-des-Victoires, l'abbé Desgenettes, ce vieux soldat qui porte la soutane comme une capote de grenadier. Il nous connaissait bien ; il arrivait quelquefois dès le matin chez M. Remy, qu'on éveillait pour le recevoir, et il disait : « J'ai besoin de tant pour mes pauvres. »

On lui payait son dû.

Il vint, il interrogea mon pauvre malade, qui resta muet comme une pierre.

M. le curé s'agenouilla auprès du lit et pria, mais tout cela ne dura pas longtemps parce que d'autres malheureux l'attendaient.

— Garçon, me dit-il en s'en allant, si M. d'Arx recouvre sa connaissance à quelque heure du jour ou de la nuit que ce soit, je serai prêt ; mais s'il ne recouvre pas sa connaissance, il ne faut point craindre, car jamais il n'a rien refusé à ceux qui souffrent. Les âmes comme la sienne n'ont pas besoin de passe-port pour s'en aller tout droit à Dieu.

De la famille, M. Remy n'en avait plus ; des amis, il n'en voulait point parce que les amis prennent du temps et qu'il avait sa tâche.

Je songeai pourtant tout à coup à un homme de grand âge qu'il estimait fort au-dessus des autres hommes, et qui lui donnait des conseils pour son grand travail. J'envoyai rue Thérèse chez le colonel Bozzo-Corona.

A ce nom, Valentine et aussi la dompteuse firent un si brusque mouvement que le vieux valet s'arrêta.

— Vous le connaissez? demanda-t-il; moi je ne savais qu'une chose; c'est qu'il avait une figure bien vénérable et que M. Remy n'accueillait personne si affectueusement que lui.

Il vint tout de suite et ne vint pas seul. Il y avait avec lui le docteur Samuel et un M. de Saint-Louis que j'avais vus l'un et l'autre quelquefois. Il y avait aussi une femme admirablement belle qui, dès son entrée, courut vers le lit et prit les deux mains de M. Remy en pleurant.

Le colonel et ses compagnons avaient aussi l'air ému. Ce fut d'eux que j'appris dans ses détails la scène de la rue d'Anjou-Saint-Honoré.

Le docteur Samuel examina M. Remy pendant que la jeune femme, qui était la comtesse Corona, demandait d'une voix tremblante :

— N'y a-t-il donc aucun moyen de le sauver ?

Le docteur Samuel répondit :

— La vie ne tient plus en lui que par un fil.

Et quelques minutes après il ajouta :

— Le voilà qui meurt... il est mort !

— Était-ce vrai? interrompit Valentine, qui écoutait, la face livide, mais les yeux secs.

— Non, répliqua Germain, ce n'était pas encore vrai; mais je le crus, car les yeux de mon maître étaient sans regard et ma main, que j'approchai de ses lèvres, ne sentit que du froid.

Le colonel s'approcha de moi et me dit :

— Germain, vous savez qu'il y avait entre mon malheureux ami et moi autre chose que de l'affection. Nous poursuivions en commun l'accomplissement d'une tâche qui a occupé son existence tout entière.

C'était vrai, je le savais ou du moins M. Remy m'avait donné à entendre que le colonel Bozzo avait sa plus intime confiance, et qu'en cas de malheur, car M. d'Arx avait la pensée d'un malheur, c'était au colonel Bozzo que je devrais m'adresser en première ligne.

Je savais aussi que le secrétaire de mon maître était plein de papiers ayant rapport à cette œuvre mystérieuse que je croyais commune entre lui et le colonel.

La responsabilité qui pesait sur moi en ce moment terrible m'écrasait. Peut-être ne savais-je pas bien ce que je faisais, car le chagrin me rendait fou. Toujours est-il que j'allai vers l'endroit où M. d'Arx mettait la clef de son secrétaire, et je revenais déjà vers le colonel pour la lui donner, lorsque la comtesse Corona, qui était penchée sur mon cher maître, s'écria par trois fois :

— Non, non, non ! Remy d'Arx n'est pas mort !

Le colonel Bozzo, à ce moment même, tendait la main pour prendre la clef du secrétaire.

Je ne sais quel instinct me retint de la lui donner, et je masquai mon refus en m'élançant tout joyeux vers le lit.

Le lit fut aussitôt entouré par le colonel et ses amis, qui semblaient, en vérité, aussi contents que moi.

Les yeux de Remy d'Arx avaient repris, en effet, un vague rayon, et ma joue, que j'approchai tout contre ses lèvres, sentit un souffle.

Mais si faible !

— Voyons, docteur, dit le colonel, c'est peut-être le commencement d'une crise favorable ; aidez le miracle à s'accomplir.

— Nous vous en serons reconnaissants, ajouta M. de Saint-Louis, comme s'il s'agissait pour nous d'un cher enfant.

Et moi je dis aussi quelque chose et j'implorai le médecin à mains jointes.

Il répéta en prenant le poignet du malade pour lui tâter le poul avec soin :

— Ce serait en effet un miracle.

Puis il alla vers la table autour de laquelle les autres médecins s'étaient consultés et il écrivit une ordonnance.

On ne parla plus de la clef du secrétaire. Le colonel dit seulement en me prenant à part :

— Si nous avons le bonheur de le sauver, mes intérêts sont ausssi bien entre ses mains que dans les miennes propres ; si au contraire... mais je reviendrai demain matin à la première heure.

Ils s'en allèrent ensemble comme ils étaient venus. La comtesse Corona voulut rester, mais le colonel ne le permit point. La potion ordonnée par le docteur Samuel fut apportée ; je ne sais quelle vague défiance était en moi contre ce médecin qui avait dit en parlant de mon maître vivant : « Il est mort. »

Au moment où je voulus donner la potion, me disant en moi-même que c'était peut-être le salut, le bras de M. Remy eut un mouvement faible que je pris pour un refus, et je ne me trompais pas, comme vous allez le voir.

Je n'insistai point; je roulai un fauteuil au chevet du malade, et je m'installai pour passer la nuit auprès de lui.

Certes, je ne dormais pas, j'entendais les bruits du dehors qui allaient s'affaiblissant et la pendule sonnant les heures, mais une sorte de vague enveloppait ma pensée et je voyais comme au travers d'un voile les visages de ces trois hommes, qui maintenant me semblaient ennemis.

Les douze coups de minuit venaient de sonner, lorsque je bondis sur mes pieds comme si une main m'eût soulevé. La voix de M. Remy, bien faible, mais très distincte, parlait à côté de moi.

— Donne-moi à boire, disait-elle ; pas de la potion, de l'eau pure.

— Remy, mon cher maître, m'écriai-je croyant rêver, car je l'appelais souvent par son nom de baptême, pour l'avoir eu autrefois tout enfant sur mes genoux, ai-je donc eu le cœur de dormir et m'avez-vous appelé déjà ?

En même temps je m'approchais avec un verre d'eau.

— Tu n'as pas dormi, me répondit-il, ma langue vient de recouvrer sa liberté comme si on eût brisé le lien qui l'attachait. Va chercher un verre dans le buffet et de l'eau à la fontaine : ces hommes ont été autour de la table.

— Et vous croiriez ?... commençai-je.

Il m'interrompit en disant :

— Va, j'ai grand'soif !

Je revins tout courant après avoir pris de l'eau fraîche à la fontaine, et il but avec avididité.

— Ce sont ces hommes qui m'ont tué, me dit-il de sa

pauvre belle voix tranquille et grave en me rendant le verre.

Et comme je balbutiais dans ma stupéfaction les mots justice, tribunaux, il sourit d'un air découragé.

— Dix ans d'existence ne suffiraient pas pour faire luire la vérité, murmura-t-il, et c'est à peine si j'ai quelques heures. A quoi bon essayer l'impossible? Il faut employer autrement le temps qui me reste.

— Mais vous les avez donc vus ! m'écriai-je, vous les avez entendus !

— J'ai tout entendu et tout vu, répondit-il. Ma jeunesse et ma force n'ont rien pu contre eux, que pourrait désormais mon agonie ? Allume du feu.

Je crus avoir mal entendu, car les idées se brouillaient dans ma cervelle en fièvre. M. Remy répéta d'un accent impérieux :

— Allume du feu !

J'obéis et la flamme brilla bientôt dans le foyer.

— Tu as bien fait de ne pas donner la clef, Germain, reprit mon maître, dont la voix semblait déjà plus faible. Ouvre le secrétaire.

J'ouvris le secrétaire.

— Prends tous les papiers qui sont sur la tablette du milieu, tous, depuis le premier jusqu'au dernier, et brûle-les devant moi.

Je n'avais jamais lu ces papiers, mais je les connaissais bien; c'étaient tous les brouillons d'un grand travail dont il s'occupait depuis des années, des pièces à l'appui, des documents, le produit d'une immensité d'efforts, de recherches et de fatigues.

— Ma sœur viendra, pensa tout haut mon maître (et

c'était la première fois que je l'entendais parler de sa sœur), elle trouverait tout cela, elle voudrait continuer l'œuvre fatale que je n'ai pu achever, et comme je vais mourir elle mourrait !

— Les papiers ne furent pas brûlés, je suppose ! demanda ici Valentine, dont les yeux brillèrent.

— C'était sa volonté, répondit le vieux valet, les papiers furent brûlés comme il l'avait dit : tous, depuis le premier jusqu'au dernier.

— Alors, dit la jeune fille en baissant la tête, il ne me reste rien, je n'ai plus d'arme pour combattre !

— Il souhaitait justement cela, répondit encore Germain, il voulait rendre le combat impossible. Il vous aimait bien, mademoiselle ; dans ses derniers moments, il n'y avait pas en lui d'autre pensée que celle de sa sœur. Mais à quoi bon parler ? Vous allez voir tout à l'heure comment il vous aimait.

XXVIII

LA MORT DE REMY

Depuis le commencement de cette scène, maman Léo n'avait pas prononcé une parole. Elle écoutait, dominée par une religieuse émotion.

Il y avait en Valentine une douleur profonde, mais le sang corse qui était dans ses veines bouillait.

On avait essayé de mettre l'impossible comme une barrière entre elle et l'idée de vengeance, rien n'y faisait: la soif de vengeance lui emplissait le cœur.

En ce moment, l'image de Maurice lui-même se voilait dans son souvenir.

Elle voyait Remy d'Arx pâle sur son lit d'agonie.

La première parole prononcée par Germain, qui reprenait son récit, fit bondir le cœur de la jeune fille.

Le vieux valet continua ainsi :

— Pendant que les papiers flambaient dans le foyer M. Remy se parlait à lui-même. Je ne comprenais pas, mais chacun des mots prononcé par lui est resté dans ma mémoire.

Il disait :

— L'arme invisible ! l'arme dont nulle cuirasse ne peut parer le coup mortel ! Ils savaient que cette passion était sans issue ; ils l'ont fait naître ; ils l'ont chauffée jusqu'au délire !... y a-t-il quelque chose au-dessus du délire ?... car j'ai fait ce que le transport lui-même excuserait à peine... Cet homme est venu froidement me montrer l'abîme ouvert et me dire que mon malheur était un crime !

Valentine se couvrit le visage de ses mains.

— J'ai compris plus tard, prononça tout bas le vieux valet, ce que mon maître entendait par ces mots : *l'arme invisible.* Il y a sur la terre des hommes plus noirs que le démon.

— Moi, dit maman Léo, je devine bien qu'il s'agit d'une infamie grosse comme la maison, mais si on voulait m'expliquer un petit peu...

Les deux mains de Mlle d'Arx tombèrent, découvrant son front rougissant.

— Pas un mot de plus ! prononça-t-elle presque rudement. Je respecte la volonté de mon frère mort, mais ces hommes ont tué aussi mon père et ma mère, ma vengeance est à moi, je n'en dois compte qu'à Dieu !

La veuve et le vieux valet baissèrent à la fois les yeux devant sa beauté, qui avait des rayonnements tragiques.

— Vous plaît-il que j'achève mon récit ? demanda Germain avec une sorte de timidité.

— Je le veux, répondit Valentine.

Germain reprit aussitôt :

— Le foyer était plein de flammes ; M. Remy avait réussi à se soulever sur le coude pour voir flamber son travail de tant d'années, le travail de ses jours et de ses nuits. Il trouvait que l'œuvre de destruction n'allait pas encore assez vite et il me disait :

— Brûle ! brûle ! c'est sa vie, c'est son repos, c'est son bonheur qui naîtront de ces cendres !

A l'écouter je reprenais malgré moi de l'espoir, car sa voix devenait plus forte, et il y avait parfois des étincelles dans ses yeux.

La fièvre trompe ainsi toujours.

Quand les dernières fumerolles s'envolèrent, il laissa retomber sa tête sur l'oreiller et murmura :

— Comment combattrait-elle désormais, puisqu'elle n'aura plus d'arme ?

Valentine avait aux lèvres un sourire farouche.

— Saquédié ! dit maman Léo, tu as un air que je n'aime pas, toi ! tu me fais peur. Je suppose bien pourtant que tu n'iras pas agacer ces tigres tout exprès pour te faire avaler !

— Laissez parler Germain, répliqua seulement Valentine.

Le vieux valet poursuivit :

— M. Remy resta un instant silencieux, car il était accablé de fatigue, puis il m'ordonna d'enlever un des deux grands tiroirs du secrétaire, celui de droite. Derrière ce tiroir, il y avait une cachette et dans la cachette une grande enveloppe portant ces noms comme une adresse : *Marie-Amélie d'Arx.*

La veuve rapprocha son siége, dominée par une curiosité nouvelle, et Valentine murmura d'une voix émue :

— C'est donc là mon véritable nom !

— C'est celui que vous reçûtes au baptistère de la cathédrale de Toulouse, le 30 octobre 1819, répondit Germain. J'étais là ; feu ma bonne femme, votre nourrice, se trouva faible au commencement de la cérémonie, et ce fut moi qui vous portai dans mes bras.

Regardez-moi, demoiselle d'Arx, je suis ici comme un témoin, et je m'interroge moi-même avant de vous donner les actes qui vont faire de vous l'héritière légitime de mes maîtres.

Vous étiez une toute petite enfant quand je vous vis pour la dernière fois ; mais je vous reconnais, je le jure au fond de ma conscience !

Ou plutôt je reconnais en vous votre sainte mère, dont vous êtes le vivant portrait.

Quand mon maître eut le paquet entre les mains, il baisa votre nom sur l'enveloppe, pensant tout haut :

— Elle va rester la dernière, elle va rester seule.

Puis il me regarda en face et ajouta :

— Germain, ceci est le nom de ma sœur ; tu l'aimeras, tu la serviras, tu la défendras.

Il ouvrit l'enveloppe.

— Voici, reprit-il, l'acte de naissance de Mlle d'Arx ; tu connais aussi bien que moi la catastrophe qui l'a mise jadis hors de la maison ; elle se nomme aujourd'hui Mlle Valentine de Villanove.

La voix de Germain trembla pendant qu'il ajoutait :

— Ce fut seulement à cette heure que je compris tout.

Je mis un genou en terre devant mon jeune maître et je lui dis :

— Remy, mon cher enfant, ne vous laissez pas mourir; Dieu guérira la blessure de votre âme.

Il secoua la tête lentement.

— Dieu est bon, me répondit-il, il a eu compassion de moi; en mourant, je peux regarder le fond de mon cœur.

Ses yeux étaient sur moi, ses yeux limpides et doux comme ceux d'un enfant.

Il avait sa main dans la mienne; la résignation calme comme un sourire épanouissait ses lèvres décolorées.

Sa paupière se ferma à demi parce que l'épuisement venait.

Il m'envoya encore au secrétaire, où je trouvai, sur ses indications, les actes de décès de M. Mathieu d'Arx et de sa femme, votre père et votre mère.

Qelques mois auparavant, à ma grande surprise, à ma grande inquiétude aussi, car cela prouvait bien qu'il redoutait un malheur, M. Remy avait réalisé à la hâte tous les biens immeubles de sa famille, et au lieu d'acheter, avec le prix considérable de cette vente, des valeurs françaises, il avait pris des Consolidés d'Angleterre et des Bons autrichiens. Tous les titres étaient dans le secrétaire. Il me dit :

— Germain, je n'ai pas retiré des biens de mon père une somme égale à leur valeur parce que je me suis trop pressé. L'événement a prouvé que je n'avais pas de temps à perdre. Néanmoins, tu dois trouver dans la caisse qui est à gauche du secrétaire et dont voici la clef des titres au porteur constituant 80,000 francs de rentes au capital de un million cinq cent mille francs environ. Cette fortune ne doit point rester ici. Aussitôt que je serai mort, tu la mettras en lieu sûr. Elle appartient tout entière à Marie-Amélie d'Arx, ma sœur, et c'est à toi que je la confie. Sa voix faiblissait de plus en plus; cependant il voulut se mettre sur son séant. Je l'y aidai. Je n'avais déjà plus d'espoir, car le signe de la mort prochaine était sur son front bien-aimé.

Il me demanda du papier, une plume et de l'encre.

J'hésitais à obéir, car sa tête vacillait sur ses épaules, mais il me regarda et ses yeux suppliants semblaient me dire : Dépêche-toi, Germain, ou je n'aurai pas le temps!

Je lui apportai tout ce qu'il fallait pour écrire. D'une main je tenais le flambeau, car il disait déjà que la lumière faiblissait; de l'autre je lui présentais l'écritoire où sa main tremblante avait peine à tremper la plume.

Il traça quelques mots bien lentement d'abord; je crus qu'il ne pourrait continuer, mais je l'entendis murmurer :

— Il faut pourtant qu'elle ait ma dernière pensée; il faut que je lui parle en frère... en père, car j'ai remplacé celui qui n'est plus.

Et ses doigts se raffermirent.

Le jour naissait derrière les rideaux de la croisée.

Il n'avait pas encore achevé, quand on sonna à la porte extérieure.

— Ce sont eux, me dit-il, je ne veux pas les voir.

Il avait bien deviné; c'étaient les trois hommes de la veille : le colonel Bozzo, M. de Saint-Louis et le docteur

Samuel. Un quatrième s'était joint à eux, que j'entendis nommer M. de la Périère.

Aucun d'eux n'insista pour entrer. Le docteur demanda seulement quel avait été l'effet de sa potion et dit :

— Puisqu'il n'y a pas eu d'accident j'ai bon espoir, car les effets secondaires de la belladone sont aisés à combattre.

M. de la Périère ajouta qu'il était envoyé personnellement par Mme la marquise d'Ornans pour que M. d'Arx n'ignorât point tout l'intérêt qu'elle portait à sa santé.

Quand je revins dans la chambre, je trouvai mon maître fort agité. Il me demanda si l'on avait parlé de Mlle de Villanove, et sur ma réponse négative il m'ordonna de faire porter immédiatement chez un pharmacien qu'il me désigna la potion du docteur Samuel.

Mais je n'étais pas encore à la porte, qu'il me rappelait, disant :

— C'est folie, ma tête s'égare. Si l'on trouvait là-dedans ce que je crois, ce serait une arme, c'est-à-dire une tentation, c'est-à-dire un danger pour elle. Verse la potion dans les cendres, brise la fiole, je ne veux pas qu'elle ait d'arme, je ne veux pas qu'elle ait de tentation !

Il fallut obéir, car sa voix était impérieuse et son regard commandait.

Il allait reprendre son travail lorsqu'on sonna de nouveau.

Cette fois, c'était la justice, un monsieur Perrin-Champein, qui depuis a remplacé mon maître comme juge d'instruction. Il arrivait, assisté de son greffier; il fut reçu, mais M. Remy avait reposé sa tête sur l'oreiller et s'était retourné du côté de la muraille.

M. Perrin-Champein l'interrogea longuement, quoiqu'il n'obtînt aucune réponse à ses demandes concernant l'événement de la rue d'Anjou, auxquelles il mêlait des observations ayant trait au meurtre de la rue de l'Oratoire et à la propre conduite de M. d'Arx comme magistrat instructeur.

Le greffier ricanait dans sa cravate et murmurait de temps en temps.

— Le plus souvent qu'il répondra !

— Monsieur et cher collègue, dit le Perrin-Champein en levant le siége, vous me voyez désolé du triste état où je vous laisse ; une parole est bientôt dite, et la bonne volonté vous manque peut-être un peu ; néanmoins j'aime à croire que votre silence, qui est en soi fort extraordinaire, n'indique pas que vous ayez rien fait contre votre conscience de juge.

Sur le carré il me demanda :

— Votre maître n'a-t-il point parlé de toute la nuit ?... Mais vous ne me répondrez pas plus que lui. Allons, mon bonhomme, à vous revoir ! Tout cela est fort extraordinaire, mais j'en ai débrouillé bien d'autres, et en thèse générale, les interrogatoires ne servent à rien. C'était un garçon fort instruit, assez capable et surtout terriblement protégé ! Maintenant le voilà qui fait de la place aux autres, mon avis est qu'il ne l'a pas tout à fait volé.

Je m'entendis appeler comme je refermais la porte.

— Dépêchons, Germain, dépêchons, me dit mon maître qui faisait effort pour se relever, je n'ai pas fini. Tout ce que je demande à Dieu, c'est qu'il me donne le temps de finir.

Je l'aidai encore à se mettre sur son séant, et il reprit sa tâche, qui devenait à chaque instant plus difficile.

Sa figure changeait à vue d'œil; ses tempes étaient baignées d'une sueur froide.

Au moment même où il achevait, on sonna pour la troisième et dernière fois.

— Tu lui remettras ceci, me dit-il en pliant le papier, à *elle*, à elle seule, tu me comprends bien, et tu lui diras ce que m'a coûté ce suprême travail. Va ouvrir, c'est la prière qui vient.

Les yeux de son corps allaient se voilant, mais il avait cette autre vue qui perce les murailles. C'était la prière. Le vieux curé Desgenettes entra et lui donna l'extrême-onction. Mon maître répondit jusqu'au bout les oraisons latines, après quoi sa tête tomba sur l'oreiller. Le vieux prêtre l'embrassa en murmurant : « Partez, âme chrétienne ! » et mon maître prononça votre nom.

Je m'approchai. Il n'était plus. Je lui fermai les yeux...

Deux grosses larmes roulaient sur les joues du vieillard.

Il entr'ouvrit les revers de sa livrée et prit dans son sein un pli qu'il tendit à Mlle d'Arx en disant :

— J'accomplis l'ordre que j'ai reçu et je vous remets testament de votre frère.

XXIX

LE TESTAMENT

Maman Léo avait les yeux gonflés de larmes; Valentine seule ne pleurait pas.

Un sanglot avait essayé de soulever sa poitrine aux dernières paroles du vieux Germain, mais elle l'avait comprimé par un effort violent.

Il y avait sur son beau visage, exprimant une douleur sans bornes, quelque chose qui ressemblait à la sévérité d'un juge.

Elle prit le papier que Germain lui tendait et dit :

— Mes amis, je vous prie de vous retirer tous les deux. Il faut que je sois seule pour prendre connaissance de la dernière volonté de mon frère.

Germain et la veuve se levèrent aussitôt. Comme ils allaient sortir, Valentine ajouta :

— Quand cet homme, ce commissionnaire va revenir, vous l'introduirez près de moi.

— Et nous reviendrons avec lui, je suppose? demanda maman Léo.

— Non, vous reviendrez seulement quand je vous appellerai. Allez.

La dompteuse et Germain sortirent.

Maman Léo se laissa conduire jusque dans la salle à manger, où elle tomba sur un siége en murmurant :

— Saquédié! moi, je suis brisée comme si j'avais reçu une danse! Cette enfant-là va faire un malheur! Il n'y a pas à dire, le juge d'instruction était bon comme un ange, mais enfin il est mort, et la pauvre fillette avait bien assez à s'occuper de notre Maurice.

Le vieux valet se promenait lentement, les bras tombants et la tête inclinée.

Il s'arrêta tout à coup devant maman Léo.

— Vous qui la connaissez, demanda-t-il, croyez-vous qu'elle obéisse à la dernière volonté de son frère?

— Je crois qu'ils sont tous les mêmes dans cette famille-là, répliqua la veuve, ils ont un diable dans le corps.

Germain se redressa, ses yeux brillaient.

— Est-elle assez belle! murmura-t-il avec un enthousiasme profond; et quel regard de princesse elle vous a! Oh! oui, c'est bien la fille de la bonne dame... la fille de Mathieu d'Arx que rien ne faisait trembler! la sœur de Remy, mon cher enfant, qui avait la douceur d'un agneau et le courage d'un lion!

Il se laissa choir à son tour sur un siége et mit sa tête entre ses mains.

Au bout de quelques minutes, maman Léo reprit la parole avec un certain embarras.

— Dites-donc, l'ancien, fit-elle en rougissant, j'ai un petit peu honte, parce que ça n'a pas l'air de concorder avec les circonstances; mais on ne se fait pas, c'est sûr et moi, la sensibilité me creuse. Sans vous commander, est-ce que vous pourriez me donner un morceau sous le pouce?

Germain releva d'abord sur elle un regard scandalisé, mais en voyant la bonne figure de la veuve qui avait repris ses couleurs enluminées, il eut presque un sourire et dit :

— Au besoin, vous en assommeriez bien un ou deux, la mère ! Tout le monde ne peut pas être des duchesses et marquises; vous m'allez, à moi. Il faut vous dire que, dans l'occasion, je taperais encore tout comme un autre. Je vas vous servir un petit déjeuner, après quoi vous aurez du vif argent dans les bras et dans les jambes s'il faut se trémousser contre ces coquins-là !

Pendant cela Valentine, que nous continuerons de nommer ainsi, puisque, sous ce nom, nous l'avons connue, nous l'avons aimée, Valentine était revenue vers le portrait.

Elle avait roulé un siége jusqu'auprès de la peinture, comme on fait quand les importuns s'en vont et qu'on peut enfin causer seul à seul avec un ami cher, après l'absence.

Ce n'était qu'un portrait immobile et muet, mais il y

avait au bas de la toile le nom de ce peintre prodigieux dans sa sobre sagesse, qui avait le don de faire vivre les morts.

Le pinceau de Zeuxis trompait les oiseaux, le pinceau plus habile d'Appelles trompa Zeuxis lui-même. Ingres, ce peintre tant et si amèrement outragé, fit plus encore : il trompa une fois la douleur d'une mère.

Je n'ai pas vu cela, mais j'ai vu de mes yeux à une exposition particulière, ouverte voici déjà bien longtemps, au bazar Bonne-Nouvelle, un ami de la famille Bertin, du *Journal des Débats,* percer la foule et s'élancer les bras tremblants vers le portrait de Bertin l'ancien, qui semblait prêt à se lever, les mains appuyées sur les bras de son fauteuil.

Chez nous les querelles d'école, en musique, en peinture, en littérature aussi, sont aveugles jusqu'à la stupidité.

Ingres avait peint, un an auparavant, le portrait de Remy d'Arx, et la ressemblance était si poignante que Valentine restait là le cœur étreint, l'esprit frappé comme à l'aspect d'une vision évoquée.

C'était bien là ce jeune homme triste et doux, timide avec des audaces héroïques, grand par l'intelligence, grand aussi par la bonté, mais dont le front semblait marqué d'un signe fatal.

Ses yeux vivaient, sa bouche pensait, prête à parler, et parmi l'austère noblesse de ses traits on devinait ce sourire charmant qui naissait à la moindre émotion, mais qui mourait sans s'épanouir jamais.

Valentine ne l'avait pas vu bien souvent ce sourire, car Remy d'Arx était grave auprès d'elle. Remy d'Arx évitait Valentine comme on fuit instinctivement le malheur ou la destinée.

Et pourtant, elle l'avait vu parfois quand le jeune magistrat si brillant, si aimé, était loin d'elle et causait, par exemple, avec la belle comtesse Corona.

— Je croyais qu'il me détestait, murmura-t-elle, et ce fut sa première parole : *il avait peur de moi*, il me l'a dit lui-même. Il devinait le coup mortel que j'allais lui porter.

Elle baissa les yeux devant le regard calme et profond que du haut de la toile Remy laissait tomber sur elle.

— Il était jeune, murmura-t-elle, on le croyait heureux; ses rivaux le regardaient d'en bas et leur jalousie était presque de la haine. Les voilà bien vengés! Il est mort à force de souffrir! Il y a eu des hommes assez cruels pour le choisir entre tous, lui qui n'avait jamais fait que le bien, et pour lui infliger la plus effrayante de toutes les tortures. Ils l'ont tué à petit feu, prolongeant le supplice avec une abominable barbarie, et non contents de supplicier son corps, ils ont tenté de déshonorer son âme...

Elle resta un instant silencieuse, puis ses lèvres s'entr'ouvrirent pour exhaler ce nom et ces mots :

— Remy... mon frère!

Puis encore elle déchira l'enveloppe et déplia le papier que l'enveloppe contenait.

C'était une pauvre écriture, pénible et tremblée dont le désordre lui arracha sa première larme. Elle lut tout bas :

« Au nom du Père, du Fils et du Saint-Esprit, ceci est mon testament. En présence de Dieu et sentant venir ma fin prochaine, j'adresse ma dernière pensée à Marie-Amélie d'Arx, ma sœur bien-aimée, que je certifie être la fille de mon père et de ma mère, malgré le nom de Valentine de Villanove qu'elle a porté pendant l'espace de deux ans, par suite d'une fraude ou d'une erreur.

« Les pièces à l'appui de cette assertion sont déposées entre les mains du plus fidèle ami qui me reste : Germain Lambert, serviteur de ma famille depuis plus de quarante ans.

« Marie-Amélie d'Arx est mon héritière unique et légitime; néanmoins, et pour le cas où son état-civil lui serait contesté, je déclare lui donner et lui léguer soit sous le nom de Valentine de Villanove, soit même sous celui de Fleurette qu'elle portait depuis son enfance, la totalité de mes biens meubles et immeubles.

« Mourant comme je le fais dans la plénitude de ma raison, je signe et je date ce testament olographe pour qu'il ait la force voulue par la loi. »

Il y avait ici, en effet, le nom de Remy d'Arx signé lisiblement et d'une main assez ferme.

On voyait bien que l'agonisant avait dépensé là tout ce qui lui restait d'énergie.

Au-dessous de la signature, le texte continuait, mais devenait plus confus, parce que la main avait graduellement faibli.

Valentine put lire néanmoins à travers ses larmes :

« Ma sœur, ma Valentine, laisse-moi te garder ce nom que j'ai tant aimé.

« Mais laisse-moi te dire aussi tout de suite que le regard de notre mère peut descendre au fond de mon cœur, guéri de sa blessure.

« Je t'aime comme il m'est permis de t'aimer sous l'œil de Dieu qui m'appelle, je t'aime comme l'enfant chérie dont je comtemplais jadis le berceau et dont je surveillais le souriant sommeil.

« Nous avons été bien malheureux, ma sœur, j'espère que ma mort achèvera de payer notre dette de misère.

« Il en sera ainsi, Valentine, si vous suivez mon conseil, si vous exaucez ma prière. Que ma fin douloureuse vous serve au moins d'exemple; n'essayez pas de combattre ces hommes qui possèdent un pouvoir surnaturel.

« Ce que je n'ai pu faire, moi qui étais armé de la loi comme un soldat porte l'épée, moi que ma fonction semblait rendre invulnérable, moi qui passais pour avoir la faveur des puissants de ce monde, il y aurait folie de votre part à le tenter.

« Folie inutile, coupable, presque suicide. Vous n'êtes qu'une pauvre enfant isolée, tous ceux qui vous entourent, tous ceux qui vous protégent en apparence ou du moins presque tous sont affiliés à la ténébreuse corporation que j'ai voulu vaincre et qui m'a tué.

« Je ne vous apprends rien en vous disant que vous êtes au milieu des Habits-Noirs, dont le chef s'est servi de vous comme d'une arme infernale pour assassiner le seul homme peut-être qui pût combattre avec avantage la terrible association.

« Sauf Mme la marquise d'Ornans, pauvre victime désignée d'avance à leurs coups et qu'ils ont déjà frappée dans son fils unique, sauf Francesca Corona (et je n'oserais répondre d'elle absolument), tous les autres sont des scélérats abrités derrière une sorte da rempart magique.

« Valentine, l'esprit s'éclaire à l'heure de mourir, la vengeance n'appartient qu'à Dieu. Si j'avais été seulement un juge, peut-être ne tomberais-je pas écrasé dans la lutte.

« Mais il y avait autre chose en moi que le zèle du magistrat, il y avait la passion de l'homme qui se venge.

« Valentine, ma sœur chérie, songe à toi, songe surtout à celui que tu aimes, à Maurice, qui, ne m'ayant plus pour démêler son innocence au milieu des preuves mensongères accumulées par mes assasins, va retomber tout au fond de son malheur.

« Je viens de voir l'homme qui me remplacera; il est de ceux qu'on appelle des gens instruits, avisés, prudents; il a cette cruelle sagesse qui ne croit à rien en dehors des choses admises par le sens commun; tout ce qui sort de la vraisemblance acceptée lui semble fabuleux et indigne d'occuper un grave esprit.

« Son opinion est faite par mon opinion même, dont il prendra le contre-pied; j'étais à son sens un rêveur et il est un sage; là où j'ai dit non, il dira oui.

« Maurice sera renvoyé devant les assises, Maurice sera condamné; aucune éloquence d'avocat, aucune perspicacité de magistrat, nulle puissance humaine, en un mot, ne peut empêcher le jury en pareille circonstance de répondre : « Oui, l'accusé est coupable. »

« Ne nous venge pas, Valentine, laisse dormir ton père, ta mère, ton frère au fond de leur cercueil. Les morts ne connaissent plus la haine, laisse la haine, songe à l'amour, sauve Maurice !

« Pour le sauver, il n'y a qu'un moyen, l'évasion, la

fuite sans espoir de retour, le changement de nom et la vie cachée loin, bien loin au-delà de la mer.

« Pour ouvrir toute grille, l'argent est une clef magique; tu es riche, tu peux répandre l'or à pleines mains, tu ne saurais acheter trop cher ton bonheur.

« Adieu, Valentine, j'ai tenu ma plume tant que j'ai pu. Ceci est la dernière ligne que ma main tracera. Si tu m'aimes, ne me venge pas et sois heureuse ! »

Valentine resta un instant immobile, les yeux fixés sur le dernier mot, qui n'était pas achevé.

Elle porta le papier à ses lèvres et le baisa à la place même où la main du mourant s'était arrêtée.

Puis elle se laissa tomber à genoux, et ainsi prosternée, elle regarda le portrait de son frère, qui semblait vivre.

Qui semblait vivre et répéter encore la dernière pensée du vaillant et malheureux jeune homme : « Ma sœur, ne me venge pas ! »

Ce fut au bout de plusieurs minutes seulement que les lèvres de Valentine s'entr'ouvrirent et qu'elle murmura :

— Pardonne-moi, pardonne-moi, mon frère, car je vais te désobéir !

— Ah ! ah ! dit une rude voix derrière elle, c'était pourtant un bon conseil qu'il vous donnait là, le défunt.

Elle se retourna en sursaut. Le commissionnaire dont Germain lui avait parlé et qui était venu la demander déjà dans la matinée était sur le seuil et refermait la porte.

XXX

LE COMMISSIONNAIRE

Coyatier, car c'était bien lui, ne fit qu'un pas à l'intérieur de la chambre ; il resta debout devant le seuil et ôta sa casquette, découvrant le poil crépu qui se hérissait sur son crâne.

Son costume de commissionnaire lui allait comme un gant, mais ne lui ôtait rien de sa terrible mine, et il aurait fallu avoir une confiance robuste pour mettre des objets de quelque valeur entre les mains d'un messager tel que lui.

— Alors, dit-il avec ce mélange d'effronterie et de timidité qui était le caractère le plus frappant de sa sauvage physionomie, nous n'avons pas l'idée d'obéir à ce pauvre M. d'Arx ?

Valentine le regarda en face, et les yeux du bandit battirent comme s'ils eussent été éblouis.

— Avancez, dit-elle au lieu de répondre.

Coyatier s'approcha.

— Nous avons à causer, dit-elle encore, asseyez-vous là.

Son doigt tendu montrait le propre fauteuil du jeune magistrat. Le Marchef eut un mouvement d'hésitation.

— Au fait, murmura-t-il enfin, je peux bien m'asseoir où il s'asseyait, car je ne lui ai jamais fait de mal.

— Vous avez parlé de bon conseil, murmura Valentine, vous connaissez donc ceux qu'il me donne dans cet écrit?

— Non, répondit le Marchef, mais je les devine. Il a voulu combattre, lui aussi, et moi, qui ne suis pas payé pour aimer les juges, je lui avais dit d'avance qu'il allait à la boucherie. Ce n'était pas le premier venu, ce juge-là, et je n'ai pas connu beaucoup de soldats plus braves que lui. Il savait que je lui disais la vérité ; mais il continua de suivre son chemin jusqu'au cimetière. Chat échaudé craint l'eau froide, je pense bien qu'avant de tourner l'œil, M. d'Arx vous aura défendu de jouer avec le feu.

— C'est vrai, prononça tout bas Valentine.

— Il m'avait payé pour savoir, reprit le Marchef, et je lui avais dit fidèlement tout ce que je savais. Ce n'était pas de la trahison ; ces gens-là ne me tiennent pas par une promesse ni par rien qui ressemble à du dévouement ; ils ont mis un carcan autour de mon cou et ils serrent quand ils ont besoin de mon obéissance. Je me souviens de la première parole que je dis au juge Remy d'Arx quand il vint me trouver jusque dans mon galetas de la barrière d'Italie... Et il fallait un crâne toupet de la part d'un magistrat pour venir chez Coyatier! Ça me plaît à moi, le courage, parce que j'ai été une manière de lion avant de tomber chien enragé. Je lui dis : « Monsieur le juge, si dans mon idée c'était possible d'assommer les Habits-Noirs ou de les brûler, il y aurait du temps que la besogne serait faite, car ils se sont servis de moi comme d'un bourreau et m'ont forcé à tuer en m'étranglant. Mais rien ne peut contre eux, ni les coups de massue, ni le fer, ni le feu. »

Cet homme-là n'était pas de ceux qui haussent les épaules quand on leur parle. Il savait qui j'étais et je ne veux pas dire qu'il me regardait sans répugnance; mais enfin il m'écoutait. Sa première réponse fut celle-ci : « J'ai fait le sacrifice de ma vie. »

C'était un Corse, ils sont tous comme cela quand la vengeance les tient, et vous avez le même sang que Remy d'Arx dans les veines.

— Moi, dit Valentine, qui roula un fauteuil jusqu'auprès de lui et s'assit, je vous regarde sans répugnance : vous êtes l'homme qu'il me faut.

Le Marchef recula son siége. Il y avait sur son rude visage une expression de tristesse, j'allais dire de pudeur.

— N'en faites pas trop! murmura-t-il. Ne soyez pas femme avec moi, je hais les femmes, j'ai peur des femmes.

— Je ne suis pas femme, je suis lionne, murmura la jeune fille d'une voix contenue, mais si profondément vibrante que le Marchef eut un frémissement : j'ai de quoi vous faire riche d'un seul coup.

— Ce serait le bouquet, grommela Coyatier, si, en fin de compte, je me laissais emballer pour l'autre monde par une demoiselle !... C'est vrai que vous êtes une lionne, dites donc ! non pas parce que vous bravez la mort pour vous venger, la moindre cadette de votre pays en fait autant, mais parce que vous causez là de bonne amitié avec le maudit qui fait horreur aux scélérats, qui se fait horreur à lui-même. Savez-vous bien que quand Coyatier, dit le Marchef, entre dans la maison des Habits-Noirs, les Habits-Noirs, tout damnés qu'ils sont, n'ont plus ni faim ni soif ? Ils se taisent s'ils sont en train de causer ou de rire, et parmi eux je n'en connais pas un seul pour oser toucher cette main qu'ils voient rouge de sang jusqu'au coude !

Il étendait sa main énorme, dont les veines gonflées semblaient prêtes à éclater.

Dans cette main, Valentine mit la sienne, qui était glacée, mais qui ne tremblait pas.

Le bandit la regarda avec une sorte d'étonnement attendri.

— Vous seriez une sainte, pensa-t-il tout haut, si vous faisiez cela pour sauver l'homme qui vous aime !

— L'homme à qui j'ai donné mon cœur, répliqua Valentine dans un élan de soudaine énergie, je ne le sépare pas de moi-même ; lui et moi nous ne faisons qu'un. Tout ce que j'ai dans l'âme est à lui : ma vengeance, c'est sa vengeance.

Coyatier eut un gros rire qui sonna sinistrement.

— C'est un joli soldat d'Afrique, dit-il, comme pour expliquer sa lugubre gaieté ; je connais les lapins de son numéro, il aimerait mieux la clef des champs que toutes vos belles phrases!

Il ajouta en changeant de ton :

— J'étais venu pour régler la chose de son escampette; est-ce que vous auriez changé d'idée?

— Oui, repartit Valentine, qui fixait sur lui son regard brûlant.

— Ah! ah! fit le Marchef, en cherchant à éviter le feu de ces prunelles qui l'éblouissaient, alors vous ne voulez plus le sauver?

— Non, répliqua encore Valentine d'un accent bref et dur.

— Tiens, tiens! dit Coyatier entre ses dents, vous en revenez donc à la première idée du colonel : un verre de poison partagé à deux?

— A quoi bon le sauver! s'écria impétueusement Valentine; tant que ces hommes vivront, la mort ne reste-t-elle pas suspendue sur sa tête?

— Ça, c'est la pure vérité.

— Est-ce que je sais, moi, poursuivit la jeune fille, dont les paroles jaillissaient maintenant comme un torrent de passion, est-ce que je sais, moi, si c'est la vengeance ou l'amour qui m'entraîne? Il y a des instants où, dans mon cœur qui déborde de tendresse, je ne trouve plus de place pour la haine; il y a des instants où je me vois entourée de trois spectres sanglants qui me crient : Pour la fille de Mathieu d'Arx, pour la sœur de Remy d'Arx, la pensée seule du bonheur est une impiété! Ah! ils m'ont crue folle, ou ils ont fait semblant de le croire, car nul ne sait le secret de cette redoutable comédie! Mais sais-je moi-même si je n'ai pas été, si je ne suis pas toujours folle? Mon père, ma mère, dont j'adore le souvenir sans avoir eu leurs caresses, mon frère, ce noble et cher ami, tous ceux-là ne sont plus!

Il n'y a qu'un vivant dont l'existence chancelle en équilibre au bord d'un abîme, il n'y a que Maurice, mon dernier espoir, le premier, le seul amour de ma jeunesse; mon fiancé, mon mari, sur la tête de qui le même glaive meurtrier est suspendu par le même fil! Je suis Corse, c'est vrai, et toutes les fibres de mon être tressaillent à la pensée de punir les bourreaux de ma famille, mais je suis femme, je suis femme surtout, mais j'aime jusqu'à l'idolâtrie, et ce qui semble en moi démence, c'est la vérité même, la lumière faite par l'amour!

Elle s'interrompit, et son regard découragé s'arrêta sur Coyatier, tandis qu'elle murmurait :

— Mais comment pourriez-vous me comprendre?

Le grossier visage du bandit avait une expression étrange.

— Je ne comprends peut-être pas tout, fit-il d'un air pensif, mais peu s'en faut, en définitive. J'ai été un homme, il y a des heures où je m'en souviens. Calmez-vous un peu, si vous pouvez; parlez droit et net; que voulez-vous de moi?

Valentine fut un instant avant de répondre, et pendant toute une minute ils se regardèrent fixement.

Dans les yeux de la jeune fille, il y avait un espoir plein de trouble; dans les yeux du bandit, on pouvait lire l'envie qu'il avait de résister à un enthousiaste entraînement.

Ce fut Coyatier qui reprit le premier la parole :

— Il est bon que vous n'ignoriez rien, dit-il à voix basse; je suis ici par ordre du colonel, et le colonel a toujours eu connaissance de tout ce qui se passait entre nous.

— Je m'en doutais, fit Valentine, et malgré cela, quelque chose me disait que vous ne me trahissiez pas.

— Ce quelque chose là disait vrai, poursuivit le Marchef, jusqu'à un certain point pourtant. Dans cet enfer, où ils règnent et où nous sommes tourmentés par le caprice de leur tyrannie, il n'y a rien de tout à fait vrai; les choses se passent autrement qu'ailleurs. Laissez-moi vous dire encore un mot, et puis vous répondrez à ma dernière question, car le temps presse et le colonel m'attend : je devais partir pour l'île de Corse, où est notre refuge, tout de suite après le meurtre de Hans Spiegel, pour lequel votre Maurice va être condamné; on avait surpris mes accointances avec M. d'Arx, et je pense bien qu'on devait se défaire de moi au couvent de la Merci. Au lieu de cela, j'ai reçu contre-ordre le jour même de mon départ, qui était le jour où vous fûtes amenée à la maison du docteur Samuel. On me déguisa en malade, et je fus mis à l'infirmerie, tout cela parce qu'on avait besoin de moi pour vous et pour Maurice, qui étiez alors les deux seules créatures humaines possédant le secret des Habits-Noirs. Maintenant il y en a trois autres qui sont dans le même cas que vous : maman Léo, le vieux Germain et moi. Allez, on vous écoute!

XXXI

LE CŒUR DE VALENTINE

Les sourcils de Valentine étaient froncés par l'effort de son travail mental.

— Vous êtes condamné comme nous, dit-elle, et vous ne l'ignorez pas.

— Je suis toujours condamné, répondit Coyatier, mais je me rachète toujours. Le Père se connaît en hommes ; ça ne l'embarrasserait pas de remplacer son Louis XVII ou n'importe lequel des membres de son conseil, mais il sait bien qu'il ne trouverait pas un autre Marchef.

— Vous avez peur de lui ? murmura la jeune fille.

— Ça, c'est bien sûr, dit le bandit, et il faudrait être fou pour n'avoir pas peur de lui.

— Vous ne consentiriez pas à le combattre? j'entends à le combattre bravement, comme un homme, un vrai homme, comme un soldat qui a déserté revient et se dresse de son haut pour mourir?

— Si c'était en Alger, grommela le Marchef, où il y aurait des gens pour me regarder...

— Moi, je vous regarde, prononça tout bas la jeune fille.

— Vous m'avez touché la main, c'est vrai, dit le bandit; vous êtes une crâne jeune personne!

— Voulez-vous vous donner à moi tout entier? demanda brusquement Valentine.

— A quoi ça vous servirait-il? gronda le Marchef au lieu de répondre.

— Je vais vous le dire : ils comptent sur vous; tout l'échafaudage de leur intrigue peut crouler si vous leur manquez.

— Quant à ça, fit Coyatier avec une étrange expression d'amertume, je vaux cher et ils ne me marchandent pas.

— Fixez votre prix, dit Valentine.

— La belle avance, pensa tout haut Coyatier, d'avoir cent mille francs dans sa poche une heure avant d'avaler sa langue!

— J'ai plus d'un million à moi, dit encore Valentine.

Le Marchef haussa les épaules, mais il répéta :

— C'est sûr que vous êtes un crâne brin de fille! vous m'avez donné la main! voyons, mettez que je fasse la bêtise d'accepter vos propositions, avez-vous une idée?

— Oui, j'ai une idée.

— Si elle vaut quelque chose, on peut la dire en deux mots :

— On peut la dire en deux mots.

Les yeux de Valentine brillaient d'un sombre éclat.

— Dites les deux mots, fit Coyatier, dont les prunelles avaient comme un reflet de cette flamme.

— Qu'ils meurent! prononça Valentine d'une voix basse mais distincte.

— Eh! eh! la Corsesse! s'écria Coyatier presque joyeusement, vous n'y allez pas par quatre chemins, vous!

— Tous d'un seul coup! ajouta Valentine avec un calme extraordinaire. Sang pour sang! je les condamne à mort, moi, la fille et la sœur de ceux qu'ils ont assassinés!

Il y avait une franche admiration dans les yeux du bandit.

— Va bien! fit-il, tonnerre! quelle luronne! vous haïssez comme il faut, dites donc, la belle enfant! c'est dommage qu'il n'y a pas dans tout cela un seul mot pour le lieutenant prisonnier.

Le regard de la jeune fille ne se baissa point, mais il changea d'expression, et sa beauté tragique eut comme une auréole de belle et profonde tendresse.

— Maurice! murmura-t-elle d'une voix si douce que le bandit eut la poitrine serrée : le premier, le dernier battement de mon cœur! Vous avez mesuré ma haine, il n'y a que moi pour juger mon amour.

Elle reprit avec plus de calme :

— Avez-vous donc cru que j'oubliais Maurice? je ne pense qu'à lui, je ne travaille que pour lui. Dieu lui-même a serré nos liens; mon frère, que ma volonté ardente est de venger, n'était-il pas le bienfaiteur de Maurice? Si Maurice était libre, avec quelle joie il engagerait sa vie pour payer ma dette! La sentence que j'ai prononcée est la seule planche de salut qui puisse exister pour Maurice. Maurice sera sauvé, cette fois, bien sauvé, si ces hommes tombent, car il ne craindra plus que la loi, et la loi ne l'ira pas chercher à trois mille lieues d'ici où je l'entraînerai!

Autour des grosses lèvres de Coyatier, il y avait comme un sourire.

— Pourquoi riez-vous? demanda Valentine irritée.

— Parce que c'est cocasse, répliqua le bandit, de voir comme les beaux esprits se rencontrent. D'autres que vous ont eu une idée pareille... mais ne m'interrogez pas, ça nous mènerait trop loin. J'ai mon ouvrage et je vais prendre congé de vous.

— Sans me répondre? s'écria Valentine. Me suis-je donc trompée? N'avez-vous pas vous-même l'envie, le besoin de recouvrer votre liberté?

— Ah! fit le Marchef, ma liberté!... peut-être.

Ces mots, comme l'accent qu'il mit à les prononcer, ressemblaient à une énigme.

— N'avez-vous pas besoin, continua la jeune fille, qui mettait toute son âme éloquente en ses yeux, de redevenir homme, de laver une bonne fois vos mains ensanglantées?

— Ah! fit encore Coyatier de ce même accent dont l'expression ne se peut traduire, vous les avez touchées, ces mains-là, vous êtes une crâne jeune personne!

Mais où les laver, mes mains, jeunesse, mes mains qui ont du sang ? Dans le sang ?

Le front et les joues de Valentine étaient de marbre.

— Dans le sang qui purifie ! murmura-t-elle. Tout le monde a le droit d'abattre une bête féroce.

— Alors, tout le monde a le droit de m'abattre, dit Coyatier. En voilà assez. Vous savez que tout cela est stupide et impossible, mais il n'y a que ces choses-là pour réussir. Ouvrez la bouche, puisque vous voulez prendre la lune avec les dents : moi, je ne demande pas mieux que de vous tenir l'échelle.

— Dites-vous vrai ? balbutia Valentine, qui ne s'attendait pas à cette brusque conclusion ; consentez-vous ?

— Pourquoi pas ? Que mon cou soit cassé ici ou là, peu importe. La loterie est une bêtise aussi, et pourtant il y en a qui gagnent à la loterie. Je vous regardais tout à l'heure ; vous devez avoir la veine... Seulement, je vas poser mes conditions : si je suis avec vous, vous n'irez pas à droite ou à gauche, selon votre volonté. Il y a un jeu tout fait, voulez-vous le prendre ?

Il parlait d'un ton bref et précis ; Valentine murmura :

— Je ne vous comprends pas.

— Je vais m'expliquer clairement : c'est demain que le colonel doit faire évader le lieutenant Maurice Pagès.

— Comment, demain ! s'écria Valentine. Déjà ! et Maurice, que je viens de voir, n'en sait rien !

— Dans tout cela, répondit le Marchef, Maurice est la cinquième roue d'un carrosse. Quand nous faisons une affaire, il n'y en a que pour nous. Et c'est demain aussi que Maurice et vous devez être mariés.

Cette fois Valentine n'interrompit point ; elle resta muette de stupéfaction.

Le Marchef reprit :

— Pendant que vous étiez à la prison de la Force, j'étais, moi, chez le colonel. Il ne se porte pas bien, et j'ai idée qu'il n'en a pas pour très longtemps. Si Toulonnais-l'Amitié, le prince et les autres savaient ce qu'il m'a dit... C'était drôle de le voir me caresser le menton en bavardant tout bas : « Je n'ai confiance qu'en toi, Marchef, mon ami, tu es la plus forte tête de l'association, et mon testament, qui est tout fait, te nomme mon légataire universel... » Eh bien ! après ? Je serais capable de les mettre au pas aussi bien qu'un autre, dites donc ! Et, si j'étais le Maître, ils viendraient me lécher les pattes comme des chiens couchants.

Il s'arrêta. Valentine dit :

— Tout cela ne m'explique pas vos paroles.

— L'explication la voici ; le colonel a ajouté : « C'est ma dernière affaire, et je veux la régler avant de m'en aller ; il faut que tout soit fini demain soir. »

— Mais les préparatifs de l'évasion... murmura Valentine.

— Voilà huit jours que Toulonnais s'en occupe. Il avait carte blanche et des billets de banque à poignées. Quand il a été relancer la veuve Samayoux, la chose était arrangée.

— Mais pour le mariage... le prêtre ?

— Il y a M. Hureau, le vicaire de Saint-Philippe-du-Roule, qui croit à Louis XVII dur comme fer. Le mariage, vous le savez bien, est l'idée fixe de Mme la marquise ; elle s'est résignée à tout, sauf au scandale de laisser monter deux tourtereaux comme vous en chaise de poste sans qu'on ait prononcé sur eux le *conj.ngo*. M. de Saint-Louis, qui n'a rien à refuser à la marquise, s'est chargé de l'abbé Hureau, t quoique un mariage secret soit une grosse affaire à l'archevêché, le bon vicaire du Roule n'a rien à refuser à son roi pour rire, qui prend la peccadille à son compte et qui écrira au pape si l'archevêque fait le méchant. Comme ça, pas vrai, les convenances seront respectées.

Coyatier, en débitant cela, avait gardé son rire amer.

— Et après le mariage? demanda encore Valentine, dont la voix s'altéra.

— La lune de miel commence, parbleu! vous filez, Maurice et vous...

— Ce départ est aussi préparé?

— Ah! je crois bien! préparé à fond.

— Pour où partons-nous?

— Ne faites donc pas l'enfant! gronda Coyatier; vous le savez aussi bien que moi.

— Un double meurtre! prononça péniblement la jeune fille.

— Je n'ai pas encore reçu mes instructions complètes, répartit Coyatier; je vous l'ai dit, le colonel m'attend pour savoir un peu comment vous prenez les choses; mais j'ai idée qu'il y aura plus de deux meurtres, car tous ceux qui sont chez Remy d'Arx à l'heure qu'il est ont à régler avec l'association le même compte que Maurice et que vous.

— Le vieux Germain, fit Valentine, maman Léo...

— Et moi. Nous radotons, je vous l'ai déjà dit.

— Et pour que vous soyez avec nous, il faudrait?...

— Vous laisser crever les yeux, jeunesse, interrompit Coyatier d'un ton sérieux cette fois, et aller à tâtons partout où ça me plaira de vous conduire : j'entends non-seulement vous, mais le lieutenant aussi. Pas une observation, pas une résistance. Quant au prix, nous compterons après ; ça vous va-t-il ?

Comme Valentine hésitait, il regarda la pendule et se leva.

— Le vieux va s'impatienter, dit-il, ne vous pressez pas, réfléchissez, vous me donnerez réponse demain matin. Car il y a un *hic* à tout cela, c'est que je ne vous promets rien. Le diable seul peut savoir si nous gagnerons la partie ou bien si nous serons tous écharpés à la dernière manche.

— Je n'attendrai pas jusqu'à demain ! s'écria Valentine, à quoi bon réfléchir ? la mort nous entoure de tous côtés, il n'y a pas d'autre issue, j'accepte ! Tout ce que j'ai est à vous, les conditions que vous m'avez posées seront accomplies aveuglément.

Le Marchef, qui avait déjà fait un pas vers la porte, s'arrêta.

— Quant à être une crâne jeune personne, fit-il, ça y est en grand ! Alors, il faut vous dépêcher de retourner à la maison. M. Samuel ne se sera pas aperçu de votre absence, c'est le mot d'ordre, et vous trouverez à la porte où sont les maçons quelqu'un qui vous fera rentrer, ni vu ni connu, dans votre chambre. Ce soir, si le colonel peut quitter son lit, car il est vraiment bien malade, il ira vous raconter tout ce qu'il a fait pour vous et pour votre bonheur. Vous serez surprise, émerveillée, attendrie, enfin vous jouerez votre petit bout de comédie, ça ne m'embarrasse pas. Ce qu'il ne faut pas oublier, c'est de dire que vous êtes toute ragaillardie et de faire comme si la raison rentrait dans votre cervelle toquée. Il y croira ou il n'y croira pas, ça ne fait rien du tout, car dans la partie qui se joue, chacun sait que son voisin triche : voilà le côté curieux. Pour ce qui est de moi, je ne sais pas si vous me reverrez avant la noce, mais regardez-moi bien entre les deux yeux : j'ai un petit peu d'espoir, pas beaucoup... la chose sûre, c'est que je ferai tout ce que je pourrai, je dis : TOUT, puisque vous m'avez donné votre main.

— Merci ! merci ! balbutia Valentine, émue jusqu'à ne point trouver de paroles.

Coyatier sortit précipitamment, mais il rentra presque aussitôt et dit :

— Un mot encore. Il nous manque un outil qu'on ne trouve pas facilement à l'estaminet de l'Epi-Scié, c'est pour l'évasion : un homme qui n'ait jamais été devant la justice. Il faut ça pour prendre la place du prisonnier sans risquer trop gros. Maman Léo vous trouvera la chose dans sa baraque ou ailleurs... A vous revoir, la belle, car nous nous reverrons au moins une fois, et après ça, à la garde du bon Dieu s'il y en a un !

XXXIII

L'AGONIE D'UN ROI

Il faisait nuit. Paris opulent achevait de dîner, Paris pauvre était en train de souper; les gargottes à bon droit célèbres parmi les ouvriers et qui, en ce temps-là surtout, foisonnaient aux environs des halles, regorgeaient de chalands.

Il m'est arrivé souvent de glisser mon regard à travers les carreaux troublés de ces réfectoires du travail. La gargotte n'est pas le cabaret, tant s'en faut; on voit là en majorité les bonnes, les naïves figures; chacun y semble franchement content devant la portion abondante qui fume.

Là, les défaillances d'appétit ne sont pas connues; on a gagné rudement le plaisir de manger, et l'odorat des convives n'a point ces gênantes délicatesses qui pourraient s'offenser de certains parfums répandus trop abondamment dans l'atmosphère.

L'ail et l'oignon ne déplaisent à personne, l'échalote et le beurre noir ne comptent que des amis.

Il fait chaud, et cela semble bon, quand le froid humide sévit au dehors.

On voit des convives qui ménagent avec sensualité le demi-litre de bleu pour avoir le plein coup du dessert, le verre qu'on boit avec les pruneaux, pris dans le grand saladier de la devanture, ou après la compote qui nage dans le jus de pomme aigrelet.

J'ai ouï dire que la toilette si coûteuse faite à la grande ville, depuis quelque temps, par le chef de ses édiles a diminué de beaucoup le nombre de ces gargottes, situées à proximité du marché et donnant à ceux qui travaillent une nourriture à peu près saine et sincère.

J'ai ouï dire que les restaurants de l'ouvrier se sont embellis comme le quartier lui-même et que les consommateurs y payent désormais non-seulement le bœuf avec légumes, mais encore le loyer, les glaces et le gaz.

Tout cela est très cher et ne restaure point.

Duvál, ce boucher intelligent qui est devenu riche comme un roi rien qu'en prouvant au public l'authenticité de sa viande, ne vend pas sa viande aux ouvriers. Je serai heureux quand je verrai dans Paris la vieille gargotte renaissante, mais appropriée au progrès de nos mœurs.

Il faudra peut-être encore beaucoup de temps pour cela, car les industriels aiment mieux spéculer sur les vices de l'ouvrier que de songer à ses besoins.

Au lieu du réfectoire modèle que je demande, ce sont des cafés splendides qui s'élèvent, fondés sur ce principe trop connu que rien n'est plus facile à dévaliser que l'indigence.

On voit là tout un peuple qui vient s'enivrer d'absinthe frelatée et de luxe moqueur.

Ce sont de bonnes affaires. Les Lombards qui dirigent ces Eldorados scandaleux font fortune et ne s'embarrassent point de la sueur ni des larmes qui mouillent leur recette quotidienne.

Mais quand le travailleur, encore tout ébloui par tant d'illuminations et tant de dorures, rentre dans sa mansarde noire, sa gaieté persiste-t-elle ?

Il y a là souvent une femme qui pleure entre plusieurs berceaux.

Il faut bien l'avouer, certaines industries parisiennes, quand on les examine de près, donnent le frisson tout comme le ténébreux métier exercé par Coyatier, dit le Marchef.

Les temps du mélodrame sont passés, c'est possible, mais il y a encore chez nous des alchimistes qui savent faire de l'or très légalement avec de la douleur et de la honte.

Paris s'habitue vite au froid comme à tout ; malgré la brume glacée qui s'épaississait dans les rues, on voyait nombre de flaneurs circuler sur le trottoir et les vieux bonshommes curieux qui regardent aux vitres des mercières étaient à leur poste tout le long de la rue Saint-Denis.

Vers sept heures du soir, il y eut un bruit singulier, indéfinissable, que personne n'avait jamais entendu et qui propagea dans tout le quartier un écho à la fois terrible et lugubre.

Chacun s'arrêta dans les rues pour écouter; les sergents de ville dressèrent l'oreille, se demandant si ce n'était pas la clameur lointaine d'une jeune révolution qui vagissait. On s'étonna dans les ménages et toutes les fenêtres bien closes s'entr'ouvrirent aux divers étages des maisons. Dans les gargottes, les verres levés restèrent à mi-chemin des lèvres et les fourchettes cessèrent de grincer sur l'épaisse faïence des assiettes.

Quel était ce bruit qui dominait le grand murmure de Paris? ce bruit qui était sourd et grave comme un tonnerre et qui pourtant perçait toutes les murailles, distinct des autres fracas, et entrait dans les maisons à travers les portes fermées?

Jules Gérard, le dernier paladin, a fait un livre sur ses adversaires vaincus. Dans ce livre, empreint d'un sentiment épique, Jules Gérard raconte la vie et la mort des lions qu'il a tués.

Il y a là une page, pleine d'une prodigieuse émotion, où l'on entend le lion agoniser dans le désert.

C'est une voix qui s'éteint, mais qui est gigantesque encore. A l'écouter, hommes et femmes frémissent sous la tente; dans les douars, les chevaux tremblent sur leurs quatre pieds paralysés, et le long de l'oued qui va, desséché à demi, entre les pierres et les palmiers, les autres habitants du désert, saisis d'une terreur profonde écoutent.

C'est le roi qui meurt, le seigneur, le Sidi-Lion. La nature entière prend part à son agonie et porte un deuil épouvanté.

C'était ici encore le Sidi-Lion, le seigneur, le roi des déserts, dont la plainte suprême ébranlait tout un coin de la civilisation parisienne.

Il avait beau être esclave, vaincu, déshonoré, son cri funèbre montait et s'élargissait presque aussi grand que la grande voix de la foudre.

Il avait beau être humilié, et depuis combien de temps ! sous l'outrage grotesque de la servitude, subissant la médecine ignorante d'Échalot, grimé comme une courtisane hors d'âge, rapiécé comme un vieux manchon qui perd son poil, il avait beau être criblé d'emplâtres et porter perruque, la mort le redressait dans son inaliénable grandeur.

Paris ne savait pas. Les lions sont rares à Paris. Paris qui parle toutes les langues était inhabile à reconnaître la dernière parole du lion.

Car c'était bien M. Daniel, le prisonnier valétudinaire de maman Samayoux, qui poussait son rugissement suprême dans la baraque abandonnée.

Loin du mont Atlas, dont la cime soutient les cieux, loin, bien loin des sables sans limites tourmentés par le simoün, où le soleil brûle le regard des hommes en réjouissant l'œil des lions, à Paris, le paradis des lionnes, des chiens bichons et du chat de la mère Michel, il mourait à Paris, lui, le roi du désert, dépouillé même de son nom comme tous les rois exilés.

Sic transit gloria mundi: Ainsi passe la gloire du monde ! Le seigneur Lion décédait sans pompe ni crinière dans la peau chauve de M. Daniel.

Par le temps affreux qu'il faisait, il n'y avait personne dans les terrains de la percée nouvelle. Les rugissements du moribond s'élevaient à intervalles presque égaux, entrecoupés de profonds silences, comme éclataient, dit la légende, les appels du cor de Roland dans les gorges de Roncevaux.

Nul ne répondait, car il y a de ces bruits dont on cherche en vain l'origine et le point de départ. Chacun se demandait où naissait ce tonnerre; personne n'avait songé à la maison de planches de Mme Samayoux.

Sous la neige qui recommençait à tomber, une silhouette noire se détacha, éclairée à contre-jour par les réverbères de la rue Saint-Denis. L'homme qui marchait ainsi vers la baraque n'avait point les vêtements amples nécessités par la saison; il allait grelottant et boutonné dans un mince paletot, serrant les coudes et fourrant ses deux mains jusqu'au fond de ses poches.

Sur sa route, il y avait un tas de pierres marqué par un lumignon municipal; la lueur du lampion glissa sur le paletot râpé jusqu'à la corde pour mettre en lumière, un chapeau gris pelé, coiffant des cheveux jaunes.

Il y a des hauts et des bas dans la vie de don Juan. Ce soir Amédée Similor n'était pas en bonne fortune. Il revenait la tête basse, le gousset vide, l'estomac affamé; la réunion de la veille à l'estaminet de l'Epi-Scié n'ayant été suivie d'aucun résultat, on avait renvoyé les simples soldats de l'armée des Habits-Noirs sans autre bénéfice qu'une abondante distribution de punch.

Similor, après avoir couché je ne sais où, avait fait un tour de chasse dans Paris et rentrait bredouille au bercail, sans avoir rien mis sous sa dent depuis la veille.

Vous jugez s'il était de joyeuse humeur.

— Les dames, se disait-il en montant l'escalier de

planches qui menait à la principale porte de la baraque, ça grouille autour de vous dans les moments de la prospérité ; quand vient la circonstance de la débine, plus rien, bernique !

Il essaya d'ouvrir la porte, et au bruit qu'il fit, M. Daniel poussa un sourd rugissement.

— Nom de nom ! gronda Similor, nez de bois ! Il n'y a là que la vilaine bête. La veuve est à licher quelque part avec ses connaissances... avec ce gredin d'Échalot peut-être !

Il redescendit le perron et fit le tour de la baraque pour gagner la porte de derrière, dite « entrée des artistes, » qui s'ouvrait au moyen d'un truc, connu par tous les habitués de la maison.

Il entra, cette fois, et se trouva dans l'intérieur de la cabane, qui n'avait pas été ouverte depuis le matin, et où l'agonie de M. Daniel mettait une épouvantable odeur de fauve.

— Sent-il mauvais à lui tout seul ce paroissien-là ! gronda Similor. Ho ! hé ! Échalot, où donc que tu es ma vieille ? Ça me fait toujours quelque chose quand je suis du temps sans vous voir, toi et mon bibi de Saladin.

Il était tendre parce qu'il connaissait le bon cœur de son Pylade, et qu'il comptait avoir à souper.

Mais à ses avances personne ne répondit.

Il appela encore, et cette fois le lion poussa un rugissement qui retentit dans la baraque avec un éclat terrible.

Similor eut froid dans les veines. Il avait refermé la porte en entrant ; l'intérieur de la baraque était plongé dans une obscurité complète. Son regard, qui s'était tourné d'instinct vers le lion, distingua deux lueurs rougeâtres, semblables à des charbons prêts à s'éteindre.

En même temps un pas pesant et mou sonna sur le sol et il parut à Similor que les deux charbons approchaient.

Les Parisiens sont rarement poltrons. Similor, ce misérable amalgame de tous les défauts, de tous les vices et de tous les ridicules de la basse bohème, avait du moins une sorte de bravoure.

— Toi, dit-il, tu ne vaux pas cher, bonhomme. Si tu étais cuit, je mangerais bien tout de même une tranche de ton filet, car j'ai une faim de Patagon, mais je ne veux pas que tu me manges.

Tout en parlant, il s'était baissé, cherchant autour de lui un bout de bois qui pût lui servir d'arme.

Le lion approchait toujours, lourdement et selon toute apparence paisiblement, car l'instinct de tous les animaux est le même à l'heure de la souffrance : ils cherchent du secours.

La main de Similor venait de rencontrer un fragment du balancier ayant servi jadis à la danseuse de corde et qui formait une excellente massue.

— A la niche, dit-il, vieux Rodrigue ! allez coucher ou je tape !

Comme il se retournait en ce moment, il vit les deux charbons tout auprès de lui et sentit le vent d'une haleine fétide.

— Cré nom ! s'écria-t-il en reculant d'un pas, est-ce que M. Daniel aurait faim, lui aussi ?

Dans sa frayeur irréfléchie, il brandit le fragment de

balancier, qui tournoya et vint tomber sur la tête du lion.

Le lion s'affaissa en poussant un rauquement plaintif, et les deux charbons ne brillèrent plus.

— Non d'un nom ! fit Similor, la bourgeoise ne va pas être contente; mais on n'aura pas besoin de lui raconter cette histoire-là en détail.

— C'est égal, ajouta-t-il en se redressant dans toute l'enfantine naïveté de son orgueil, on n'en trouverait pas beaucoup, depuis l'Hercule de l'antiquité, pour abattre un lion furieux avec un bout de bois et d'un seul coup !

Il marcha en tâtonnant vers le coin où se faisait la cuisine, car la faim le talonnait. Le fourneau de fonte était froid et sur la planchette où Échalot mettait d'ordinaire ses pauvres provisions, il n'y avait pas même une croûte de pain sec.

— Est-ce qu'il se dérange, ce gredin-là ? pensa Similor. Où donc peut-il être allé avec le môme ? Quand le diable y serait, il va revenir coucher, toujours ? Qui dort dîne; en l'attendant, je vas tâcher de faire un petit somme !

Il traversa la baraque dans toute sa longueur pour gagner l'endroit où était la paille du lion.

— C'est encore chaud, fit-il en se couchant à la place occupée naguère par sa victime, mais ça ne sent pas la rose.

Au moment où il fermait les yeux, quelqu'un tira au dehors le loquet de l'entrée des artistes.

Similor se souleva sur le coude et pensa :

— Allons, j'ai de la chance, je n'aurai pas attendu trop longtemps mon souper.

XXXIII

LA TENTATION DE SIMILOR

Le nouvel arrivant était encore un habitué de la baraque, car il ouvrit la porte sans effort et entra comme chez lui.

Similor, désormais, attendait. Le sauvage parisien a des prudences d'Iroquois; il guette toujours un peu avant d'agir ou de parler.

Le nouveau venu eut à peine fait quelques pas dans la baraque qu'il butta contre le corps du lion.

— Je m'en avais douté, dit-il avec mélancolie, mes soins ont manqué à la pauvre bête et elle a rendu l'âme.

— C'est Échalot! pensa Similor; motus! on va savoir d'où il arrive et la vie qu'il mène.

Échalot, en effet, comme presque toutes les pauvres

créatures qui n'ont pas beaucoup d'amis, parlait volontiers tout seul.

— *De Profundis!* murmura-t-il. Un peu plus tôt, un peu plus tard, nous finirons tous comme ça. C'est une perte pour la patronne; mais elle n'a pas le cœur à s'occuper de ses affaires d'intérêt.

— Où l'a-t-elle donc, le cœur? se demanda Similor; est-ce qu'elle va se faire chartreuse pour pleurer son lieutenant d'Alger?

Échalot, cependant, gagna le coin où était son fourneau et se mit à battre le briquet. Similor avait la bouche ouverte pour parler enfin, lorsqu'il entendit ces paroles remarquables :

— Ça me gêne, moi, disait Échalot, d'avoir tant d'argent sur moi. On ne sait pas ce qui peut arriver; je cherche la patronne depuis midi, et il me semble toujours que ma poche coule laissant filer les billets de banque.

Les oreilles de Similor s'ouvrirent comme deux pavillons de trompes de chasse.

— Des billets de banque! répéta-t-il.

Et il s'incrusta plus avant dans la paille, flairant un énorme coup à tenter.

— Faut tout de même que madame Léocadie ait une jolie confiance en moi, continua Échalot en approchant une allumette de l'amadou qui avait pris feu; j'avais peine à croire que ses paperasses avaient la valeur qu'elle disait, mais je n'ai eu qu'à les mettre sur la planchette au guichet du changeur pour avoir des mille et des cents.

Similor se pinçait le gras du bras pour être bien sûr qu'il ne rêvait point.

— En voilà un changeur, pensait-il, qui a de la confiance de reste ! Au vis-à-vis de la mauvaise tenue de ce cauard il n'a donc pas seulement eu l'idée que les papiers devaient être volés?

C'était là une observation plausible et pleine de justesse, mais la chandelle d'Échalot en s'allumant y fit une triomphante réponse.

Les yeux de Similor battirent, frappés par un éblouissement; il n'aurait pas été plus étonné s'il avait vu son humble ami revêtu d'un manteau d'hermine et coiffé de la couronne royale.

C'était en effet une métamorphose presque féerique. Échalot avait des souliers neufs bien cirés, un pantalon noir, le tout en beau drap fin et tout battant neuf. Il avait en outre un chapeau de soie dont le lustre était vierge et qui, par la neige qui tombait, avait dû voyager en voiture. Il portait enfin une chemise d'une entière blancheur sur laquelle se nouait une cravate de satin.

De plus, ses cheveux étaient peignés à fond et sa barbe était faite.

Nous ne voulons point dire qu'il fût très-beau comme cela, mais sa laideur était transfigurée à ce point que Similor eut vraiment peine à le reconnaître : d'autant que la gibecière, asile habituel de Saladin, n'était plus suspendue au cou d'Échalot.

Similor pensa trop de choses pour prendre le temps de les exprimer; il dit seulement en lui même : « Nom de nom ! » et cette simple interjection valait tout un long discours.

Échalot apporta son flambeau sur la table où Mme Samayoux avait trinqué la veille au matin avec Gondrequin-

Militaire et M. Baruque. Il s'assit sur la chaise même de la veuve et tira de sa poche un paquet de papiers que du premier coup d'œil Similor reconnut pour des billets de banque.

C'était le produit de la négociation confiée par maman Léo à son page Échalot. Nous savons que toute cette journée avait été employée par elle à d'autres besognes et qu'elle n'avait pas quitté Valentine.

Son dévouement était de ceux qui ne marchandent pas. Elle s'était mis dans la tête ou plutôt dans le cœur de sauver Maurice Pagès à n'importe quel prix.

Les moyens à employer lui échappaient encore ce matin, mais elle savait que l'argent était le nerf nécessaire de cette guerre qu'elle allait entreprendre :

Elle avait fait ce qu'il fallait pour se procurer de l'argent.

Malgré la défiance si naturelle à ceux qui ont travaillé beaucoup pour gagner peu et qui, en outre, se sentent entourés de gens sujets à caution, elle n'avait pas hésité à remettre sa fortune entière entre les mains d'Échalot.

Elle s'était dit, pour excuser à ses yeux cette hardiesse : « J'ai de l'œil; j'ai jugé cette créature-là du premier coup; je crois en lui bien plus qu'en un notaire. »

Et elle avait ajouté :

« Quant à mon saint-frusquin, j'en dois les trois quarts aux talents réunis de mon Maurice et de Fleurette, qui faisaient tomber des pluies de pièces de cent sous dans mon comptoir. C'est bien le moins que je rende à ces enfants-là ce qu'ils m'ont donné. »

Enfin, car les pauvres gens ont une idée très-précise et très-développée des obstacles que la pauvreté oppose à chaque pas dans la vie, maman Samayoux avait songé tout de suite à transformer Échalot pour lui rendre possible l'accomplissement de sa mission.

Elle avait eu exactement la même pensée que Similor; elle s'était dit :

— Avec sa tenue, chez l'agent de change, on l'appellera voleur et on est capable de l'arrêter.

Préalablement à toute autre chose, elle avait donc donné à notre ami de quoi s'acheter une garde-robe complète, et c'était pour aller chez le tailleur qu'Échalot l'avait quittée dans la rue Pavée, au Marais, devant l'entrée principale de la Force.

Le paquet de billets de banque était ficelé avec soin; néanmoins, la préoccupation d'Échalot était si grande, il avait à tel point conscience de sa responsabilité, qu'il voulut compter mille francs par mille francs pour être bien sûr que quelques-uns de ces précieux chiffons ne s'étaient point envolés en route.

— Ça tient dans la main, se disait-il en défaisant le nœud de la ficelle, et si on changeait ça en pièces de deux sous, il y en aurait gros comme la baraque. Quelle capacité faut qu'elle ait, Léocadie, sous l'apparence d'une femme agréable et sans souci, pour avoir amassé une pareille opulence!

Il mouilla son pouce et les billets froissés rendirent un petit bruit.

Similor ne respirait plus.

Choisissez parmi les poëtes dont la gloire emplit le monde et chargez le plus puissant d'entre eux d'exprimer la fiévreuse envie que Similor avait de mettre le grapin sur les économies de maman Samayoux, je vous affirme que votre poète de choix restera au-dessous de sa tâche.

On peint l'amour, la haine, l'avidité, toutes les passions humaines, mais la fringale sans nom d'un mohican comme Similor en face de soixante ou quatre-vingts billets de banque, voilà ce qui défie toute habileté de plume ou de parole, voilà ce qui est véritablement surhumain.

Il avait vu des billets de banque aux devantures des changeurs, il les avait caressés du regard souvent et longtemps; depuis son adolescence, l'idée d'avoir un billet de banque était pour lui un rêve plein d'attendrissement et de folie.

Il n'était pas avare, mon Dieu non, au contraire, il était prodigue au même degré que ces fils de famille qui viennent manger à Paris, en compagnie des dames rousses, le capital du papa décédé.

C'est l'esprit français, dit-on; Similor avait l'esprit français.

Les imbéciles dont je parle, quand ils ont dévoré le patrimoine du vicomte ou du coutelier qui fut leur père, deviennent coquins ou mendiants selon le sort de leur tempérament.

Similor était l'un et l'autre d'avance, et dans quelle splendide mesure!

Il était poète, lui aussi; il voulait mener la vie à grandes guides, ce don Juan de la boue; il voulait éblouir le ruisseau.

Il voulait boire des océans de volupté dans son tombereau triomphal, traîné par toutes les Vénus éraillées, par tous les Cupidons galeux grouillant au fond de ces bosquets où Armide-à-la-Hotte tient sa cour galante à cent pieds au-dessous des égouts de Paris.

Ah ! c'est une grande figure que ce laid gredin, marchant sur ses tiges ! Et j'espère que son portrait sécu laire, si faiblement ébauché qu'il soit par mon insuffisance, me tiendra lieu de génie auprès de la postérité.

Il s'était retourné sans bruit dans sa paille humide et fatiguée qui n'avait plus de sonorité.

Il s'appuyait déjà sur ses mains, le cou tendu, l'œil injecté, la poitrine au ras du sol, dans l'attitude d'un sauvage qui s'apprête à ramper pour surprendre son ennemi.

Échalot était encore sans défiance; il se croyait seul et retournait ses billets de banque un à un en prononçant à haute voix les chiffres de son compte.

Mais tout en comptant il réfléchissait.

— Dix-huit, disait-il, dix-neuf et vingt. Quand on songe que tout cela va passer peut-être pour le lieutenant ! vingt un, vingt-deux et vingt-trois. Ils étaient collés ces deux-là ! c'est doux comme du coton et ça fait plaisir à manier. La patronne l'a dit, vingt-neuf et trente, ça lui est égal de recommencer sa carrière sur nouveaux frais. Est-ce un beau trait de dévouement, ça ? trente-sept. Au fait, c'est une circonstance qui peut me donner l'opportunité de parvenir au comble de mes désirs, puisque sa fortune était un obstacle, quarante, quarante et un, à l'obtention de sa main.

En ce moment, un bruit imperceptible arriva jusqu'à lui; mais il ne leva pas les yeux, parce qu'il regardait avec inquiétude un des billets de banque qui avait une déchirure.

— Celui-là est-il bon tout de même? se demandait-il.

Similor ne bougeait plus, tant il était effrayé du bruit qu'il venait de faire. Il n'avait pas encore quitté le lit du lion; le hasard avait entortillé un de ses pieds dans le lien d'une botte de paille, et chaque fois qu'il cherchait à se dégager, la botte remuait, la paille bruissait.

Quel était cependant son dessein, en dehors de ce fait principal, de cette aspiration enivrante : la volonté de s'emparer des billets de banque? Il connaissait Échalot des pieds à la tête, il savait que le digne garçon défendrait jusqu'à la mort le dépôt qu'on lui avait confié.

Qui veut la fin veut les moyens. Ne fouillons pas trop avant dans les profondeurs de ce caractère.

Avec certains seigneurs bien couverts portant gants blancs et bottes vernies, nous serions en vérité plus à l'aise.

Et après tout, Similor n'avait peut-être pas songé à cette nécessité où il allait être d'assommer Échalot son meilleur ami.

Au moment où ce dernier retournait le cinquantième billet, un bruit distinct lui fit dresser l'oreille.

Il regarda du côté de la paille et vit deux yeux qui brillaient en vérité plus rouges que ceux du lion lui-même.

C'est à peine si la chandelle posée sur la table jetait une vague lueur jusqu'au tas de paille. Échalot ne reconnut point Similor, mais à la vue d'une forme humaine, il saisit les billets à poignées, les fourra vivement dans sa poche et boutonna sa redingote.

Similor, se voyant découvert, sauta sur ses pieds.

— C'est toi, Amédée? dit Échalot avec un soupir de soulagement, tu peux te vanter de m'avoir fait peur.

Similor avança de quelques pas et croisa ses bras sur sa poitrine.

— Quelqu'un qui n'a pas la conscience tranquille, dit-il, parlant un peu au hasard, mais de sa voix la plus emphatique, est toujours facile comme ça à avoir peur. Qu'as-tu fait du petit confié à tes soins?

— On va t'expliquer ça, répondit Échalot, il s'est passé des choses...

Il s'arrêta tout à coup et reprit :

— Au fait, ces choses-là, ça ne m'est pas permis de te les communiquer. Tout ce que je peux te dire, c'est que notre enfant est en lieu sûr, bien nourri, bien soigné et plus heureux qu'à la baraque, entre les mains d'une personne de l'autre sexe, habituée à l'éducation du jeune âge.

Similor le laissait parler sans l'interrompre, parce qu'il faisait appel à toute sa rouerie, se demandant s'il fallait essayer des négociations ou entamer la bataille tout de suite.

Il était assez brave, nous l'avons dit, et il avait grande idée de ses talents comme boxeur français.

Mais d'un autre côté il savait qu'Échalot n'était point un adversaire à dédaigner, malgré son apparence timide.

— Est-on des frères ou n'en est-on pas? demanda-t-il brusquement. J'ai vu le temps où l'on partageait en deux le moindre petit morceau de pain, et pourtant tu as présentement un bon dîner dans le ventre, tandis que moi je suis à jeun depuis hier au soir.

— Je te paye à souper si tu veux, s'écria Échalot.

— Tu es habillé d'Elbeuf depuis la semelle de tes bottes jusqu'au rond de ton chapeau, reprit Similor avec plus d'amertume, et moi, ton associé, j'ai sur le corps des vêtements qui tombent en guenille.

— Ça, murmura le père nourricier de Saladin, c'est une portion du secret que je ne peux pas dévoiler.

— Parce que tu es fautif et même criminel, s'écria Similor en jouant tout à coup le désordre d'une indignation qui éclate, je t'ai vu compter des billets de banque dont tu as tes doublures toutes pleines ! Tu es un trahisseur et un mauvais frère, tu as fait un coup pour toi tout seul et tu complotes secrètement de gagner l'étranger en nous laissant, Saladin et moi, dans la misère !

— Je te jure... voulut commencer Échalot.

— Tais-toi ! pas de faux-serments ! je les dédaigne. S'il n'y avait que moi, je te laisserais pour ce que tu es dans ta vilenie, mais je suis père, je songe à l'innocente créature que tu abandonnes et je ne fais ni une ni deux. Je te dis dans le blanc de l'œil : partageons, mais là, tout de suite sur le coin de la table, un chiffon d'un côté, un chiffon de l'autre, ou sans quoi, dans mon sentiment paternel, je vas prendre tout en faisant la fin de toi !

XXXIV

LE COMBAT

Échalot, dans la bonté de son cœur, aurait volontiers parlementé, car il avait une véritable affection pour le père de Saladin; mais celui-ci n'était point en état d'écouter la raison et on le voyait bien.

Ce n'était plus le même homme; son aspect vous eût fait peur : il avait le teint terreux des malades, il avait ce regard tout noir du taureau furieux qui laboure la terre avec ses cornes.

Le bouffon grotesque des bas-fonds parisiens tournait au tragique; la fièvre d'argent le tenait, et la fièvre de sang.

Échalot pensa :

— Ça va être dur ! Quand on pense qu'il a le toupet de parler du petit que, s'il avait les chiffons, il les avalerait littéralement en noces et festins de consommation personnelle, sans acheter un sou de lait à l'innocente créature !

Il fit le tour de la table, mais ce fut seulement pour avoir le temps de relever ses manches et achever de boutonner sa redingote jusqu'au menton.

Aussitôt après cette toilette préparatoire et rapide, il sauta galamment dans l'espace libre, où il prit position d'un air à la fois mélancolique et résolu.

— Censément, dit-il, ça m'agace un tantinet de m'aligner avec l'ami de mon adolescence, mais si je renaudais tu aurais des doutes sur mon honneur.

Ce n'est certes pas en souvenir de l'aîné des quatre fils Aymon que ce verbe *renauder* est devenu classique dans le langage des sans-gêne.

Quant au mot honneur, pris dans son sens chevaleresque, nous affirmons que, chez les sans-gêne, il est employé désormais plus sérieusement et plus fréquemment qu'en aucun autre monde.

Similor n'avait peut-être pas lu l'*Iliade*, et pourtant il répondit comme Ajax :

— A toi, à moi, racaille au tas ! ça ne va pas peser lourd !

Il s'était campé selon la garde élégante des professeurs de boxe et adresse françaises; ses jambes, entretenues par la pratique de la danse des salons et qu'il avait vendues tant de fois aux peintres en qualité de modèle « pour le bas, » placèrent leurs pieds en équerre et eurent deux ou trois flexions élastiques avant que le corps s'assît carrément sur leur base élargie. En même temps, il se décoiffa d'un geste fanfaron et mit ses deux poings fermés à la hauteur de l'œil.

Il était très-beau, et les maréchaux de la savate n'eussent pu que l'admirer.

Échalot, doué d'une *cassure* moins brillante, obéit à la vieille tradition et passa préalablement ses mains dans la poussière du sol. Il négligea les fioritures du métier et prit tout bonnement la pose de l'humble combattant qui défend ses yeux à la Courtille, un soir de bal-habillé.

Jambes écartées, tête en arrière, mains étendues et prêtes surtout à la parade.

— Vas-y, Amédée, dit-il avec gravité, tu vas chercher à me détruire, c'est dans ton caractère; moi je n'essayerai que de te casser une patte, comme étant gardien des trésors de la bourgeoise.

Ce dernier mot fut coupé par une ruade lancée de pied de maître. Similor avait fait comme ces tireurs de régiment qui débutent par le coup droit, avant que la main de l'adversaire ait acquis toute sa vitesse de parade.

Mais Échalot, qui connaissait le jeu de son Pylade, rabattit le coup nettement et ne riposta pas.

Un ricanement passa entre les dents serrées de Similor.

En retombant d'aplomb, il porta le double coup de boxe anglaise, et la poitrine du pauvre Échalot sonna deux fois comme un tambour.

— Touché ! dit-il paisiblement. Tu as du talent, Amédée, et comme tu n'as pas l'estomac fort, ces deux taloches-là t'auraient défoncé, mais moi je pose pour « le haut, » et c'est solide. Je te préviens que je vas taper désormais.

Un coup de pied fauché circulairement lui arriva au flanc, raide comme balle, en guise de réponse. Similor n'avait garde de parler.

Échalot, au lieu de venir à la parade, fit un pas en avant, uniquement pour amortir le choc, et détacha son poing droit, qui toucha Similor au front à l'instant même où celui-ci se relevait.

Similor chancela comme s'il eût donné de la tête contre une muraille et tomba sur ses genoux.

Échalot demanda, sans même songer à profiter de son avantage :

— Ça t'a fait du mal, Amédée?

Il avait presque retrouvé la douce voix que nous lui connaissons et avec laquelle il disait de si raisonnables choses pour l'éducation du petit Saladin.

Probablement que *ça* n'avait pas fait du bien à Similor; car il ne se releva point, et pour réponse il ne donna qu'un sourd gémissement.

Sa tête pendait sur sa poitrine.

— C'est sûr, dit Échalot étonné, que tu t'es laissé bien ramollir depuis le temps par toutes les voluptés que tu t'y livres au café et chez les dames, car je n'ai pas tapé de toute ma force. Au lieu de continuer, je te laisse souffler ne désirant pas abuser de ma victoire.

Il se rapprocha de la table pour regarder de près, à la lumière, la place où le pied de Similor avait touché sa redingote.

— Jeux de main, jeux de vilain, grommela-t-il d'un

ton de sérieuse contrariété, et encore plus les jeux de souliers crottés. Le vêtement est marqué dès son premier jour d'étrenne. Je vas toujours l'ôter et le plier proprement pour le cas où Amédée aurait l'idée de rejouer.

Il déboutonna la redingote.

Similor se tenait la tête à deux mains et ne bougeait pas plus qu'une pierre.

Au moment de dépouiller la première manche, Échalot se ravisa :

— Il est filou comme un singe, pensa-t-il, et tricheur, et plus roué que Robert Macaire; peut-être qu'il fait le mort pour me prendre en traître. Si j'ôte ma lévite, je n'aurai plus les économies de Léocadie sur mon cœur, prêt à les défendre jusqu'au trépas. Mais, d'un autre côté, quand raurai-je l'occasion de me payer une pareille pelure? C'est moëlleux, c'est cossu, c'est plein la main!

Il tâtait amoureusement l'étoffe du vêtement confectionné, qui ne méritait assurément aucun de ces éloges.

Le désir de sauvegarder cette toilette si chère l'emporta; il dépouilla une manche en ajoutant tout haut :

— Hé! vieux! j'ai donc tapé un petit peu trop fort?

— Assassin! prononça d'une voix sourde Similor, qui versa de côté et se laissa tomber dans la poussière sans lâcher son front.

— Ça a l'air qu'il a son compte, pensa Échalot, dont le cœur se serra, mais il m'a déjà pris si souvent à ses grimaces et manières.

Il ôta la seconde manche.

— On s'avait juré mutuellement dans les temps, murmura-t-il, une amitié réciproque et fidèle qui ne devait finir qu'avec l'existence de toi et de moi. J'y ai tenu, pour ma part, du mieux que j'ai pu, et l'attache qui nous unissait fut encore raccourcie par la naissance de notre Saladin, de qui la maman me faisait éprouver les mêmes émotions pures que j'ai ressenties par la suite pour Léocadie. C'est bête de s'aligner ensemble quand on partage les devoirs du père vis-à-vis du même môme que, si le malheur arrivait d'un double accident, il resterait seul au biberon ici-bas.

Il étala sa redingote sur la table et la brossa d'une main caressante, tout en poursuivant :

— Voilà les fruits de ta conduite inconséquente et dissolue, Amédée. Je ne voudrais pas te gronder sévèrement puisque le coup a été mauvais, mais c'est toi qui as commencé, et je n'ai fait que défendre la chose sacrée du dépôt qui n'est pas à moi... Tu ne réponds pas?... T'es donc bien malade?... Attends voir que je mette ma lévite dans un endroit propre et je vas revenir te prodiguer les soins compatibles avec mon apprentissage de pharmacien. Ah! tu m'en as fait des crasses depuis qu'on est ensemble; mais c'est plus fort que moi, et je te pardonnerai celle-là comme les autres.

Il avait plié la redingote avec beaucoup de soin et regardé plutôt dix fois qu'une la place froissée par le coup de pied.

Il hésita un instant sur la question de savoir s'il laisserait le trésor de la dompteuse dans le paquet, mais son bon sens lui dit que mieux valait ne point s'en séparer et il glissa les billets de banque entre sa chemise et son gilet, boutonné du haut en bas.

Après quoi, il gagna le coin où il faisait bouillir d'ordinaire le lait de Saladin et déposa le cher vêtement sur la planchette qui était son armoire.

Puis il revint, l'âme pleine de miséricorde, et disant déjà :

— Maintenant, me voilà tout aux soins de l'amitié. Aie pas peur, Amédée; s'il le faut, je te ferai chauffer du tilleul et de la camomille.

Mais sa phrase s'acheva en un cri d'étonnement.

Il n'y avait plus personne à l'endroit où il avait laissé Similor.

— Où donc es-tu passé, Amédée? demanda-t-il en regardant sous la table.

Dès ce premier moment, il y avait en lui de la défiance, tant il connaissait bien son ami de cœur.

— Voilà de l'ouvrage! pensa-t-il avec une sérieus inquiétude; j'aurais dû le démonter d'une patte comme je l'avais spécifié tout d'abord.

La chandelle posée sur la table projetait sa lumière à quelques pas seulement; le reste de la baraque était plongé dans un clair obscur qui trompait l'œil et où les objets se distinguaient à peine.

Le regard d'Échalot allait de tous côtés, interrogeant cette ombre, mais il n'apercevait rien.

Et à mesure que le temps passait, son inquiétude s'aggravait, parce qu'il se doutait bien qu'on allait le prendre par surprise.

Au moment où il ouvrait la bouche pour interroger encore, sans beaucoup d'espoir d'obtenir une réponse, un bruit de ferraille frappa ses oreilles.

— Les sabres! balbutia-t-il d'une voix altérée : je suis un homme mort!

En ce moment, un reflet s'alluma dans la nuit et la voix de Similor, qui avait recouvré tout son éclat, dit :

— Je ne veux plus partager, il me faut toute la tirelire de maman Putiphar. Si tu ne me jettes pas le paquet de chiffons, je te coupe en deux comme une pomme!

XXXV

LE DERNIER RUGISSEMENT

Voici ce qui s'était passé : Similor avait reçu en effet entre les deux yeux une sévère taloche, mais il en avait vu bien d'autres, en sa vie, et après le premier étourdissement, il aurait pu se relever, puisque la clémence imprudente d'Échalot lui en laissait le loisir. Mais ce n'est pas sans raison que nous avons prononcé tant de fois dans ce récit le mot « sauvage. »

Rien ne ressemble si bien aux héros de Cooper que nos mohicans de la savane parisienne.

Même ruse, même adresse, même convoitise, même férocité.

Là-bas, chez les rouges combattants de la forêt, la vaillance la plus intrépide n'exclut jamais l'astuce, et souvenez-vous que parmi les deux demi-dieux chantés par le vieil Homère, il y en avait un au moins qui était diplomate.

Sans établir aucune analogie entre Échalot et le bouillant Achille, nous retrouvons dans Similor quelques-unes des qualités qui distinguaient le sage Ulysse.

Seulement, Similor n'eut point résisté au chant de la sirène.

Il n'y avait dans sa chute aucune feinte, le coup de poing d'Échalot l'avait jeté bas irrésistiblement; la feinte était dans la durée de son étourdissement, prolongé à plaisir.

Il ne s'agissait point pour lui d'un tournoi, d'un assaut où la gloriole seule est le prix du vainqueur; la pensée des billets de banque mettait le feu à son sang et dominait son être tout entier.

Il était fanfaron comme tous ses pareils et se regardait comme bien plus fort qu'Échalot; mais la question n'était pas là; il y a du hasard dans toute bataille, Similor ne voulait ni bataille ni hasard.

Pendant qu'il jouait la comédie de l'homme foudroyé, son esprit avait travaillé. Au moment où Échalot tournait le dos pour gagner son armoire, Similor s'était relevé vivement et avait marché sur la pointe des pieds jusqu'à la muraille.

Une fois là et se sentant protégé par l'ombre, il avait rampé comme un lézard, sans produire aucun bruit, vers l'endroit où nous le vîmes naguère donner des leçons de danse aux deux rougeaudes.

Cet endroit était situé tout près de l'armoire d'Échalot,

et pour y arriver Similor dut côtoyer presque toute une moitié des clôtures de la cabane.

Échalot, du reste, lui fit la place libre en revenant vers la table.

Juste à l'instant où le pauvre Échalot s'apercevait de l'absence de Similor, celui-ci refoulait dans sa poitrine un cri de joie en arrivant à son but.

Son but, c'était un misérable trophée, composé des accessoires, comme on dit au théâtre, qui lui servaient quand il travaillait en public.

Il y avait là deux fleurets, deux cannes, deux sabres et deux gants fourrés, suspendus aux planches.

Ce n'étaient pas de bonnes armes, mais toute arme est bonne contre un bras désarmé.

Le bruit de ferraille avait averti Échalot; le malheureux avait deviné que Similor décrochait un des sabres.

— Moi, je les aurais décroché tous les deux, pensa-t-il, et je lui aurais donné à choisir.

Il ajouta avec amertume :

— Mais je ne suis qu'un imbécile, et Amédée est un homme de talent!

Amédée se sentait si bien le maître que toute son insolence lui était revenue.

Il prit le temps de dépouiller son paletot en guenilles et de passer la redingote toute neuve d'Échalot qu'il avait sous la main.

Ainsi vêtu, la tête haute et le sourire aux lèvres, il arriva disant :

— Je vas y ajouter le gilet et la culotte, si tu n'obéis pas incontinent à mes ordres!

— Tu peux me tuer, répliqua Échalot, qui n'essaya

point de fuir et croisa ses bras sur sa poitrine, la faiblesse que j'ai eue pour ma redingote est une faute et j'en suis puni, mais quant à te livrer ce qui est à la papatronne, raye ça de tes papiers. Avance, et viens percer le cœur de ton frère qui a été en même temps la mère de ton enfant !

On dit que le ridicule tue l'émotion ; ce n'est pas toujours vrai, car il y avait dans le calme de ce pauvre diable une véritable grandeur.

Et Similor, le coquin sans âme, s'irritait contre la défaillance qui lui faisait trembler la main.

Il avançait toujours, pourtant, car la fièvre de sa convoitise était de beaucoup la plus forte, et la pensée du tas d'or représenté par les billets de banque lui montait au cerveau comme un transport.

— Une fois, deux fois, dit-il, ç'a m'agace, l'idée de te tuer ; tu étais une bonne bête de somme : mais ne me laisse pas dire trois fois, ou je pique !

Quelque chose qui ressemblait à de la beauté vint à l'intrépide visage d'Échalot, tandis que le nom de Léocadie montait de son cœur à ses lèvres.

— Trois fois ! dit Similor en levant le bras.

Le sabre, brandi, jeta des étincelles.

Mais Similor, au lieu de frapper, recula parce qu'un bruit sinistre, profond, immense, ébranla les planches de la baraque.

Ce bruit ne fut suivi d'aucun autre.

C'était le dernier rugissement du grand vieux lion qui s'éveillait de son étourdissement pour mourir.

On put le voir un instant dressé sur ses pattes de derrière comme un ours et plus haut qu'un géant.

Puis il retomba, rendant un soupir énorme, et au choc de son vaste cadavre la terre trembla.

Tout cela fut rapide comme la pensée, et pourtant, quand Similor leva son arme de nouveau, les choses avaient complétement changé de face.

En mourant, le lion avait arraché la victoire aux griffes du chacal.

Échalot, en effet, à la voix du lion, avait fait, lui aussi un pas en arrière, et son talon avait heurté contre le fragment de balancier dont Similor s'était servi tout à l'heure.

Il n'eut qu'à se baisser pour avoir en main une arme terrible contre laquelle le mauvais sabre de Similor n'était plus qu'une défense dérisoire.

Celui-ci mesura la situation nouvelle d'un coup d'œil et devint tout blême.

Échalot lui dit tranquillement :

— Amédée, tu peux t'en aller si tu veux, je continuerai de servir de père à l'enfant, et si j'entends dire que tu as faim, la moitié du pain que j'aurai sera pour toi.

Similor courba la tête et fit un pas vers la porte.

Mais c'était une feinte encore; il se retourna tout à coup, croyant qu'Échalot n'était plus sur ses gardes, et bondissant comme un tigre, il lui planta son sabre en pleine poitrine.

Le coup était asséné terriblement et aurait mis fin d'une fois à l'histoire; mais Échalot était sur ses gardes, et Similor avait compté sans le balancier, qui fit voler le sabre en éclats.

— Assassin! balbutia pour la seconde fois Similor,

dont la langue bredouillait comme celle d'un homme ivre.

Ceci n'est point une erreur de l'écrivain, ni une faute de l'imprimeur : Similor dit : « Assassin ! » au moment même où il tentait un assassinat.

Et il ajouta, car vis-à-vis du pauvre diable qui avait été si longtemps son esclave, il avait la perfidie effrontée de certaines femmes en face de certains maris, plus trompés encore que battus :

— Lâche ! vas-tu m'assommer, maintenant que je suis sans arme ?

Il tenait à la main, d'un air piteux, le tronçon de son sabre.

Échalot, qui déjà brandissait sa massue, s'arrêta.

C'était un véritable preux que ce mouton, fort et vaillant comme un taureau : un preux panaché d'ange.

— Jette ton morceau de ferblanc, dit-il, et terminons ça, rien dans les mains, rien dans les poches.

Aussitôt Similor, réprimant un sourire de triomphe, lança au loin la poignée de son sabre. Échalot abandonna sa massue et tous deux, sans parler cette fois, se ruèrent l'un sur l'autre avec tant de violence que le choc de leurs poitrines sonna bruyamment.

Tous les mauvais instincts de Similor étaient surexcités jusqu'à la rage et le sang d'Échalot lui-même avait fini par bouillir.

Ce fut une terrible joûte.

A les voir enlacés corps à corps, tantôt debout, tantôt à genoux, tantôt roulant comme un seul paquet dans la poussière et semblables à deux serpents qui câblent leurs anneaux, un profane aurait cru qu'ils avaient mis de côté toutes les ressources de l'escrime populaire pour s'attaquer comme les loups affamés se mangent.

Il n'en était rien; le nageur qui tombe à l'eau fait les mouvements voulus, d'instinct et sans savoir.

Sans savoir et d'instinct, ils se battaient avec une redoutable adresse. Il y avait, jusque dans la bestialité de leur accolade, la science de la lutte, la maîtrise du pugilat.

Seulement, Échalot restait loyal dans le paroxysme de sa colère, tandis que Similor, au plus furieux de son enragée démence, essayait de tricher et de trahir.

Il n'y avait pas de témoins pour voir ce combat hideux, mais curieux, qui se prolongeait en silence. On n'entendait que les respirations de plus en plus oppressées et qui sifflaient comme des râles.

De temps en temps un coup retentissait, mais pas souvent, car leurs mains étaient étroitement engagées.

Échalot était le plus fort; en un moment où il tenait Similor sous lui, il poussa un cri étranglé.

— Ne mords pas, Amédée! dit-il, ou je t'écrase!

— Assassin! gronda celui-ci, qui parvint à rejeter sa tête de côté.

Il avait la bouche rouge et humide comme un chien qui vient de faire curée.

A l'endroit où l'épaule s'attache au cou, la chemise d'Échalot montrait une large tache écarlate.

Il ressaisit la tête de Similor, qui se laissa faire, mais qui dégagea sa main droite tout doucement pour la plonger dans la poche de son pantalon.

— Rends-toi, dit Échalot; ça me monte, ça me monte au cerveau, et je vois rouge!

— Assassin ! grinça Similor.

Sa main ressortit de sa poche avec un couteau qu'il parvint à ouvrir.

— Rends-toi, Amédée ! dit pour la seconde fois Échalot.

La main de Similor qui tenait le couteau lui tâtait le dos pour chercher l'envers du cœur.

Ces gens-là connaissent mieux que les chirurgiens la place précise où il faut frapper pour être sûr de tuer.

Il trouva la place et tout en écartant sa main pour poignarder de plus haut, il dit encore :

— Assassin !

Mais la lutte avait désormais un témoin, quoique ni l'un ni l'autre des deux combattants n'eût entendu la porte s'ouvrir.

Le poignet de Similor fut arrêté par une main solide comme un étau de fer, et une bonne grosse voix s'éleva qui dit sans trop d'émotion :

— Hé ! l'enflé, ce n'est pas de jeu !

En même temps Échalot fut écarté par une irrésistible poussée.

— Maman Léo ! dirent-ils tous les deux en même temps.

Échalot se releva, mais non point Similor, qui avait le talon de la dompteuse sur la gorge.

— Alors, dit celle-ci en s'adressant à Échalot, tu as eu l'argent de mes papiers chez le changeur.

— Oui, patronne, l'argent est là, répondit le bon garçon en mettant sa main sur sa poitrine.

— Il n'y a pas besoin d'être une somnambule et devineresse, reprit la veuve, pour calculer ce qui s'est passé. Le gredin ici présent avait l'idée de faire la noce avec ma caisse d'épargne.

— Ayez pitié de lui, patronne, supplia Échalot, c'est le père de mon petit.

Similor était comme foudroyé et ne trouvait pas une parole.

La robuste main de la dompteuse lui tordit le poignet et le couteau tomba.

Échalot n'avait pas encore vu le couteau; il murmura :

— Et il m'appelait assassin !

Ce fut tout.

— C'était pour toi, l'eustache, dit la dompteuse; mais, sois tranquille, je n'ai pas idée d'endommager la bête. Mes occupations ne me permettent pas de perdre mon temps avec une pareille racaille. Regarde voir s'il ne t'a rien volé.

Échalot déboutonna son gilet : le paquet était intact.

Maman Léo lâcha le poignet de Similor et le prit par la nuque, de sorte que, sa tête seule étant soulevée, ses pieds restaient à terre; elle le traîna ainsi sans qu'il fit aucune résistance jusqu'à la porte principale, qu'elle ouvrit.

Échalot voulut implorer encore, elle lui ordonna rudement de se taire et sortit sur la galerie, d'où elle jeta Similor en bas du perron comme un chien mort.

Après quoi, elle rentra et ferma la porte tranquillement.

— Ça m'a fait du bien cette histoire-là, dit-elle en regagnant la table, j'étais énervée, quoi ! ni plus ni moins qu'une marquise qui a sa migraine. Toi, tu voudrais bien aller voir s'il s'est fait une bosse au front en tombant, pas vrai? Reste-là! J'aime bien qu'un homme ait bon cœur, mais les imbéciles ça me dégoûte.

— Patronne... voulut dire Échalot.

— La paix! il y a encore de l'eau-de-vie dans la bouteille qui est là-bas derrière les cordes, va me la chercher avec deux verres. C'est certain que si je n'étais pas arrivée, tu allais te laisser larder par ce polisson-là, et que mon argent serait maintenant à tous les diables.

Échalot courba la tête et s'en alla en murmurant :

— C'est vrai qu'ayant sur moi du bien qui ne m'appartenait pas, j'aurais dû montrer plus de férocité, mais la prochaine fois gare à lui!

Maman Léo se laissa tomber dans son fauteuil de paille et mit ses deux coudes sur la table.

En revenant avec la bouteille et les deux verres, Échalot la retrouva la tête entre ses mains et plongée dans de profondes réflexions.

— Est-ce qu'il est arrivé malheur, patronne? demanda-t-il timidement.

— Verse à boire, répliqua la veuve, qui ne bougea pas.

Échalot emplit un des verres.

— Dans l'autre aussi, dit maman Léo; je ne connais pas beaucoup d'âmes meilleures que la tienne, et tu peux maintenant trinquer avec moi, puisque je t'ai distingué par mon amitié.

— Ah! patronne... fit Échalot étourdi par un si grand honneur.

— Tais-toi! je te dis que je suis énervée.

Elle but une gorgée d'eau-de-vie et replaça son verre sur la table brusquement.

— Qu'est-ce que ça aurait fait s'il avait volé mon argent? reprit-elle en regardant Échalot en face : à quoi mon argent peut-il me servir? tu ne comprends pas, toi, n'est-ce pas? ni moi non plus, je ne comprends pas, et quand je suis dans les rébus et charades, ça ne va pas, je ne sais plus s'il faut aller à droite ou à gauche, je ne sais plus rien! rien de rien! la petite n'en sais pas plus long que moi, la marquise n'en sait pas plus long que la petite, M. Germain jette sa langue aux chiens, les autres... ah! les autres savent. Ils ne savent que trop, et j'ai peur!

Échalot l'écoutait bouche béante.

— Bois, dit-elle, tu es tout pâle.

— C'est l'effet du malheur d'Amédée... les passions le tyrannisent, mais il n'a pas mauvais cœur. A votre santé, patronne!

— J'ai peur, répéta maman Léo, dont la physionomie accusait un désordre d'esprit extraordinaire; je croyais que ça m'avait calmée, la chose de cette laide bête, mais non, j'ai la fièvre.

— Si vous me disiez... commença Échalot.

— Tais-toi! le colonel a l'air d'un mort, et il y a des morts qui ne sont pas si blêmes que lui. Il ne se tient plus; sa peau est collée à ses os, et je suis bien sûre qu'il n'y a pas une chopine de sang dans ses veines. Je parie qu'il ne passera pas la journée de demain. Tu me diras : Tant mieux, c'est un scélérat. En es-tu sûr? Il y a des moments, moi, où je le prendrais pour un brave homme, car enfin, c'est lui qui l'a voulu, nous serons tous de la noce.

— Quelle noce, patronne? demanda Échalot, que l'inquiétude prenait.

Car il y avait de l'égarement dans les yeux de maman Léo.

— Tais-toi, fit-elle encore, je te dis que le colonel nous a invités au mariage, et je te réponds bien qu'on ne s'embarquera pas là-dedans sans biscuit. Nous serons tous armés, saquedié! j'en vaux un autre, et mon Maurice aura une bonne paire de pistolets dans sa poche pour prendre part à la conversation, si on cause comme j'en ai peur.

Sa main tourmentait ses cheveux, dont la racine était baignée de sueur.

— Quoique, reprit-elle, je ne sais rien de rien! j'ai fait tout ce que j'ai pu pour savoir; mais faudrait plus fin que moi, à ce qu'il paraît. Le Marchef était déguisé en commissionnaire, il a causé avec la petite plus d'une grande heure dans le salon où est le portrait du juge. Nous attendions, M. Germain et moi, et nous nous regardions comme deux événements. On a froid dans cette maison-là, qui sent le deuil à plein nez.

Quand le Marchef a repassé pour s'en aller, il m'a fait un signe d'amitié. On n'est pas maîtresse de ça; j'ai eu la chair de poule.

Fleurette était plus pâle encore qu'à l'ordinaire, mais ses grands yeux brillaient. Elle ne m'a rien dit le long du chemin, en revenant, pas seulement un mot! Ah! c'est maintenant qu'elle a l'air d'une pauvre folle!

Ce n'est pas faute que je l'interrogeais, non! mais je parlais à une pierre. Pourtant, quand la voiture s'est arrêtée devant la maison de santé, à la porte où il y a des maçons, j'ai cru l'entendre qui soupirait comme ça tout bas : « C'est un coup de dés !... »

Il y avait sur la bonne grosse figure de maman Léo une expression de véritable angoisse. Elle releva les yeux sur Échalot, qui faisait pour la comprendre des efforts surhumains.

— Qu'en dis-tu, toi ? demanda-t-elle brusquement.

Échalot ferma les poings avec désespoir. Il était aussi rouge que la dompteuse, tant sa pauvre tête travaillait.

— Je dis, répliqua-t-il, que je voudrais bien avoir la capacité d'Amédée. Paraît que je suis bouché à fond, car ça me fait l'effet comme si j'écoutais du latin de bas-breton.

— Tu le connais pourtant bien, ce jeu-là murmura la veuve, dont le regard était fixe et sombre : un sou d'un côté, un sou de l'autre, et pile ou face ! Mais au lieu d'un sou, c'est la mort qui est ici, du côté où l'on perd, et veux-tu mon idée ? Pair ou non, c'est trop peu dire ; il y a cent à parier contre un, et mille aussi, pour le côté où est la mort !

XXXVI

LA RÉCOMPENSE D'ÉCHALOT

Maman Léo parlait avec fièvre, et, comme il arrive dans le trouble mental où elle était, elle parlait pour elle-même bien plus que pour le bon garçon qui l'écoutait de toutes ses oreilles, dévorant chaque mot et se cassant la tête à y chercher un sens.

Maman Léo ne se rendait pas compte de ce fait, qu'elle sous-entendait nombre d'événements dont Échalot n'avait pas la connaissance. Elle était si pleine de son sujet, qu'il lui semblait impossible de n'être pas comprise.

Nous serons bien forcés de dire aux lecteurs brièvement ce que, dans sa préoccupation, maman Léo jugeait inutile d'expliquer.

Elle revenait de la maison de santé du docteur Samuel, où elle avait reconduit Valentine.

Là elle avait revu encore une fois cette étrange parodie de la famille : les Habits-Noirs entourant le lit de la prétendue folle.

Valentine était rentrée à la brune, sous son costume d'emprunt, sans éveiller aucun soupçon apparent; nul ne s'était aperçu de sa longue absence, excepté Victoire, la femme de chambre, qui était nécessairement complice.

C'était comme dans les contes de fées où les princesses ont des anneaux qui les rendent invisibles.

Maman Léo ne péchait pas par excès de défiance ni de prudence, elle appartenait à un monde où l'on entre volontiers dans le merveilleux, mais ceci dépassait tellement les bornes du vraisemblable que maman Léo se refusait à y croire.

Au salon, tout en rendant compte de sa mission, elle ne put retenir une parole trahissant le doute qui la tourmentait.

Elle se vit aussitôt entourée de sourires bienveillants et approbateurs.

On échangea des regards d'intelligence et le colonel secoua sa tête blêmie en murmurant :

— Madame Samayoux n'est pas de celles qu'on peut tromper.

M. de Saint-Louis ajouta :

— Si Dieu mettait sur mon front la couronne de mes pères, sans écarter systématiquement la noblesse et la bourgeoisie, je m'entourerais de gens du peuple.

Le colonel eut sa toux qui faisait mal; il avait terriblement baissé depuis la veille ; quand il ouvrait la bouche, on était obligé de faire un grand silence pour saisir les mots qui venaient littéralement expirer sur ses lèvres.

Mais il avait gardé toute la sérénité de son regard.

— Ne vous inquiétez pas, bonne dame, dit-il en adressant à la veuve un geste d'amicale protection, nous ne jouerons pas à cache-cache avec vous. J'ai bien de l'âge et c'est lourd à porter. La coquetterie que j'aurais, ce serait d'atteindre mes cent ans, et j'y touche. Pour prix d'une si longue vie, bien modeste à la vérité et bien paisible, mais qui n'est pas sans contenir quelques bonnes actions dont le souvenir embellit mes derniers jours, j'ai l'expérience et j'ai aussi la confiance de mes amis... Venez ça, chère madame, car il me fatigue d'élever la voix.

Maman Léo s'approcha et le colonel poursuivit avec une bonté croissante :

— Ce que nous voulions tous, c'était le salut de ce jeune homme, Maurice Pagès, puisqu'à son existence est attachée celle de Valentine, notre chère enfant. Il fallait le convertir à nos projets de fuite. Je connais si bien le cœur humain ! Nous aurions eu beau supplier notre bien-aimée fillette, elle se serait entêtée dans son refus, tandis que la pensée d'une escapade, d'une petite révolte, traversant cette pauvre chère cervelle ébranlée, a suffi pour la rendre complice de nos efforts. Nous n'avons eu qu'à fermer les yeux, elle s'est cachée de nous pour obtenir votre concours, et elle a travaillé pour nous, c'est-à-dire pour elle.

Maman Léo respirait comme si on l'eût soulagée du poids qui écrasait sa poitrine.

Ceci était manifestement la vérité, car tous les regards attendris confirmaient le dire du colonel, et la marquise elle-même murmura en essuyant une larme :

— Le bon ami a de l'esprit plein le cœur !

Désormais maman Léo était aux trois quarts trompée.

Il ne faut pas que le lecteur s'irrite contre la simplicité de cette vaillante femme, qui était en ce moment l'unique champion d'une cause presque perdue.

Les plus habiles auraient fait comme elle, et peut-être moins bien qu'elle, car le jeu de l'homme qui tenait le principal rôle dans cette comédie atteignait à la perfection.

D'autres n'auraient pas gardé le doute qui tourmentait encore la conscience de maman Léo.

La famille quitta le salon pour rentrer dans la chambre de Valentine ; le cercle de Mme la marquise d'Ornans s'établit selon la coutume autour du foyer, et le colonel alla s'asseoir tout seul auprès du lit.

Pendant que Valentine et lui s'entretenaient tous les deux à voix basse, la marquise se chargea d'annoncer officiellement à maman Léo que le grand jour était fixé au lendemain.

— Mieux que personne, chère madame, lui dit-elle, vous savez que la santé de notre Valentine ne sera pas un obstacle ; son expédition d'aujourd'hui, qui nous remplit de joie, en est la preuve. Voici une heure à peine, j'étais aussi ignorante que vous, et votre surprise ne pourra dépasser la mienne : tout est prêt, le providentiel dévouement de notre ami le colonel Bozzo avait pris ses mesures d'avance ; rien ne lui a coûté, et Dieu savait ce qu'il faisait quand il a mis une grande fortune à la disposition de cet admirable cœur. Ce ne sera pas une évasion comme les autres, il n'y aura aucun danger, aucune violence; l'argent répandu à pleines mains a su aplanir toutes les difficultés. Seulement, nous avons encore besoin de vous, et M. de la Périère va vous expliquer ce que nous attendons de votre affection pour le jeune Maurice Pagès.

M. de la Périère prit alors la parole. C'était un homme disert et sachant exprimer toutes les nuances du langage; il fit comprendre à la veuve que toutes les personnes présentes étaient assises sur un degré de l'échelle sociale qui n'admettait point certaines relations, et qu'elle seule, Mme Samayoux, était bien placée pour choisir la cheville ouvrière de toute l'opération : c'est-à-dire l'homme qui, pour un prix fait, consentirait à remplacer Maurice dans sa prison.

Nous verrons tout à l'heure le détail de cette partie de l'entreprise qui était, comme tout le reste, admirablement combinée.

— En un mot, comme en mille, s'écria M. de Saint-Louis, quand le baron eut achevé, dès qu'il s'agit d'arriver à l'action, dès qu'on cherche le point laborieux, utile et brave d'une entreprise quelconque, il faut toujours s'adresser au peuple.

Maman Léo n'avait pas encore eu le temps de répondre, lorsque le colonel Bozzo, qui était auprès du lit de Valentine, se leva.

— Voilà donc qui est entendu, ma mignonne chérie, dit-il, nous en avons fini avec nos petites ruses, et nous marchons désormais d'accord. Il faut cela croyez-le bien, si nous tardions d'un jour à jouer notre va-tout, je ne répondrais plus de la partie... Viens me donner le bras, Francesca, je vais céder ma place à cette bonne Mme Samayoux pour que notre Valentine lui donne ses dernières instructions. Tout dépend d'elles d'eux; je n'y mets point de solennité intempestive, je dis les choses comme elles sont : la vie du lieutenant Maurice Pagès est désormais entre leurs mains.

Il s'éloigna, presque porté par la comtesse Corona, à laquelle vint s'adjoindre M. de la Périère.

Samuel glissa à l'oreille de M. de Saint-Louis :

— Je déchire mon diplôme si cet homme n'est pas à bout, tout à fait au bout. Il n'y a plus d'huile dans la lampe, chacune des minutes qu'il vit encore est un miracle du diable.

Maman Léo s'assit dans le fauteuil que venait de quitter le colonel, au chevet du lit de Valentine.

— Que faut-il faire? demanda-t-elle.

— Il faut trouver l'homme, répondit Valentine.

— As-tu confiance? demanda encore la veuve.

La jeune fille frissonna entre ses draps.

— Je ne sais murmura-t-elle; je n'aurais jamais cru qu'il fût possible de tant souffrir sans mourir.

Il y eut un silence.

La veuve était retombée tout au fond de ses terreurs.

Valentine reprit :

— Il faut trouver l'homme. Choisis bien. Tu es notre vraie mère, et je trouve tout simple que tu meures avec nous.

Maman Léo prit sa main, qui pendait hors du lit, et l'appuya contre ses lèvres.

— C'est vrai, murmura-t-elle, je suis ta mère. J'ai

prié Dieu, qui m'a exaucée; ma tendresse pour toi est la même que ma tendresse pour lui... mais, je t'en prie, parle-moi... explique-moi...

Valentine eut un sourire navré.

— Demain, dit-elle, j'attendrai dans la voiture à la porte de la prison, et puis nous ne nous quitterons plus tous les trois. Voilà tout ce que je sais, le reste est dans la main de Dieu... Va-t'en, trouve l'homme, et à demain!

C'était en sortant de cette entrevue que maman Léo était rentrée dans la baraque. L'homme était trouvé, car la dompteuse avait songé à Échalot tout de suite.

Elle arrivait avec le trouble poignant que les dernières paroles de Valentine avaient fait naître en elle. Elle ne s'occupait point de la question de savoir si Échalot accepterait, elle était tout entière au travail impossible de sa pensée qui cherchait une lueur au milieu de cette profonde nuit.

Elle n'avait pas même l'idée de fournir une explication quelconque, elle allait son chemin, fuyant le trouble de ses souvenirs, s'accrochant à toute espérance qui essayait de naître.

— Oui, oui, reprit-elle sans remarquer le désarroi croissant du pauvre garçon qui l'écoutait; pour armé, il sera armé, j'en réponds, et si l'on se tape, saquedié! j'en veux deux ou trois pour ma part.

— Si l'on se tape, répéta Échalot, j'en serai, pas vrai, patronne?

— Non, tu n'en seras pas, répondit la veuve, tu auras autre chose à faire, mais laisse-moi finir. Elle n'a pas voulu de mon argent, et quoique je te remercie tout de même, ces chiffons-là ne serviront de rien. Ça ne m'aurait pas étonnée, car elle en a plus que moi à présent, de l'argent, mais on n'a pas voulu du sien non plus, et cependant ça a dû coûter bien cher pour marchander tant de monde ! M. de la Périère m'a détaillé tout cela : on les a achetés tous, à moitié s'entend, tu vas voir, depuis le concierge jusqu'au porte-clefs, en passant par ceux qu'on pourrait rencontrer par hasard dans les corridors. Ah ! c'est mené grandement, on n'a pas liardé... mais voilà ce qui te regarde : il faut un homme, un homme qui n'est jamais allé devant la justice, car un repris risquerait trop gros, et des hommes pareils, on n'en trouverait pas à l'estaminet de l'Épi-Scié. Te souviens-tu que tu m'avais dit une fois : « J'irai dans le cachot du lieutenant Pagès, et pendant qu'il s'échappera je resterai à sa place ! »

— Oui, je m'en souviens, répondit Échalot.

— Nous avions ri, reprit la veuve, moi la première, quoique j'avais envie de pleurer, nous avions bien ri, car tu ne lui ressembles guère, dis donc ? Eh bien ! on avait eu tort de rire, l'enflé, car c'est comme ça que ça se jouera.

— Vrai, madame Léocadie, s'écria Échalot, je serais assez chanceux pour vous témoigner mes sentiments au milieu des périls !

— Non, répondit la veuve, c'est justement ce qu'on va t'expliquer : tu ne courras aucun danger, puisque tu n'es recherché, comme ils disent en justice, pour aucun autre crime ou délit.

Échalot contenait du mieux qu'il pouvait la tendre exaltation qui lui montait au cerveau.

— Ah ! fit-il avec une chaleur très-comique et très-éloquente, ne me parlez pas comme ça, patronne. si vous voulez m'exciter mon tempérament. C'est le danger qui m'attire ! Quand il est question de vous être agréable, je grille de braver la mort pour vous.

Les souveraines ont une façon particulière d'aimer. Sans comparer Échalot au regrettable prince Albert, qui fit si longtemps le bonheur de notre alliée et voisine la reine Victoria, nous pouvons affirmer du moins que ce bon garçon avait quelques-unes des qualités nécessaires à un prince-époux.

Maman Léo le regarda avec bonté.

— J'entr'aperçois l'état critique de ton cœur, bonhomme, dit-elle, et je ne m'en trouve pas offensée de ce que tu as eu l'audace d'un pareil amour. Ne tremble pas comme un jocrisse ; c'est un petit bout de conversation particulière que je mélange instantanément ici à notre grande affaire. Bois un coup pour que la joie ne te flanque pas une indisposition au moment d'avoir besoin de toute ta bonne santé.

Elle remplit elle-même avec une gracieuse condescendance le verre d'Échalot, dont toute la personne était à peindre.

Ses pauvres joues avaient pâli sous le coup de l'indescriptible émotion qui l'écrasait ; ses jambes tremblaient, ses yeux remplis de larmes exprimaient le doute enfantin de ceux à qui on annonce trop brusquement un bonheur impossible.

Maman Léo trinqua et reprit :

— Il ne faut pas pousser trop loin la modestie, qui est plutôt l'apanage particulier de mon sexe ; j'ai distingué ton talent dans la mécanique destinée aux deux frères siamois factices et dans les poils de vache pour la perruque de feu M. Daniel. D'un autre côté, tu as gagné qu'on t'applique le prix Montyon par ta conduite désintéressée envers le jeune Saladin. Ça m'a disposée en ta faveur. N'ayant pas eu la chance, en tuant mon premier sans préméditation, je m'étais confinée dans le veuvage, dont la liberté ne me gênait pas; mais on n'a plus vingt-cinq ans, pas vrai? et c'est fini de rire avec les exercices gymnastiques, pouvant occasionner des accidents funestes après le plaisir.

Elle donna ici un soupir à la mémoire de Jean-Paul Samayoux et continua.

— C'est sûr que ton extérieur m'aurait arrêtée à l'âge de faire *florès* dans la société; mais actuellement, je m'en bats l'œil, étant déterminée à mener une existence tranquille, soit en province, soit à l'étranger, si on réchappe à la chose de demain.

— Vous disiez qu'il n'y avait pas de péril? voulut interrompre Échalot.

— En prison, répondit la veuve; mais ailleurs...

— Alors, je ne veux pas aller en prison! s'écria Échalot.

— Tu ne veux pas!

Échalot plia les genoux.

— A la bonne heure! fit la veuve; je disais donc que je veux me payer un intérieur légitime avec un mari obéissant et des enfants qu'il élévera plus tard soigneusement par son caractère casanier dans la baraque.

Elle but. Ce tableau évoqué du bonheur conjugal avait mis le comble au transport d'Échalot. Ses mains étaient jointes dévotement et personne n'aurait pu garder son sérieux en voyant l'auréole que l'extase dessinait autour de son front.

— En foi de quoi, je te permets d'y prétendre, acheva maman Léo en reposant son verre vide sur la table, et de me fréquenter consécutivement pour le bon motif.

a is au moment où Échalot, retrouvant enfin la parole, voulut entonner le Cantique des cantiques, elle l'interrompit brusquement.

— C'est bon, l'enflé, dit-elle, tu me chanteras ça une autre fois. Tape dans ma main, la chose est dite. Reparlons d'affaires : c'est donc convenu que tu y vas de ta liberté momentanément pour évader Maurice?

— C'est convenu, patronne, et il ne manque qu'une chose à ma félicité, c'est de ne pas y risquer mes jours.

— Sois calme et comprends bien ton rôle. Il y a dans tout ça, et tu dois bien le voir, des tas de manivelles que je ne comprends pas, mais celle-là du moins est claire et nette. C'est fondé sur la connaissance qu'on a de la fidélité des domestiques du gouvernement. Les Habits-Noirs sont fins comme des singes et ils connaissent toutes ces farces-là sur le bout du doigt. Quand je t'ai dit qu'ils avaient acheté à moitié les employés de la prison, ça signifie qu'il y a deux, trois, quatre, peut-être une demi-douzaine de ces braves-là qui ont consenti à risquer leur place pour une jolie petite position de rentier ; mais ils n'ont voulu risquer que cela, et il a fallu s'arranger de manière à les laisser, quand la besogne sera faite, dans la situation où j'étais après le désagrément de feu Jean-Paul Samayoux. Saisis-tu?

— Ah! je crois bien! s'écria Échalot ; le contentement me débouche et je crois que je vas avoir de l'esprit maintenant : il faut que tous ceux-là puissent dire comme vous, patronne : « C'est un malheur, mais il n'y a pas de notre faute. »

— Juste ! fit la dompteuse, et ce sera drôle tout à fait, il n'y aura pas de fenêtre à escalader, ni de muraille à percer, ni de geôlier à étouffer, il n'y aura qu'à entrer avec le permis de M. Perrin-Champein, le fin finaud, qui n'aura pas vu cette fois plus loin que le bout de son nez pointu. Personne ne nous aidera, c'est vrai, mais personne ne nous gênera, pas même le porte-clefs, qui fera les cent pas dans le corridor et qui gagnera un millier d'écus de rente rien qu'à ne pas regarder par le trou de la serrure pendant que tu prendras les habits du lieutenant et qu'il endossera ta toilette toute neuve.

— Soixante mille francs, murmura Échalot, rien que pour ça !

— Hé ! hé ! fit la veuve, c'est au plus juste prix, et d'autres gagneront la même somme pour moins d'ouvrage encore ; il leur suffira de ne pas dire, en te voyant repasser dans les couloirs : « Tiens, tiens, comme le cavalier de Mme veuve Samayoux a maigri et grandi dans l'espace de dix minutes ! »

Échalot se mit à rire bonnement.

— Un quelqu'un, dit-il, fera sa fortune en ne relevant pas mon chapeau que j'aurai sur les yeux, un autre en ne rabaissant pas les collets de ma lévite... A présent que je ne suis plus jaloux du lieutenant, si vous saviez comme ça me fait plaisir de penser qu'il s'échappera entre mes doublures !

La veuve riait aussi et disait :

— Avec de l'argent, c'est certain, on pourrait arriver

comme ça jusque dans la chambre à coucher du gouvernement, l'emballer au fond d'un panier et le vendre à la halle, à moins qu'on aimerait mieux le mettre au mont-de-piété.

Ils trinquèrent encore une fois, puis Échalot reprit :

— Voici donc qui est bon, madame Léocadie, je suis au bloc à la place de notre lieutenant. Quand est-ce que j'aurai de vos nouvelles?

Maman Léo ne répondit pas tout de suite.

Peu à peu, un nuage sombre descendit sur son front.

— Garçon, dit-elle enfin, c'est peut-être bien la dernière fois que je rirai. Je ne peux pas te répondre au juste, vois-tu, parce qu'il y a un fossé à sauter qui est bien profond et bien large. On pourrait rester dedans.

— Et moi, commença Échalot d'un ton de révolte, je serais à l'abri !...

— La paix, l'enflé ! dit la veuve, qui se redressa, le bon Dieu est bon et c'est mon premier mot qui est le vrai : il n'y a pas de danger.

— Seulement, ajouta-t-elle en se levant, prends cet argent-là.

Elle lui mit entre les mains tout le paquet de billets de banque.

— Demain, de grand matin, continua-t-elle, tu porteras cela chez la personne qui garde ton petit Saladin, ou bien, si tu n'as pas confiance entière dans cette personne, tu feras un trou quelque part et tu y cacheras le magot.

— Mais... voulut objecter le pauvre diable, qui se prit à trembler, qu'y a-t-il donc, patronne?

— La paix ! interrompit encore maman Léo ; tu me

rendras la chose quand je te la redemanderai; mais écoute bien, bonhomme, si je ne te la redemande pas avant huit jours d'ici, elle est à toi, je te fais mon héritier.

Elle ferma la bouche d'Échalot, qui voulait répondre, en ajoutant d'un ton brusque et impérieux :

— Tu as entendu ma dernière volonté, ma vieille, et j'espère que tu la respecteras. C'est mon testament... Maintenant, je vas me coucher; à te revoir, demain matin, et bonne nuit!

XXXVII

AVANT DE COMBATTRE

Le lendemain était le grand jour. On ne vit point le colonel à la maison de santé du docteur Samuel; Valentine resta seule presque toute la journée; Coyatier ne parut point, maman Léo ne donna pas signe de vie.

Vers onze heures, M. Constant, l'officier de santé, vint faire la visite à la place du docteur et dit :

— Chère demoiselle, votre santé a gagné cent pour cent depuis hier. Voici des nouvelles : le docteur a lâché sa maison ce matin pour s'occuper de vos histoires, parce que ce bon colonel n'a pas autant de force que de bonne volonté. Il est au lit, tout à fait malade.

Comme Valentine ne répondait point, M. Constant ajouta en riant :

— Votre petit voyage d'hier ne vous a pas trop fatiguée. Écoutez, c'est trop drôle, vous vous cachez du docteur et des autres, le docteur et les autres se cachent de nous, et tout le monde sait à quoi s'en tenir. Il n'y a pas de danger qu'on vous trahisse, allez ! ma chère demoiselle, vous êtes bien trop aimée ici pour cela, et ça me fait plaisir de penser que c'est moi qui vous ai amené cette brave femme, maman Samayoux, dont la présence vous a autant dire ressuscitée.

— Je vous en suis reconnaissante, prononça tout bas Valentine.

— Je n'en sais trop rien, répliqua M. Constant, je n'oserais pas dire comme le colonel : « Drôle de fillette ! » mais il est sûr que vous ne ressemblez pas aux autres demoiselles. Enfin, n'importe ! on vous aime comme ça, et il n'y a pas jusqu'à ce dogue de Roblot qui ne vous lèche les mains comme un caniche. Voici mon ordonnance : plus de remèdes, levez-vous quand vous voudrez, mangez ce que vous voudrez, et quand vous aurez la clef des champs, souvenez-vous un petit peu d'un pauvre apprenti médecin qui s'est mis en quatre de tout son cœur pour vous être agréable.

C'étaient là de ces choses qui entretenaient vaguement l'espoir de Valentine. Les gens qui l'entouraient semblaient réellement ne point jouer au fin avec elle.

Mais, d'un autre côté, le danger, qui était sa vie même depuis quelque temps, avait développé en elle une finesse extraordinaire de perception intellectuelle.

Les chasseurs du désert voient et entendent, dit-on, à des distances incroyables; on avait beau faire la nuit plus profonde autour de Valentine et pousser l'art de tromper jusqu'aux suprêmes limites de la perfection, elle devinait, laissant son vatout sur table, et prête à choisir entre les mille probabilités contraires la chance unique que son courage, avec l'aide de Dieu, pouvait lui rendre profitable.

Vers trois heures de l'après midi, Mme la marquise d'Ornans, émue et bien triste, vint lui dire qu'il était temps de se préparer.

La marquise la trouva habillée pour un voyage, bien plus que pour une noce, et demi-couchée sur son canapé où elle songeait.

Les yeux de la marquise étaient rouges ; toute sa physionomie exprimait un trouble profond.

Comme Valentine lui demandait le motif de son chagrin, elle répondit :

— Depuis six semaines, je n'ai pas dormi une nuit tranquille ; pense donc à tout ce qui nous est arrivé, ma pauvre enfant ! Dieu merci, te voilà bien mieux, tu es calme, ton intelligence est revenue, mais sommes-nous donc pour cela au bout de nos peines ?

Valentine baissa les yeux ; il y avait une réponse navrante dans l'amertume de son sourire.

Mais Mme d'Ornans ne pouvait comprendre ce silence ; elle poursuivit :

— Maintenant que tu raisonnes, tu dois te rendre compte de bien des choses : J'ai accepté une lourde responsabilité en consentant à ce mariage. Mon excuse est dans la tendresse sans bornes que j'ai pour toi, chérie ; il fallait que ce malheureux jeune homme fût sauvé, puisque tu serais morte de sa mort ; toute autre considération s'est effacée à mes yeux. Je pensais à vous deux jour et nuit, et je me suis dit : Quand Maurice sera délivré, il quittera la France, elle voudra le suivre, et tout ce qu'elle veut il faut que je le veuille ; mon devoir est à tout le moins de régulariser autant que possible cette situation...

— Ah ! fit-elle en s'interrompant, je sais bien que j'aurai beau faire, tout cela est en dehors des règles et rien de tout cela ne sera sanctionné par le monde : je sais bien que ce mariage lui-même restera nul aux yeux de la loi, mais j'ai ma conscience, vois-tu, j'ai ma religion ; j'ai pu renoncer à l'approbation du monde, je n'ai pas voulu désobéir aux commandements de Dieu. Voilà le motif de ma conduite, fillette... A quoi rêves-tu donc? tu ne me réponds plus.

Valentine lui tendit la main et prononça tout bas :

— Je vous écoute, ma mère, et je vous remercie.

— M. Hureau, le vicaire de Saint-Philippe-du-Roule, est un bon prêtre, reprit la marquise comme si elle eût plaidé vis-à-vis d'elle-même, c'est un très-bon prêtre, nous le connaissons tous, et il a fallu l'insistance de M. de Saint-Louis pour vaincre ses scrupules, car enfin ce que nous allons faire n'est pas régulier...

Elle essuya ses paupières mouillées.

— Mais il ne s'agit pas de cela, dit-elle d'une voix qui était presque étouffée par les larmes, je n'ai plus que toi sur la terre, pauvre chérie, et cependant ce n'est pas pour toi que je pleure. Tu as bon cœur, tu vas partager mon chagrin. Depuis le jour de deuil où j'appris que je n'avais plus de fils, je ne me souviens pas d'avoir eu ainsi l'âme navrée. C'est une si vieille amitié que la nôtre ! et il avait pour toi une tendresse si paternelle ! Mon enfant, ah ! mon enfant, il y a en ce moment un saint qui se prépare à monter au ciel; nous allons perdre l'excellent colonel Bozzo. Il est couché sur son lit d'agonie; jamais, entends-tu, jamais il ne se relèvera!

La main de Valentine, froide comme glace, serra les bras tremblants de la marquise, mais elle ne prononça pas une parole.

— Sans doute, fit cette dernière, je ne t'accuse pas, ma fille; tu n'as qu'une pensée; il n'y a plus de place dans ton cœur pour les peines de ceux qui t'entourent. Mais si tu savais comme celui-là t'aimait! Si tu savais... c'est lui, c'est lui seul qui a tout fait, c'est à lui que tu devras ton bonheur, si ma prière est exaucée et si tu es heureuse; c'est chez lui, c'est auprès du pauvre lit où il souffre, où il se meurt, qu'on va dresser l'autel...

— Ah! interrompit Valentine, dont les yeux étaient toujours baissés, c'est chez le colonel Bozzo que Maurice et moi nous allons être mariés!

Elle ajouta en réprimant un frisson et d'une voix si basse que la marquise eut peine à l'entendre :

— Chez lui! moi!

— Il ne pense qu'à toi, reprit la bonne dame, tu es sa dernière préoccupation. Notre ami, le vicaire du Roule, me le disait encore tout à l'heure : c'est un saint, il ne tient plus à notre monde que par la miséricorde et l'amour!

— Un saint! répéta Valentine, dont la voix était morne et sourde.

La marquise la regarda étonnée.

— Comme tu dis cela! murmura-t-elle. C'est bien vrai que le bonheur et le malheur aussi nous rendent égoïstes. Tu ne songes qu'à toi-même.

La marquise se trompait.

Valentine songeait à ce brillant jeune homme dont elle avait habité la chambre à l'hôtel d'Ornans.

Elle songeait au fils unique de celle qui parlait,et qui donnait le nom de saint au Maître des Habits-Noirs.

Elle songeait au marquis Albert d'Ornans, heureux, riche, souriant à tous les plaisirs de la vie, qui était parti un jour pour son château de la Sologne et qui n'était jamais revenu.

Les paroles se pressaient au dedans d'elle et voulaient monter vers ses lèvres ; mais dans la lutte mortelle qui était engagée, un mot aurait suffi pour anéantir la chance suprême à laquelle essayait de se rattacher l'obstination de son espoir.

A quoi bon parler, d'ailleurs? Ne valait-il pas mieux que cette malheureuse femme gardât son ignorance? Que pouvait-elle contre les assassins de son fils?

La marquise poursuivit :

— Tu n'as pourtant pas le cœur mauvais, fillette, je le sais, j'en suis sûre ; c'est l'inquiétude qui te rend indifférente à tout. Eh bien! voyons, il faut te rassurer : c'est lui, la prudence même, c'est le colonel qui a pris toutes les mesures. A moins qu'il ne surgisse un obstacle imprévu, et ce n'est pas possible, puisqu'il prévoit toujours tout, tu peux regarder le lieutenant Maurice comme étant libre déjà. Ah! il me le répétait encore ce matin, quand j'ai été savoir de ces nouvelles, il me disait de sa pauvre voix, qu'on n'entend presque plus : « Bonne amie, je n'ai rien négligé ; nous avons jeté l'argent par les fenêtres comme s'il se fût agi de l'évasion d'un prince prisonnier d'État ; ce sera ma dernière affaire. »

— Et il souriait, ajouta-t-elle. As-tu jamais vu le sourire d'un juste en face de la mort ?

La respiration de Valentine s'oppressait dans sa poitrine. Elle répéta encore :

— D'un juste !

Puis elle murmura :

— Non, je n'ai jamais vu cela.

— Tu me fais peur ! s'écria la marquise presque indignée, et je crois bien que tu vas me refuser... car j'ai quelque chose à te demander, ma fille. Quand le colonel va être mort et que vous serez partis, je serai seule ici-bas... j'avais espéré que tu me laisserais partir avec toi...

Valentine se redressa, et ses yeux, tout à l'heure si mornes, eurent un rayon.

— Partez avant nous, ma mère ! dit-elle vivement, c'est une heureuse, c'est une chère idée que vous avez là ; partez, je vous en prie, nous irons vous rejoindre.

Mme d'Ornans demeura étonnée et presque offensée. Elle ne pouvait pas saisir le vrai sens de cette parole qui jaillissait du cœur même de la jeune fille.

Celle-ci, en effet, voulait tout uniment l'écarter de la bataille prochaine. Cette longue journée de solitude avait abattu la double fièvre de ses espoirs et de ses terreurs.

Elle voyait le danger tel qu'il était et se sentait emprisonnée dans un cercle infranchissable.

En elle l'espérance n'était pas morte tout à fait, parce qu'elle aimait ardemment et que ce n'est pas seulement au point de vue des tendres aspirations qu'il faut dire : Il n'y a point d'amour sans espoir.

L'amour, le grand amour des jeunes années, l'amour qui rêve l'éternité des dévouements et des ivresses, implique tous les espoirs.

L'amour produit la foi, et c'est sa force, comme le rayon apporte la chaleur en même temps que la lumière.

Valentine espérait donc encore, mais c'était en la bonté de Dieu, car à bien regarder l'aventure inouïe qu'elle allait tenter, il n'y avait point de chances favorables à attendre, sinon celles qui naissent en dehors des calculs de la prudence humaine, et que les uns attribuent à la Providence, les autres au hasard.

Cela ne lui faisait pas peur ou du moins cela ne lui enlevait rien de la froide détermination qui permet au condamné de regarder fixement l'appareil du supplice.

Souvenons-nous, en effet, que ce vaillant découragement était le point de départ de toute sa conduite avant même sa dernière entrevue avec Maurice.

Souvenons-nous qu'elle n'avait pas présenté l'entreprise autrement à son fiancé et qu'elle lui avait dit : « Je ne veux plus de suicide, je veux que le crime de notre mort ne se place pas entre nous deux comme une barrière dans l'éternité. »

Mourir épouse, mourir dans un combat ou par le martyre, tel avait été son vœu exprimé.

Plus tard, si l'enthousiasme de sa nature intrépide avait fait naître et grandir en elle la pensée de vaincre, de vivre, de venger ceux dont elle aimait le souvenir, c'était en une heure de transport fiévreux.

Le cri qui s'échappait maintenant de son âme était donc tout miséricordieux ; elle essayait d'arracher

Mme la marquise d'Ornans au péril vers lequel, fatalement, elle marchait elle-même. Elle prétendait entrer seule dans cette maison minée et préserver à tout le moins les jours de la pauvre femme qui lui avait servi de mère.

Ce désir s'éveilla en elle si soudainement qu'elle fut sur le point de se trahir. Pour la réduire au silence, il fallut l'idée de Coyatier et la mémoire des mystérieuses promesses de cet homme, dont la perdition profonde avait des lueurs de repentir ou de générosité.

Elle avait cru au Marchef, quand le Marchef était là, devant elle ; maintenant la figure du bandit lui revenait comme une sombre énigme.

Elle voulut lui laisser, pour le cas où son dévouement ne serait pas la suprême raillerie du destin, toute la possibilité d'action que donne un secret fidèlement gardé.

La marquise, certes, ne pouvait deviner tout cela ; elle répéta, étonnée qu'elle était :

— Partir avant vous, ma fille ! et pourquoi ? Suis-je déjà de trop et ne pensez-vous point que j'aie le droit d'assister au moins à votre mariage ?

— Vous avez le droit d'être partout où nous sommes, répondit Valentine, comme la plus respectée, comme la mieux aimée des mères, mais pourquoi partager sans nécessité les hasards d'une évasion ? Maurice peut être poursuivi. Que je l'accompagne, moi, c'est mon devoir...

— Mon enfant, interrompit la marquise avec une certaine noblesse, tu étais trop jeune pour qu'il fût utile ou même convenable de t'initier à nos grands projets ; tu ne t'es jamais doutée de rien, parce que la première qualité d'une femme politique est de savoir garder un secret. Ce n'est pas d'aujourd'hui que j'apprendrais à braver le danger. Ma pauvre fillette, j'occupe un rang bien important parmi ceux qui hâtent de leurs vœux et de leurs efforts la restauration du malheureux fils de Louis XVI. Je ne te reproche point de n'avoir pas su deviner mon caractère aventureux; j'ai accompli des missions difficiles et trompé bien souvent les plus fins limiers de l'usurpation ; ce que j'ai fait pour un roi, ne puis-je le faire encore pour toi qui es désormais toute ma famille ? Ne discutons plus, c'est une chose entendue, je pars avec vous, et qui sait ? si la police nous inquiète en route, l'habitude que j'ai de ces sortes d'intrigues ne vous sera peut-être pas tout à fait inutile.

Elle baisa Valentine au front et reprit :

— Maintenant, chérie, nous n'avons plus que le temps. Je pense que que tu te marieras en noir, comme tu es là ? J'ai assisté dans ma jeunesse à un mariage clandestin, du temps des guerres de la Vendée : le jeune homme avait son costume de cornette dans l'armée catholique et royale ; la jeune personne portait un simple fourreau de moire noire avec un voile de dentelle à l'espagnole. C'était très bien. De fleurs d'oranger, il n'en fut pas question. Du reste, tu sais que c'est tout uniment une affaire de conscience, comme la cérémonie de l'ondoiement qui précède un baptême forcément retardé ; cela ne vous empêchera pas de vous marier une seconde fois, selon les rites de l'Eglise, aussitôt que les événements le permettront, et vous en prendrez même l'engagement formel vis-à-vis de M. Hureau, notre bon vicaire, pour la paix de sa conscience... Es-tu prête ?

— Je suis prête, répondit Valentine, qui était pâle, mais résolue.

— Voici ce qui a été réglé, reprit la douairière : Je suis chargée d'aller prendre chez lui notre prêtre officiant ; tous nos amis nous attendront chez le pauvre colonel, et Dieu veuille que nous le retrouvions en vie ! Ne va pas croire que la chose se fera dans le désert ; nous aurons une suffisante assistance. Toi, selon la volonté que tu as manifestée, tu vas monter dans ma voiture (j'ai celle du colonel, où j'ai mis mes gens, pourtant, car je n'aime pas à changer de cocher), et tu vas attendre cette brave Mme Samayoux rue Pavée, à la porte de la Force.

Valentine jeta un châle sur ses épaules et noua les rubans de son chapeau.

— Allons ! fit encore la marquise en essayant de prendre un ton dégagé, ces moments de crise me connaissent. Pas d'inquiétude, surtout, cela te ferait du mal. Il n'y aura aucun accroc, on a dépensé ce qu'il faut pour que tout aille sur des roulettes.

L'instant d'après, deux voitures se séparaient au coin de la rue des Batailles : celle du colonel, où était la marquise, remontait vers les Champs-Élysées, par la rue de Chaillot ; l'autre, timbrée à l'écusson d'Ornans, mais ayant cocher et valet de pied à la livrée du colonel, descendait vers le quai pour prendre la route du Marais.

C'était celle-là qui emmenait Valentine.

Quand elle arriva rue Pavée, il y avait un fiacre qui stationnait devant la principale entrée de la prison.

Valentine ordonna au cocher de se mettre à la suite du fiacre, puis elle abaissa les stores de sa voiture et attendit.

XXXVIII

DÉPART POUR LE BAL

Six heures du soir venaient de sonner à l'antique pendule dont le balancier allait et venait en grondant. Il faisait nuit dans la chambre du colonel, éclairée seulement par les lueurs du foyer presque éteint.

Derrière les hautes fenêtres, drapées de rideaux sombres, les arbres du jardin montraient vaguement leur tête blanche de neige.

Au contraire, par la porte entr'ouverte, on voyait une vive clarté dans la chambre voisine, où la comtesse Francesca Corona faisait depuis quelques jours sa demeure, pour être plus à portée de garder les nuits de son aïeul.

Une pimpante soubrette s'agitait, affairée, dans cette

dernière pièce, où deux faisceaux de bougies brûlaient à droite et à gauche de la psyché.

Par l'entrebâillement de la porte on pouvait reconnaître le brillant, le pittoresque désordre qui ravage la chambre d'une jolie femme à l'heure décisive de la toilette.

Les meubles gracieux et coquets étaient encombrés par l'étalage des chiffons de toute sorte, colifichets innombrables, pièces nécessaires dans la mesure même de leur superfluité, qui forment, en s'ajustant selon le plus charmant des arts, la panoplie dont se revêt la beauté pour livrer bataille au plaisir.

Il y avait partout de la gaze, du satin, des fleurs, des dentelles; il y en avait sur les fauteuils, sur le lit, sur les consoles; l'air était doucement parfumé, car chacun de ces objets mignons a sa bonne odeur comme les roses: les gants, l'éventail, le mouchoir chargé de broderies et jusqu'à ces bijoux de souliers dont l'exiguïté défierait le pied de Cendrillon.

Il s'agissait d'un bal, car le carnet aux contredanses montrait sur la table sa couverture nacrée parmi les écrins ouverts qui éparpillaient en gerbes leurs chatoyantes étincelles.

En s'habituant peu à peu à l'obscurité qui régnait dans l'austère retraite du vieillard, l'œil pouvait mesurer le contraste frappant qui existait entre ces frivoles richesses et la nudité presque complète dont s'entourait le lit sans rideaux, bas sur pieds et rappelant en vérité la couche d'un anachrorète.

C'était auprès de cette couche, lit funèbre d'un saint, que Mme la marquise d'Ornans était venue pleurer naguère. Le colonel y était étendu sur le dos, immobile, les bras en croix et cherchant son souffle qui déjà le fuyait.

C'est à peine si on apercevait sa face hâve et dont les tons terreux semblaient absorber la lumière, mais on distinguait très bien, agenouillée au chevet du lit, une jeune femme en déshabillé dont les riches épaules attiraient au contraire toutes les lueurs venant de la chambre voisine.

La jeune femme parlait d'un ton suppliant et baisait tendrement les mains du vieillard en disant :

— Je t'en prie, père, bon père, ne me force pas à te quitter ce soir. Tu sais bien que je n'aime pas le monde ; tu sais bien que j'y suis triste et comme dépaysée. Mme de Tresmes ne doit plus compter sur moi pour son dîner ni pour son bal, puisqu'elle sait que tu es souffrant et que je suis ta garde-malade.

— Entêtée ! fit le malade.

Puis il répéta :

— Entêtée, entêtée, entêtée !

De guerre lasse, Francesca voulut se lever, mais il la retint.

— Mademoiselle Fanchette, lui dit-il, je n'aime pas les mauvaises raisons, souvenez-vous de cela. Fi ! que c'est mal d'agiter son pauvre papa qui tousse en le contrariant sans cesse !

Soit qu'un peu de force lui revint, soit qu'il oubliât volontairement ou non de jouer un rôle, sa voix en ce moment n'était pas trop changée.

— Réfléchis, reprit-il en cessant de gronder ; il serait tout à fait impoli de se dégager comme cela à la dernière heure. Et si on allait être treize à table chez Mme

de Tresmes à cause de toi! sans compter que ce cher petit ange de Marie est presque aussi mauvaise langue que sa mère. Ton absence ferait encore jaser.

— Ne parle pas tant, bon père, voulut interrompre la comtesse, tu te fatigues.

— C'est cela! quand on ne peut répondre à mes arguments, on me fait taire par raison de santé. Allume la veilleuse, je veux te voir quand tu seras habillée et t'admirer, mon cher amour. Qui sait combien de temps je pourrai t'aimer encore sur la terre? mais je te verrai de là-haut; j'ai le bonheur de croire à l'immortalité de l'âme, et ceux qui ont bien vécu ne quittent ce triste monde que pour se réfugier dans un autre qui est meilleur.

La comtesse alluma une veilleuse. Aussitôt qu'elle l'eut déposée sur la table de nuit, la figure du moribond sortit de l'ombre, défaite et véritablement effrayante à voir.

La comtesse eut beau faire, elle ne put réprimer un douloureux mouvement.

— Tu ne me trouves pas si bonne mine qu'hier? dit le vieillard avec un accent qu'il n'est point possible de caractériser d'un seul mot.

Nul n'aurait su dire, en effet, s'il y avait là excès de simplesse ou inexplicable moquerie.

— Vous êtes un peu pâle, mon père, répondit Francesca.

— Un peu? répéta le colonel, qui eut un rire véritablement sinistre.

— Allons, allons, fillette, reprit-il doucement, ne te fais pas d'idées trop noires. Tu ne connais pas le mystère de ma vie, pauvre ange; tu as peut-être été jusqu'à me soupçonner parfois... Il y a des gens, vois-tu, dont l'héroïsme ressemble à l'infamie. Te souviens-tu de cette histoire américaine que tu me lisais pour m'endormir; cette histoire d'un pauvre colporteur employé par Washington dans la guerre de l'indépendance, et qui, toute sa vie, se laissa insulter du nom d'espion pour mieux servir la cause de la liberté?

— Oh! père, s'écria la comtesse, dont les mains se joignirent, je me suis doutée bien souvent que vous étiez le serviteur, le maître peut-être de quelque grande entreprise politique.

— Assez-là-dessus, ma petite Fanchette, interrompit le colonel; tu me connaîtras mieux quand je ne serai plus là. Pour le moment, il me suffit de te dire que je joue un jeu difficile et dangereux. Vois si j'ai de la confiance en toi, je vais te dire un secret : je ne te renvoie pas aujourd'hui par crainte de mécontenter cette brave Mme de Tresmes; je te renvoie parce qu'il va se passer ici des choses que tu ne dois pas voir.

— Bon père, dit la comtesse, dont les yeux se mouillèrent, combien je vous remercie! Ajoutez encore un mot, dites-moi que cette terrible pâleur...

— Eh! eh! mignonne, fit le vieillard, qui eut pour un instant son sourire de tous les jours, je ne peux pas t'affirmer que je sois frais comme une rose; mais enfin chacun se défend comme il peut, n'est-ce pas? J'ai affaire à des tigres, et voilà près d'un siècle que je les fais danser comme des marionnettes! Achève de t'habiller, trésor; je te donne vingt minutes pour passer ta robe et te faire plus belle qu'un astre. Tu reviendras m'embrasser, et cinq minutes après ton départ, je commencerai ma besogne.

Francesca, heureuse, mais toute pensive, déposa un baiser sur son front et courut à sa toilette.

Dès qu'elle eut passé le seuil de sa chambre, la porte située à l'opposé s'entr'ouvrit, et la tête crépue du Marchef montra confusément son profil.

— Pas encore ! dit entre haut et bas le colonel.

La tête du bandit rentra dans l'ombre et la porte se referma.

Il y eut un silence qui fut interrompu seulement par une quinte de toux caverneuse et pleine d'épuisement.

— Je vais décidément soigner ce rhume-là, pensa le vieillard, dont la main tremblante essuya la sueur de son front, mais, en attendant, on peut bien dire qu'il m'aura tiré du pied une fière épine !

Avant même que les vingt minutes fussent écoulées, Francesca rentra éblouissante d'élégance et de beauté.

Le colonel se souleva sur le coude pour la regarder.

— Tu es toute jeune ! murmura-t-il en se parlant à lui-même. Ce n'est pas une chimère cela : on peut vivre deux fois, et avant de m'en aller, j'accomplirai ce miracle de te faire une autre vie.

La comtesse s'approcha et le baisa tendrement. Elle avait aux lèvres une question qu'elle n'osait pas formuler.

— Tu voudrais bien me demander où commence la vérité, où finit la comédie ? prononça tout bas le colonel ; nous causerons demain, ma fille, va en paix, amuse-toi bien et ne rentre pas avant deux heures du matin. Tu m'entends ? ceci est un ordre.

La comtesse sortit accompagnée par sa femme de chambre, et presque aussitôt après on entendit le bruit de la voiture qui roulait sur le pavé de la cour.

Le colonel frappa ses deux mains l'une contre l'autre.

La porte à laquelle le Marchef s'était montré déjà fut ouverte de nouveau et le colonel lui dit :

— Avance, bonhomme !

Quand le Marchef fut auprès de son lit, le colonel ajouta :

— Il me semble que tu n'es pas ivre, aujourd'hui?

— Non, répondit Coyatier.

— Quand tu dois travailler, cependant, ton habitude est de boire un coup.

— Oui, répondit encore Coyatier.

— Veux-tu boire?

— Non.

— A ton aise ! Mets-toi là, tout près de moi, et causons.

Le Marchef s'assit au chevet du lit. Le colonel mit sa tête au bord de l'oreiller. Pendant trois ou quatre minutes, il parla, mais si bas qu'une personne placée au milieu de la chambre n'aurait pu saisir aucune de ses paroles.

Le Marchef écoutait, immobile et froid comme une pierre.

— As-tu compris? demanda enfin le colonel.

— Oui, répondit Coyatier.

— Pourras-tu suffire à ta besogne?

— Oui.

— Regarde-moi, ordonna le colonel.

Coyatier obéit. Leurs yeux se choquèrent pendant l'espace d'une seconde, puis Coyatier détourna les siens et répéta comme un homme subjugué :

— Oui ! j'ai dit : oui.

— C'est bien, fit le vieillard, je viens de passer ton examen de conscience et je suis content de toi. Un dernier mot : tu aurais beau avoir tous les trésors du monde, il te resterait une chaîne de fer autour du cou, est-ce vrai ?

— C'est vrai.

— Eh bien, si tu fais ce que j'ai dit, tout ce que je t'ai dit, tu n'auras plus ton carcan, bonhomme. Non-seulement tu seras riche, mais encore tu seras libre.

La poitrine du bandit rendit un grand soupir.

Le colonel lui montra du doigt la chambre de Francesca Corona, qui restait vivement éclairée.

— Va, lui dit-il, et souffle les lumières.

Le Marchef n'était pas ivre, le Marchef n'avait pas bu, et pourtant ce fut en chancelant qu'il traversa la chambre.

Il entra dans celle de la comtesse et repoussa la porte.

XXXIX

ANTISPASMODIQUE

Le colonel remit sa tête au centre de l'oreiller et ferma les yeux en homme qui veut chercher le repos. L'oppression qui chargeait sa poitrine avait notablement augmenté.

— Tout cela me fatigue un peu, murmura-t-il en essayant son haleine, je n'ai plus vingt ans, c'est certain, et je ne devrais pas me surmener. Mais bah ! c'est ma dernière affaire ; après celle-là, je prendrai du bon temps comme un rat dans un fromage, et dès demain, je dormirai la grasse matinée.

Son bras maigre et frileux sortit de dessous la couverture pour prendre sur la table de nuit une sonnette qu'il agita.

— J'ai encore les articulations bien lestes et bien robustes, dit-il en un mouvement de satisfaction qui contrastait étrangement avec la frêle caducité de tout son être, qui sait jusqu'où je peux aller avec des ménagements ?

Ceux qui ne le connaissaient pas, ce tigre en décripitude, auraient éprouvé, à le voir et à l'entendre, l'envie de rire et la compassion que prennent les forts à l'aspect de la vieillesse retombant dans l'enfance.

Un domestique vint au coup de sonnette et s'approcha tout contre le lit pour écouter son maître, qui lui dit de sa voix la plus cassée :

— Faites ce qui vous a été ordonné, hâtez-vous et pas de bruit.

Alors ce fut quelque chose comme au théâtre, quand les valets entrent en scène pour aménager les accessoires d'un décor changé à vue.

Deux ou trois autres domestiques se joignirent au premier, qui avait la direction du travail. La table carrée qui se trouvait d'avance au milieu de la chambre fut couverte d'une nappe brodée sur laquelle on plaça des flambeaux, un crucifix soutenu par son piédestal et un missel sur son pupitre.

Plusieurs rangs de chaises furent alignés entre cette façon d'autel improvisé et la porte par où le Marchef était sorti.

Ces chaises se trouvaient sur le même plan que le lit du colonel, et ce dernier n'avait qu'à se lever sur son séant pour faire partie de l'assistance attendue.

De chaque côté de la table on alluma un grand cierge.

Nous ne saurions dire jusqu'à quel point ces apprêts,

qui étaient ceux d'une noce, ressemblaient aux préparatifs qu'on fait pour des funérailles.

Cela d'autant mieux que les fiancés manquaient encore, tandis que le mourant était là.

Le colonel mit sa main presque diaphane au-devant de ses yeux et regarda toute cette mise en scène d'un air satisfait.

— Pas mal, pas mal, dit-il doucement, on ne peut mieux faire avec si peu de ressources, et il n'y aura qu'à déranger les cierges pour les mettre à leur place, le long de mon lit.

— Monsieur le colonel n'en est pas là, Dieu merci ! voulut dire le principal valet.

— Ah ! ah ! mon pauvre Bernard, lui répondit son maître, je suis bien bas, bien bas, mais tu n'as pas besoin de me consoler, va ! j'ai passé ma vie tout entière, une longue vie, mon garçon, à faire ce qu'il faut pour ne pas craindre la mort.

Les domestiques s'étaient arrêtés dans une attitude respectueuse.

— Allez, mes enfants, reprit le colonel, vous savez le nom de ceux que vous devez laisser monter. Si quelques-uns d'entre eux sont déjà au salon en bas, dites-leur que je les attends.

Les valets sortirent.

Un sourire égrillard vint se jouer autour des lèvres blêmes du malade.

— Marchef ! appela-t-il tout bas.

La porte de la comtesse s'entr'ouvrit et la sinistre figure de Coyatier se montra, éclairée par les cierges.

— Comment trouves-tu cela ? demanda le colonel.

Le bandit ne répondit point.

Il y avait sur ses traits une sorte d'effroi et il détournait les yeux pour ne pas voir le crucifix qui lui faisait face.

— Nos chers bons amis tardent bien, dit encore le colonel.

— Ils sont en bas, devant la porte cochère, répliqua cette fois Coyatier; ils attendent et ils causent. N'avez-vous rien autre chose à me dire, maître?

— Rien, mon fils, sinon que je voudrais bien être caché dans un petit coin, en bas, auprès de mes bien-aimés, pour les entendre chanter mes louanges. L'Amitié est-il avec eux?

— Non.

— C'est bien. Reprends ta faction.

Le Marchef rentra dans la chambre de la comtesse, où, selon l'ordre du vieillard, toutes les lumières étaient désormais éteintes.

Il y avait, en effet, dans la rue Thérèse, non loin de la porte cochère, un groupe composé du médecin Samuel, de Portal-Girard, du docteur en droit, et de M. de Saint-Louis.

Ce groupe était là depuis quelque temps déjà, et ceux qui le composaient avaient pu voir la voiture de la comtesse Corona sortir de l'hôtel.

Tous les conspirateurs se ressemblent; ceux-ci étaient tourmentés par cette audace poltronne et coupée de frissons, qui est la fièvre des conjurations.

Ils s'étaient écartés pour laisser passer la voiture de la belle comtesse, puis Portal-Girard avait demandé :

— Est-ce que le Marchef est arrivé?

— Oui, répondit Samuel, il est là depuis plus d'une heure.

— Et les autres?

— Il n'y a que le Marchef.

M. de Saint-Louis, qui avait les mains dans les poches de son paletot jusqu'aux coudes, battit la semelle sur le pavé en disant :

— Il fait un froid de loup!

— Ça ne réchauffe pas, murmura Samuel, la situation où nous sommes. Quelqu'un a-t-il vu Lecoq?

Personne ne répliqua.

Portal-Girard reprit tout bas :

— Si Samuel voulait préparer une jolie petite boulette qu'on jetterait à celui-là...

Il n'acheva pas, parce qu'un domestique, venant de la rue Sainte-Anne, s'approcha de la porte cochère avec un paquet de cierges sous le bras.

Après que le domestique fut passé, les trois conjurés restèrent un instant silencieux.

— C'est un étrange esprit! murmura enfin Samuel.

Ce n'était plus de Lecoq qu'on parlait.

— Il va mourir en tuant! dit Portal-Girard.

— Et en blasphémant, ajouta M. de Saint-Louis; sa dernière heure va se régaler d'un sacrilége... Ah! écoutez, messieurs, nous ne sommes pas des cagots, mais moi qui vous parle, je suis révolté par cet excès de scélératesse!

— Braver Dieu, s'il existe, professa le docteur Samuel, c'est imprudent; s'il n'existe pas, c'est inutile.

— Ce que nous allons faire, conclut Portal-Girard, est tout simplement une bonne action. Entrons-nous?

Ces bizarres vengeurs de la morale ne manquaient certes pas de résolution, et pourtant personne ne bougea.

Ils causaient, quoiqu'on ne fût pas bien là pour causer, reculant tant qu'ils pouvaient devant le dernier pas.

— Nous avons encore bien des choses à nous dire, opina M. de Saint-Louis. Cet homme est un énigme, il a reculé les bornes de la perfidie, de la méchanceté, de la cruauté; et pourtant, il y a en lui un petit endroit faible : il éloigne toujours la comtesse dans les moments de crise. Ce soir encore, il n'a pas voulu montrer le fond de son sac à sa Fanchette chérie.

— Au fait, dit Samuel, Mme la comtesse était en toilette de bal. Comment a-t-elle pu l'abandonner dans l'état où il est ?

— La comtesse a ses affaires en ville, répliqua sèchement Portal-Girard, occupons-nous des nôtres. Il n'est plus temps, comme on dit, de reculer pour mieux sauter. Parlons bas et disons juste ce qu'il faut : le vieux doit mourir cette nuit. Si bas qu'il soit, pouvons-nous, oui ou non, compter qu'il mourra de sa belle mort?

Ceci s'adressait à Samuel. M. de Saint-Louis se tut.

Samuel répondit après un silence.

— Je l'ai vu ce soir; s'il s'agissait de tout autre que lui, je dirais : Nous ne le retrouverons pas vivant. Dans l'état où il est, la dernière crise est une suffocation; les bronches se convulsionnent, le souffle manque; c'est très-pénible à voir, et quand cet état se prolonge, il y a des médecins qui administrent ceci ou cela, pour hâter la fin. C'est tout bonnement de la miséricorde.

— Tout bonnement! fit M. de Saint-Louis.

— Mais, ajouta Portal, il ne veut prendre aucune potion de votre main.

— On donne à ces médicaments, poursuivit Samuel, un nom vague : on les appelle des antispasmodiques. Le moindre obstacle opposé à la respiration atteindrait le même résultat; et bien plus rapidement. Il suffirait, par exemple, d'une mousseline interposée entre la bouche du malade et l'air libre pour le délivrer de ses souffrances...

Ici, le docteur Samuel hésita.

— Achevez, dit M. de Saint-Louis en tâchant d'assurer sa voix.

— J'achèverai, en effet répliqua Samuel, parce que mon idée est philanthropique, sans danger aucun, ne devant pas laisser l'ombre de trace et d'une exécution très facile. Nous connaissons exactement le scénario de la dernière tragédie imaginée par le colonel ; nous savons que la nuit doit se faire au dénouement ; eh bien! au moment où la nuit se fera, que quelqu'un se charge seulement de rejeter la couverture du lit jusque sur l'oreiller et de l'y maintenir quelques secondes, cela suffira j'en réponds.

— Mais qui se chargera?... commença M. de Saint-Louis.

— Moi, interrompit Portal-Girard résolûment.

— Bravo!

— Nous pénétrerons ensemble dans la chambre de Francesca, poursuivit Portal ; Lecoq nous a dit où est la cassette aux banknotes, le reste n'a pas besoin d'être réglé : le trésor est à nous.

Un passant, enveloppé dans un manteau, tourna l'angle de la rue Ventadour et s'approcha rapidement.

— Plus un mot ! dit le docteur en droit, voici l'Amitié.

— Sommes-nous prêts, messieurs? demanda Lecoq, qui arriva les deux mains tendues. J'ai été obligé de surveiller un peu l'exécution, là-bas, à la Force ; tout a marché le mieux du monde, et nos tourtereaux sont en route. Je vous annonce, d'un autre côté, Mme la marquise amenant son vicaire, le respectable M. Hureau.

Un vieil homme en deuil s'arrêtait au même instant devant la porte cochère.

— Messieurs, dit-il, cet hôtel est-il bien celui du colonel Bozzo-Corona?

— Oui, mon brave Germain, répondit Lecoq, et tous ceux qui sont ici vont assister comme vous au mariage de Mlle d'Arx, votre jeune maîtresse.

Il souleva le marteau de la porte, fit entrer lui-même Germain, qui se confondait en remerciements, et dit tout bas aux trois autres :

— La chaise de poste attend ici, derrière, à la petite porte de la rue des Moineaux. C'est moi-même qui ai choisi les chevaux. Après l'histoire, nous traverserons le jardin, nous ferons le partage en voiture, et nous nous arrêterons où vous voudrez pour prendre notre volée vers l'endroit que chacun de nous aura choisi. Est-ce cela ?

— C'est cela, répondirent les trois autres.

Et ils entrèrent.

XL

LA VOITURE DES MARIÉS

Lecoq n'avait point menti. A la Force, tout avait réussi comme par enchantement. Malgré la différence un peu trop marquée de tournure et de figure qui existait entre le beau lieutenant et notre Échalot, ce dernier avait pu sans encombre opérer l'échange chevaleresque et prendre place sur l'escabelle du captif après avoir revêtu tant bien que mal sa défroque.

Les habits de prisonnier ne sont pas faits sur mesure.

Une myopie épidémique ayant envahi l'administration, personne ne s'était aperçu de rien. Tout au plus le concierge avait-il fait un peu la grimace en voyant la taille dégagée du lieutenant flotter dans la redingote noire que le torse dodu de l'ancien apprenti pharmacien bourrait tout à l'heure.

— Patronne, avait dit Échalot au moment de la séparation, je vous recommande Saladin, mon adoptif, à cause de la faiblesse de son âge et que son vrai père es incapable de le guider dans le sentier de la vertu. Quant à moi, la chose de m'être sacrifié pour vous procurer de l'agrément suffira à mon cœur en le consolant dans sa solitude. A vous revoir et bonne chance !

— A te revoir, ma vieille ! avait répondu la dompteuse en lui serrant la main à l'écraser ; je te signe en ce jour le choix que je fais de ta personne dans la foule des prétendants qui soupirent à l'entour de moi. Je te prends à la maison avec l'emploi de mon mari qui sera plus tard ta récompense.

Dans la rue Pavée, la voiture de la marquise attendait. Sur le siége nous aurions pu reconnaître ce cocher silencieux qui répondait au nom de Giovan-Battista ; derrière, le valet de pied qui tenait les cordons ressemblait, malgré sa perruque poudrée et son majestueux uniforme, à ce bandit facétieux qui partageait à l'estaminet de l'Epi-Scié la popularité du jeune Cocotte : mons Piquepuce.

Maurice et Valentine s'assirent l'un auprès de l'autre, maman Léo prit place sur le devant, après avoir jeté au cocher l'adresse de l'hôtel Bozzo.

La voiture se mit en marche et prit la rue Saint-Antoine. Maman Léo resta un instant silencieuse à regarder les deux jeunes gens qui se tenaient par la main pensifs et recueillis.

— Ah çà ! dit-elle brusquement, en fronçant le sourcil

pour refouler une larme qui venait à sa paupière, il n'y a donc plus que moi de brave ici ! Vous avez l'air de deux condamnés qui montent à la Roquette. Saquédié ! si nous sommes dans une forêt de Bondy, il y a assez de passants ici autour pour mettre à la raison les brigands et les loups. Si c'était moi qui menais la danse, le cocher baragouineur et ce méchant sujet de Piquepuce, que j'ai reconnu sur le siége de derrière, auraient bien vite les quatre fers en l'air, et dans dix minutes nous aurions dépassé la barrière du Trône au galop !

Valentine répondit tout bas ;

— Avec un mot, un seul mot, ceux que vous venez de désigner feraient de chaque passant un ennemi plus acharné à nous poursuivre que les loups et les brigands. Il y a ici un assassin qui s'évade.

En disant cela, elle porta les mains de Maurice à ses lèvres.

— C'est vrai ! murmura maman Léo, qui baissa la tête malgré elle. On n'a jamais vu rien de pareil ; tout est contre nous : les voleurs, la justice, le monde entier !

Elle entr'ouvrit son casaquin et y prit une paire de pistolets, qu'elle présenta à Maurice.

— Lieutenant, dit-elle, ça te connaît ; il m'en reste, et je joue assez bien de cet instrument-là, moi aussi.

Maurice prit les armes qu'on lui tendait avec un mouvement de joie.

— Si nous passons la porte de cet enfer, continua la dompteuse, il faut du moins que nous puissions répondre à ceux qui nous parleront.

Valentine secoua sa tête charmante et murmura :

— Ces armes-là ne valent rien. Je ne sais pas si celles que j'ai choisies sont meilleures. Après Dieu, qui tient notre vie dans sa main, il n'y a qu'une seule créature humaine en qui j'espère ; tout dépend de Coyatier.

— J'ai plutôt idée, moi, gronda maman Léo, que tout dépend du colonel. Mais ne te fâche pas, chérie ; mon *de profundis* est dit et bien dit. Roule ta bosse, c'est toi qui as le plus gros enjeu, c'est à toi de tenir les cartes.

Le lecteur sait désormais laquelle pensait juste, de Valentine d'Arx ou de maman Léo, sur la question de Coyatier et du colonel.

La voiture allait au trot des deux beaux chevaux de la marquise. Dans ces rues du centre de Paris, si gaies et si pleines, il aurait suffi d'un mot prononcé à la portière pour obtenir une aide instantanée. Moins que cela, rien n'empêchait de descendre, et si l'on eût été vraiment dans la forêt de Bondy, maman Léo à elle seule aurait eu bien vite raison des deux bandits déguisés en valets.

Mais ce qui fait d'ordinaire la sécurité de tous était ici la perte de nos fugitifs. Ce n'étaient, en réalité, ni Giovan-Battista, ni mons Piquepuce qui les tenaient prisonniers. L'arme invisible les avaient touchés : ils étaient garrottés par une chaîne magique.

Au moment où ils arrivaient devant la porte cochère de l'hôtel Bozzo, et pendant que la voiture s'arrêtait, Valentine offrit son front à Maurice, qui l'effleura de ses lèvres.

Giovan-Battista demanda la porte, et l'équipage entra dans la cour.

Ils descendirent. Un domestique les attendait au bas du perron et se chargea de les introduire.

Maman Léo ne parlait plus.

En montant l'escalier, Maurice pressait le bras de Valentine contre son cœur.

— Comme nous aurions été heureux ! murmura-t-il.

— L'âme ne meurt pas, répondit la jeune fille, dont les beaux yeux étaient levés vers le ciel.

Une porte s'ouvrit au-devant d'eux et ils se trouvèrent dans la chambre du colonel, disposée comme nous l'avons dit et déjà remplie par ceux qui devaient assister au mariage.

XLI

LE BIEN ET LE MAL

Au moment où Valentine et Maurice, suivis de maman Léo, entraient dans la chambre du colonel, tout le monde était rassemblé autour du lit funèbre, à l'exception du vieux Germain, qui se tenait modestement à l'écart.

Pas n'était besoin d'être médecin pour suivre désormais les progrès rapides et sûrs de cette tranquille agonie. C'était une ombre ou plutôt une momie qui était là couchée sur le matelas austère, et la lueur des cierges, frappant obliquement le front du vieillard mourant, y mettait déjà des reflets cadavéreux.

Parfois la lutte de la dernière heure est cruelle, et

l'âme, pour s'exhaler, livre un effrayant combat; mais ici c'était la tranquillité qui accompagne, selon la croyance commune, le suprême adieu du juste; il n'y avait point de douleur apparente; l'intelligence restait entière, et parfois un rayon se rallumait dans ces pauvres prunelles éteintes, quand le moribond promenait à la ronde son regard affectueux et doux.

D'une voix que l'attendrissement faisait tremblante, M. de Saint-Louis venait d'exprimer la pensée générale en disant :

— Notre vénérable ami n'est pas de ceux à qui on cache la vérité. Sa mort est belle comme sa vie : il s'en va en faisant des heureux.

Les autres amis du colonel, M. le baron de la Périère, le docteur Samuel et Portal-Girard semblaient abîmés dans un douloureux recueillement.

L'abbé Hureau tenait les deux mains de la marquise éplorée et lui disait pour la consoler :

— J'ai pu encore entendre sa voix, tout à l'heure, quand j'ai mis le crucifix sur sa poitrine; il m'a dit : « Après le mariage vous vous occuperez de moi. » Ah ! celui-là est prêt, madame, ne le plaignez pas, enviez-le plutôt : il a déjà un pied dans le ciel !

Dans le mouvement qui se fit pour l'entrée de Valentine, les Habits-Noirs se trouvèrent un instant groupés, et tous les regards interrogèrent avidement Samuel.

A cette question muette, le médecin répondit par un silence plus expressif que la parole et qui voulait dire énergiquement : « Tout est fini ! »

Cependant il ajouta en piquant Portal du regard :

— On ne saurait prendre trop de précautions.

— Il faut toujours lever la couverture ? demanda le docteur en droit, qui n'avait jamais semblé plus résolu

— Oui, répliqua Samuel et la bien tenir.

La marquise dont la pauvre figure était bouffie par les larmes, fit quelques pas à la rencontre de Valentine et de Maurice. Elle serra Valentine dans ses bras et tendit la main au jeune lieutenant, qui la saluait avec respect.

— Entrez, entrez, bonne dame, dit-elle à maman Léo, qui restait en arrière et dont les yeux allaient du lit à l'autel avec une véritable stupeur.

— Venez, ajouta la marquise en s'adressant au jeune couple, c'est grâce à lui que M. Maurice Pagès est libre, c'est grâce à lui que vous allez être heureux. Il veut vous voir, vous aurez partagé avec Dieu sa dernière pensée.

Valentine se laissa conduire. Il eût été difficile de définir l'expression de son visage plus pâle et en apparence plus froid que le marbre.

L'émotion arrivée à son paroxysme produit parfois cette morne rigidité des traits.

Maurice, lui, ne se défendait point contre la solennelle impression de cette scène.

Dans la chambre, un grand silence régnait.

Les yeux du colonel, fixes et sans rayons, ne changèrent pas la direction de leur regard à l'approche des deux fiancés. Son souffle était court, inégal, et rendait un sifflement clair.

— Voici nos enfants, dit la marquise à voix haute, par cet instinct qui nous fait élever le ton pour parler à ceux qui vont mourir et qui nous semblent déjà loin de nous.

La tête du colonel resta immobile, mais sa main fit un imperceptible mouvement d'appel.

La marquise se pencha aussitôt, mettant son oreille tout contre les lèvres du vieillard.

Quand elle se releva, elle dit dans un sanglot :

— Mettez-vous à genoux, il veut vous donner sa bénédiction.

Valentine sembla hésiter. Il y avait dans ses yeux de l'égarement et presque de l'horreur.

Maurice s'était agenouillé. Valentine fit enfin comme lui, mais ce ne fut pas le nom de Dieu qui passa entre ses lèvres murmurantes, d'où tombèrent ces mots : Mon frère ! mon père !

La main du vieillard s'agita de nouveau faiblement, et la marquise balbutia parmi ses larmes :

— Hâtons-nous, il a peur de ne pas voir la fin.

Les Habits-Noirs cachaient la fièvre de leur attente sous un maintien grave. Ils avaient tous la même pensée et se demandaient avec effroi si une pareille folie de perversité était possible.

A l'heure navrée où chacun tremble, sur le seuil même de l'inconnu, le grand comédien jouait-il le plus audacieux de tous ses rôles?

Certes, l'évidence était là pour répondre : Nul ne peut contrefaire la marque de la mort.

Et cependant ils avaient peur.

Ce fut Lecoq qui remplaça les fiancés et la marquise auprès de la couche d'agonie. Le colonel ne parut point s'en apercevoir.

Devant l'autel, M. de Saint-Louis disait au vicaire avec une majestueuse bonté :

— Ma dépêche est déjà partie pour la cour de Rome. J'ai tout pris sur moi en disant à Sa Sainteté que vous aviez dû accéder au vœu de votre souverain légitime. Quant à l'archevêché, j'irai moi-même dès demain rendre visite à Sa Grandeur.

Les assistants se rangèrent comme à l'église derrière les deux fiancés, qui avaient des chaises à prie-Dieu. A gauche de Valentine se tenait Mme la marquise d'Ornans, qui lui servait de mère ; à droite de Maurice, M. de Saint-Louis prit place en faisant observer qu'il se regardait seulement comme le délégué de son vénérable ami, le colonel Bozzo.

M. le baron de la Périère était en quelque sorte maître des cérémonies et veillait à ce que tout se passât en bon ordre ; il prit le siége voisin de la chaise de maman Léo et lui dit :

— Vous voyez, bonne dame, que nous avons enlevé l'affaire lestement.

L'état de fièvre où était maman Léo se traduisait par une impossibilité absolue de rester en place. Elle se levait, elle se rasseyait à contre-sens et poussait d'énormes soupirs dans son mouchoir à carreaux, baigné de sueur.

— Vous saurez, dit-elle à M. de la Périère, que la personne qui remplace le prisonnier à la Force est pour entrer dans ma famille, et que je m'y intéresse censément d'amitié. Il ne faudrait pas qu'il pourrisse trop longtemps là-dedans.

M. le baron lui promit son appui, mais nous devons avouer que son attention était ailleurs : il ne perdait pas un seul instant de vue le lit où le colonel était désormais immobile, ne donnant plus aucun signe de vie.

Portal-Girard et Samuel, placés au dernier rang, guettaient aussi leur proie, échangeant quelques paroles à voix basse.

En apparence, Valentine et Maurice étaient calmes et recueillis.

Quand le prêtre leur adressa la question d'usage, chacun d'eux répondit *oui* avec une émotion profonde.

Puis ils restèrent un instant, les mains unies, et Valentine murmura :

— Mon mari ! mon mari !

Elle n'eut que ce mot pour exprimer l'angoisse poignante et l'amour sans bornes qui se disputaient son cœur.

Maurice lui répondit :

— Courage ! désormais nous n'attendrons pas longtemps.

C'était la conviction de Valentine bien plus encore que celle de son fiancé. Elle jouait, on peut le dire, cette terrible partie en complète connaissance de cause, et plus on approchait du moment fatal, plus l'espoir qu'elle avait eu tant de peine à faire naître en son âme se voilait.

Le glaive invisible était suspendu quelque part dans l'air, elle le sentait, et elle savait qu'aucun moyen humain n'en pouvait parer les coups inévitables.

Il n'y avait rien en elle qui ressemblât à de la peur, mais un mirage horrible lui montrait Maurice sanglant, mourant. Elle souffrait un martyre sans nom, et les secondes lui paraissaient longues comme des heures.

Le prêtre donna la bénédiction nuptiale.

Comme il se retournait vers l'autel, on entendit un léger bruit du côté du lit, et la poitrine du colonel rendit une plainte faible.

Tous les regards se dirigèrent aussitôt vers lui ; on le vit à demi-levé sur son séant et luttant contre une convulsion. Ce fut si rapide que personne n'eut le temps d'aller à son secours. Il poussa un soupir et retomba inanimé.

Comme si c'eût été un signal convenu, tous les cierges, toutes les lumières s'éteignirent à la fois, et au milieu de la nuit noire, survenue tout à coup, une voix qui montait on ne sait d'où prononça ces paroles, qui ressemblaient à un contre-sens moqueur :

— *Il fait jour !*

Un tumulte se produisit dans l'ombre, où personne ne parlait, sauf Mme la marquise d'Ornans, qui prononça d'une voix éteinte :

— Au secours !

Portal-Girard et les conjurés n'avaient pas hésité. Ils s'étaient élancés vers le lit. Portal-Girard releva la couverture, et en la maintenant sur l'oreiller, il planta un coup de poignard à la place où le cœur du mort ne battait déjà plus, peut-être, en grondant :

— Si c'est encore une comédie, voilà le dénouement !

Il y eut un son faible comme le soupir d'un enfant, — puis le silence.

Valentine avait entouré Maurice de ses bras et le couvrait de son corps, balbutiant dans un baiser suprême :

— J'espère ! Nous devrions être frappés déjà, et si la mort venait, pourrait-elle nous séparer désormais ?

La plume ne peut pas exprimer la prestidigieuse rapidité d'un pareil drame. Le récit est long, forcément ;

mais, en réalité, tout ce que nous racontons s'entassa dans la même minute.

Au milieu du silence, on entendit les deux pistolets de maman Léo qu'elle armait, tandis qu'elle disait tranquillement et de sa voix la plus crâne :

— Saquédié! qu'on ne les touche pas, ou gare dessous!

Mais on murmura à son oreille :

— Obéissez!

Elle crut reconnaître la voix de Valentine.

Et presque aussitôt elle se sentit pressée par Maurice et entraînée au travers de la chambre. La robe de soie de la marquise frôlait le revers de sa main, et elle reconnut l'accent chevrotant du vieux Germain qui demandait :

— Où me conduisez-vous?

On franchit un seuil.

Dans la nuit, deux grands bras puissants poussaient en avant ce groupe rassemblé comme un troupeau.

Presque au même instant, les Habits-Noirs conjurés quittaient le lit et se dirigeaient en tâtonnant vers la chambre de la comtesse.

C'était là qu'ils allaient trouver le trésor.

Au moment où Samuel arrivait le premier, deux cris rauques retentirent à quelques pas de lui, dans une autre pièce.

— Voilà qui est fait, dit Portal-Girard froidement, c'est la dernière affaire du vieux, une affaire posthume celle-là! Donnez-vous la peine d'entrer.

Ils entrèrent trois : Samuel, M. de Saint-Louis et *le*

docteur en droit, qui dit en ricanant, parce qu'il entendait la porte se refermer derrière lui :

— L'Amitié trouvera nez de bois, c'est bien fait. Allons, mes enfants, à la besogne !

Lecoq arrivait en effet à la porte ; il avait marché avec précaution dans ces ténèbres où, selon lui, on pouvait faire rencontre d'un coup de couteau.

Il écoutait de toutes ses oreilles, étonné du silence qui régnait autour de lui. La chambre mortuaire semblait s'être vidée comme par enchantement.

— Ouvrez, dit-il enfin tout bas en poussant la porte, c'est moi.

A travers le battant fermé, il entendit un râle creux et sourd, puis deux, puis trois.

— Encore ! fit-il, je croyais que c'était fini !

Il n'était pas homme à se méprendre, car il connaissait trop bien le son que rend la gorge d'un homme poignardé.

Il frappa de nouveau en disant, avec un commencement d'impatience :

— Ouvrez donc !

Et il pensait :

— Est-ce qu'ils voudraient me fausser compagnie ?

On n'entendait plus rien de l'autre côté de la porte.

Lecoq sentait des frissons lui courir par tout le corps, et malgré lui, il faisait une sorte de calcul en se disant :

— Les deux premiers râles sont ceux des deux jeunes gens, car on a, bien sûr, commencé par eux, puisque c'est le colonel qui avait réglé la besogne... les trois autres, voyons : il y avait Mme la marquise, puis cette bonne femme, maman Léo, puis encore le vieux domestique de M. d'Arx, c'est juste le compte : cinq coups.

Il reprit en s'interrompant :

— Ouvrez donc, vous autres, est-ce que vous ne m'entendez pas?

Comme le silence continuait, il ajouta entre ses dents :

— Je me doutais bien qu'il y aurait du tirage. Aussi tant que le vieux coquin aurait vécu, je ne l'aurais jamais lâché.

Il y eut derrière lui un petit ricanement qui glaça le sang dans ses veines.

Il crut s'être trompé, mais une voix doucette dit dans la nuit :

— Voilà donc comment tu parles de ton papa, méchant sujet!

Lecoq voulut ouvrir la bouche, mais aucun son ne sortit de sa gorge. Il était littéralement paralysé par la stupeur.

La voix doucette reprit :

— Ce que tu as dit là n'est pas respectueux dans la forme, ma chatte, mais le fond est bon, et cela te sauve la vie.

Une allumette chimique grinça et prit feu. Lecoq, qui n'en croyait pas ses oreilles, se retourna.

Il vit le colonel Bozzo debout, droit sur ses jambes et la tête haute, qui le regardait en souriant.

Le vieillard avait à la main le flambeau qu'il venait d'allumer, et son doigt branlant dessinait ce geste qui est la menace des espiègles.

Les jarrets de Lecoq plièrent sous lui et il tomba agenouillé.

— IL FAIT NUIT! dit avec lenteur le colonel, qui leva son flambeau.

— Grâce! balbutia Lecoq, dont la tête pendait sur sa poitrine.

Il pouvait voir maintenant que la chambre était complétement déserte.

Le prêtre avait dû sortir par la porte du fond, qui restait entr'ouverte.

La couverture du lit où le colonel agonisait naguère était encore relevée jusque sur l'oreiller, et le couteau de Portal-Girard restait fiché à hauteur de poitrine.

Le vieillard jouissait de la détresse de son premier ministre et ricanait paisiblement.

— Ce nigaud de docteur en droit, dit-il, a tué ma douillette que j'avais roulée en paquet. Il ne faut jamais frapper quand on n'y voit pas, à moins d'avoir le talent du Marchef. Voilà un garçon qui s'y entend!... Eh! eh! bijou, petit bonhomme vit encore à ce qu'il paraît, dis donc?

Lecoq restait muet et joignait ses mains suppliantes.

— Mets-toi sur tes pieds, reprit le colonel en lui caressant la joue amicalement; il y a de l'ouvrage, et je ne peux pas tout faire.

Lecoq se releva, chancelant comme un homme ivre.

Le vieillard introduisit une clef dans la serrure de la comtesse Corona, qui était fermée en dedans, et l'ouvrit.

— Entre, ordonna-t-il.

Et il haussa le flambeau pour éclairer mieux.

Lecoq voulut obéir, mais dès le premier pas, il recula épouvanté.

Ses cheveux se hérissèrent sur son crâne.

La chambre était telle que Francesca Corona l'avait laissée, lors de son départ pour le bal ; les chiffons restaient étalés sur le lit et sur les meubles, mais parmi tout ce désordre gracieux que produit la toilette d'une femme à la mode, il y avait, hideux contraste! trois cadavres étendus dans un lac de sang.

Lecoq se soutenait, haletant, au chambranle de la porte.

— Tu comprends bien, lui dit le colonel, qui ne paraissait pas éprouver l'ombre d'une émotion, que ma petite Fanchette ne pouvait pas rester ici. Je l'ai envoyée danser, la pauvre biche! C'est dommage que mon neveu Corona ne se soit pas mis de la conjuration, il serait là, maintenant avec les autres, et quel bon débarras pour ma Fanchette!

— Bonhomme, reprit-il en changeant de ton, nous n'avons pas le choix, ce soir, et c'est toi qui es chargé de nettoyer tout cela. C'est un rude coup de balai, mais j'ai idée que tu te mettrais en quatre pour faire plaisir à papa aujourd'hui, hé! l'Amitié?

Il poussa en avant Lecoq, qui était anéanti.

— Ces bons chéris! dit le vieillard en s'approchant tour à tour des trois cadavres, ce que c'est que de nous! Chacun d'eux avait son petit talent, et je ne serais pas embarrassé pour faire trois jolis discours s'ils devaient être enterrés au cimetière... Tiens! on dirait que ce bon Samuel respire encore? ce ne doit pas être dangereux, car Coyatier ne se trompe guère.

Il poussa du pied le docteur, dont la gorge rendit un gémissement, et passa en ajoutant :

— Quant à Portal-Girard et au majestueux fils de

Saint-Louis, bonsoir les voisins !... Ah ça, Fifi, tu n'as donc plus de langue?

— J'avoue... balbutia Lecoq.

— Tu as tort ! il vaut toujours mieux nier.

— Votre maladie qui semblait mortelle...

— Ah ! fit le vieillard tristement, c'est un bien mauvais rhume, va, et je vais partir pour les eaux de Bagnères ; veux-tu m'accompagner?

— Certes, fit Lecoq, qui se retrouvait peu à peu, mais où en sommes-nous, maître? les autres...

— Quels autres?

— Tous ceux qui étaient dans votre chambre?

— Il fait trop froid, dit le colonel, pour que nous allions promener au jardin ; mais j'ai idée qu'il s'y passe quelque chose d'intéressant. Nous pouvons bien perdre cinq minutes, car Fanchette ne rentrera pas de sitôt. Donne-moi ton bras et prends la bougie.

Il s'appuya sur Lecoq familièrement et ajouta d'un air pénétré en quittant la chambre de la comtesse Corona :

— Ces polissons-là me devaient tout. Ce qui perd les hommes, c'est l'ingratitude... et toi, l'Amitié, qui es un garçon d'intelligence, tu dois bien comprendre que leur complot était bête comme un chou ! Il n'y a pas plus de trésor dans le secrétaire de ma petite Fanchette que dans le coin de mon œil. Ah ! ah ! le trésor ! nous sommes riches, mon minet, plus riches encore qu'ils ne le croyaient ; mais notre richesse est bien gardée, va, et le gilet de flanelle qui est entre ma chemise et ma peau n'en sait pas plus long que vous au sujet du trésor !

Il s'arrêta et regarda Lecoq en dessous.

— C'est comme pour le secret, vois-tu, reprit-il en

baissant la voix, le grand secret des frères de la Merci. Il existe, profond comme la mer et haut comme une montagne; mais les bons petits curieux de ta sorte, quand ils croient mettre la main dessus, trouvent une pincée de cendres, un éclat de rire moqueur... le rire de papa, eh! mon bijou, qui leur dit NÉANT dans toutes les langues vivantes et mortes, car ce vieux Père-à-Tous sait beaucoup de langues, et il ne veut pas plus livrer son secret que son trésor!

On était dans la chambre du mariage; le colonel jeta un regard satisfait sur son lit d'abord, puis sur l'autel dressé.

— Dis donc, l'Amitié, fit-il tout à coup, as-tu lu les tragédies de M. Ducis?... Non, tu n'aimes pas beaucoup la littérature. M. Ducis était un poëte du temps de l'empire qui rabobinait des auteurs anglais et qui prenait la peine de faire trois ou quatre dénouements pour chacune de ses tragédies. Je ne suis pas de l'Académie, mais je fais un peu comme M. Ducis : mon premier dénouement n'allait pas mal, c'était le mariage et rien avec.

Je réunissais tous ceux qui avaient vu de trop près nos affaires, dans un seul tas et je leur chantais : « Allez-vous-en, gens de la noce! » avec Coyatier au piano. Mais j'ai eu vent de vos petites menées, et mon dénouement a tourné... Ouvre la fenêtre, tout doucement, car il ne faut pas qu'on t'entende.

Ils avaient continué de marcher; ils étaient dans cette pièce, dont la porte faisait face à celle de la comtesse et où Coyatier avait attendu jusqu'au départ de Francesca Corona.

La fenêtre de cette chambre donnait sur le jardin; Lecoq en tourna l'espagnolette et regarda au dehors.

— Ils sont là, dit-il en se rejetant en arrière.

— Chut! fit le colonel, pas si haut. Diable! Ils sont là tous bien vivants, n'est-ce pas? C'est une drôle de fillette, et l'amour a le nez plus fin qu'un procureur du roi. Elle n'a pas cru un seul instant à la culpabilité de son lieutenant... un beau brin de gars, n'est-ce pas, l'Amitié?

Il avait soufflé lui-même la lumière et se penchait à la fenêtre ouverte.

Immédiatement au-dessous de lui, dans le jardin très-étroit et dont les bosquets dépouillés laissaient voir le mur bordant la rue des Moineaux, un groupe s'empressait autour de la marquise évanouie.

La tête de la bonne dame reposait sur les genoux du vieux Germain, assis par terre dans la neige, et maman Léo, agenouillée, avait encore ses deux pistolets à la main.

Lecoq demanda tout bas :

— Où est le Marchef?

— Il prépare la chaise de poste, répliqua le colonel.

— Alors, la chose se fera en route?

Le colonel soupira.

— Les trois pauvres amis que nous pleurons, murmura-t-il, ont sauvé tout ce petit monde-là. Je regrette un peu mon premier dénouement.

— Mais, objecta Lecoq, Mlle d'Arx connaît le mémoire de son frère, et les autres...

— Tiens! interrompit le colonel au lieu de répondre, voilà cette chère marquise qui reprend ses sens. Nous ne les verrons pas monter en voiture, mais ce sera tout comme. Au fond, tu le sais bien, j'ai horreur de la violence, et j'ai bien vu qu'il ne fallait pas compter, cette fois, sur le Marchef. Qu'est-ce que nous voulons? payer la loi et rester tranquilles. La fuite du lieutenant paye la loi, puisqu'il va être condamné par contumace. Nous évitons ainsi les débats en cour d'assises, où nous aurions pu trouver quelque juré moins retors, c'est-à-dire moins aveugle que M. Perrin-Champein... D'un autre côté, cette même condamnation ôtera au lieutenant toute idée de retour.

— Alors, dit Lecoq, qui ne pouvait revenir de son étonnement, vous les laissez partir?

— Je les fais partir, rectifia le vieillard, tous ensemble, pour l'Amérique du Sud.

— Prenez garde ! s'écria Lecoq, Mlle d'Arx a juré de venger son père et son frère !

— C'est fait, répliqua le colonel. Voilà ce qui m'a décidé.

Et comme son compagnon l'interrogeait du regard, il ajouta en riant :

— Drôle de fillette ! je la connais mieux que vous. Elle aime son Maurice comme une folle, mais elle a risqué la vie de son Maurice pour se venger. Une vraie Corse ! qui a ensorcelé Coyatier ! Tout ce que j'ai pu obtenir du Marchef, qui travaillait pour moi en même temps que pour elle, c'est de la tromper sur le nombre des pièces de gibier abattues pour son compte. A l'heure qu'il est, dans sa pensée, il n'y a plus d'Habits-Noirs. Elle a compté les râles comme toi; elle nous croit tous exterminés. Ecoute et regarde !

Dans le jardin, maman Léo relevait la marquise et lui disait :

— Oui, saquédié ! je suis du voyage, en qualité de gendarme, mais pas pour rester indéfiniment avec les deux chéris. Je les gênerais, c'est vous qui serez la vraie mère.

En ce moment, des pas précipités se firent entendre et Coyatier sortit d'un massif.

Sa main tendue montra la porte de derrière, par où Samuel, le docteur en droit et M. de Saint-Louis avaient fait dessein de se retirer avec la fameuse cassette.

— La chaise de poste est là qui attend, dit-il, en route !

Valentine jeta ses deux bras autour du cou de Maurice et le pressa passionnément contre son cœur.

— Je ne t'appartenais pas tout entière avant d'être vengée, dit-elle; viens, nous ne reverrons jamais la France où cette horrible accusation pèse sur toi, mais nos enfants seront français, et tu leur montreras quelque jour le chemin qui mène à la patrie !

— As-tu compris, l'Amitié? demanda le colonel en souriant bonnement, d'ici que leurs petits reviennent, nous avons du temps devant nous.

On entendit bientôt la chaise de poste rouler sur les pavés de la rue.

Le jardin était silencieux et vide.

Le vieillard restait seul à la fenêtre. Un rayon de lune jouait parmi ses cheveux blancs et mettait à son front des reflets étranges.

Lecoq le regardait avec une superstitieuse terreur.

Quand on cessa d'entendre le bruit des roues, le Maître des Habits-Noirs sembla sortir de sa rêverie.

— Il faut que ma petite Fanchette dorme dans son lit cette nuit, dit-il; à ton ouvrage, l'Amitié! nos trois excellents confrères t'attendent.

Lecoq essuya la sueur froide qui baignait son front; le colonel lui caressa la joue doucement et ajouta :

— Connais-tu quelqu'un qui puisse faire un bon Louis XVII? J'ai une affaire en vue; ce sera la dernière, à moins que pourtant...

Il s'arrêta et se prit à rire tout bas.

— Figure-toi, dit-il, que j'ai eu un drôle de rêve hier. Je me voyais dans cent ans d'ici et je disais à quelqu'un dont le père n'est pas encore né, mais qui avait déjà la barbe grise : il y a deux choses immortelles : le BIEN qui est Dieu, et moi qui suis le MAL.

FIN.

TABLE DES MATIÈRES

Imp. de la Soc. de Typ.—Noizette, 8, r. Campagne-1re, Paris.

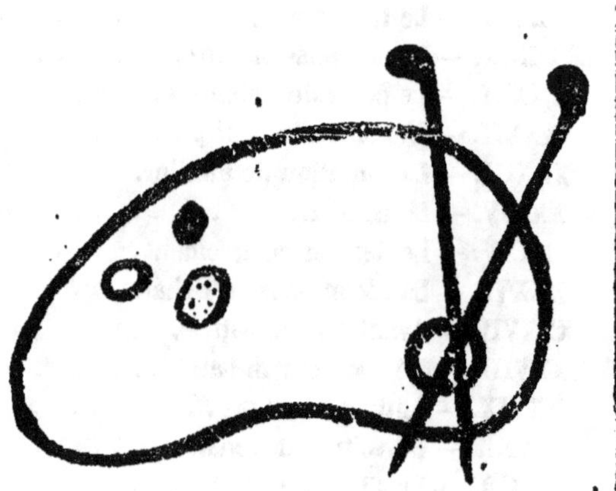

www.ingramcontent.com/pod-product-compliance
Lightning Source LLC
Chambersburg PA
CBHW071904230426
43671CB00010B/1462

* 9 7 8 2 0 1 1 8 5 1 3 6 9 *